경제민주화를 말하다

일러두기
본문 가운데 등장하는 숫자 첨자는 참고문헌을 표시한 것입니다.
참고문헌 목록은 도서 맨 마지막 부분에 각 장 별로 정리되어 있습니다.

People First Economics
Copyright ⓒ 2011 by New Internationalist™ Publications Ltd.
All right reserved.
First published in the UK in 2009 by New Internationalist™ Publicaions Ltd.
Korean translation rights arranged with New Internationalist™ Publications Ltd., UK
and Winnersbook, Korea.
Korean translation edition ⓒ 2012 by Winnersbook, Korea.

이 책의 한국어판 저작권은 저작권사와 독점으로 계약한 위너스북에 있습니다.
한국 내에서 저작권법에 따라 보호를 받는 서적이므로
무단 전재 및 무단 복제를 금합니다.

People First Economics

경제민주화를 말하다

노암 촘스키 · 조지프 스티글리츠 외 지음 | 김시경 옮김

극단적 양극화와 반복되는 위기 사이에서 새로운 경제를 꿈꾸다

경제민주화를 말하다

1판 1쇄 발행 2012년 7월 30일
1판 5쇄 발행 2012년 11월 15일

지은이 노암 촘스키, 조지프 스티글리츠 외
옮긴이 김시경
발행인 홍경숙
발행처 위너스북

기획 · 편집 주간 김형석
기획팀장 장보금
마케팅 이사 안경찬

출판등록 2008년 5월 2일 제313-2008-221호
주소 서울 마포구 합정동 370-9 벤처빌딩 207호
주문전화 02-325-8901 / **팩스** 02-325-8902

디자인 이창욱
종이 한솔 PNS(주)
인쇄 영신문화사

ISBN 978-89-94747-11-8 13320

이 책은 저작권법에 따라 보호를 받는 저작물이므로 무단전재와 복제를 금지합니다. 이 책 내용의 전부 또는 일부를 사용하려면 반드시 저작권자와 위너스북의 서면 동의를 받아야 합니다.

* 잘못된 책이나 파손된 책은 구입하신 서점에서 교환하여 드립니다.

위너스북에서는 출판을 원하시는 분, 좋은 출판 아이디어가 있으신 분들의 문의를 언제나 기다리고 있습니다.
winnersbook2@naver.com

한국어판 서문

왜 지금 새로운 경제로의 전환을 꿈꾸는가

요즘 전세계가 아우성이다. 반복되는 글로벌 경제위기는 부유한 국가들은 물론 가난한 나라들의 경제를 파탄으로 몰아가고 있다. 어느덧 위기는 현재 경제를 설명하는 핵심 키워드가 되었다. 특히 2008년 미국발 금융위기에서부터 현재 벌어지고 있는 유럽 재정위기에 이르기까지 세계경제와 글로벌 증시의 키워드는 '위기의 상시화'와 '세계화의 부작용'이 되고 말았다.

분명 경제위기는 지난 세기보다 자주 일어나고 그 파장도 전세계에 걸쳐 강하고 넓게 퍼지고 있다. 그렇다면 위기는 왜 점점 잦아지는가? 그리고 이 위기를 겪어내야 하는 우리는 도대체 어떻게 대처해야 하는가?

위기의 주범들

지난 30년 동안 반복된 경제위기를 살펴보면, 실물보다 금융부문이 위기에 더 많은 원인을 제공하고 있음을 알 수 있다. 노동과 생산 그리고 소비가 기본이 되는 실물경제는 거대한 자본의 흐름을 관장하는 금융의 그늘 속에 가려져 중요성이 희석되고 있다. 아울러 금융과 실물경제가 너무 괴리되어 있다. 금융은 마치 괴물처럼 끊임없는 증식을 통해 외형적 덩치를 키워왔지만 사실 이것은 안정을 담보로 한 성장이 아니었다. 때문에 많은 경제학자들이 금융의 거품과 위기를 경고했다. 결국 금융부문은 과잉금융과 과잉부채를 초래했고 이것이 위기의 불씨를 지핀 꼴이 되었다.

이런 모든 불안한 움직임의 바탕에는 세계화와 주주자본주의를 기초로 한 미국식 자본주의 그리고 신자유주의가 있었다. 애덤 스미스의 '보이지 않는 손'에 기초한 시장경제체제와 미국식 자본주의는 많은 정부에 의해 성공 모델로 인식되었고, 무비판적으로 때로는 반강제적으로 여러 국가의 경제 프레임으로 이식되었다.

또한 세계화에 따라 세계경제가 통합되면서, 따로따로 경제생활을 영위하던 시절엔 문제시되지 않았던 일들이 서로 얽혀 시스템적으로 문제를 일으키기 시작했다. 예컨대 가속화된 금융 글로벌화는 영국과 미국의 금융업계가 경쟁적으로 정부에 규제완화 로비를 펼치도록 했다. 또한 미국 클린턴 정부는 투자은행의 부채, 자기자본 규제를 거의 없앴다. 그 결과가 최근 경제 위기의 도화선이 된 리먼

브러더스의 파산이다. 아울러 서브프라임 모기지 같은 파생금융상품은 정보 비대칭을 심화시켰고, 고위험 고수익 상품에서 재미를 본 월스트리트에서는 과도한 '위험 선호' 현상이 나타났다. 위험도 높은 투자가 성공하면 고액 연봉을 받고, 잘못되면 구제금융을 통해 납세자에게 부담을 전가하는 도덕적 해이가 금융업계에 만연하게 된 것이다.

통합된 세계시장을 규율할 만한 통합된 시스템이 아직 없다는 것도 위기의 원인이다. 금융시장의 국경이 사라진 현실에서, 시장 규제는 나라별로 하는 아이러니가 벌어지고 있는 것이다. 따라서 규제의 시스템과 그 대상이 불일치한 상황이다. 이 때문에 다국적 금융회사나 대기업들은 어떤 규제도 받지 않으면서 차익거래를 일삼고, 이윤을 과다하게 챙겨간다. 결국 피해를 입은 국가들의 경제시스템은 불안정하고 위태로워졌고, 이것은 세계화라는 연결고리를 타고 여러 나라의 경제에 영향을 미치고 있다.

과거부터 지금까지 많은 국가의 경제에 영향을 미친 미국의 주류 경제학은 그동안 너무나 세분화되었고 자기 모델의 세계에 빠져서 현실과 괴리된 이야기를 해왔다. 또한 신자유주의의 바람을 타고 채택됐던 정책들인 작은 정부, 민영화, 규제 완화, 세금인하 등이 불러온 위기를 해결할 대안을 제대로 제시하지 못하고 있다. 따라서 이제 세계는 위기를 반복하는 그간의 경제 프레임을 수정해, 경제의 판을 토대부터 다시 짜야 한다.

경제민주화로의 발걸음

우리가 새로운 경제로의 전환을 이야기하는 것은 비단 위기 때문만은 아니다. 사실 그동안 시장근본주의와 신자유주의가 불러온 폐해는 엄청나게 많다.

부유한 국가와 상대적으로 가난한 국가 사이에 벌어진 경제적 양극화와, 금융자본 및 외국자본의 개도국에 대한 횡포는 상상을 초월한다. 수많은 세계 기구들 또한 공동의 이익보다는 강대국들의 이익을 대변하는 방향으로 움직여왔다. 이런 이유로 가난한 국가들은 부유한 국가들에게 자본은 물론 환경 자원을 '약탈'당하고, 자국 국민들의 삶에 필요한 기본적인 생산 인프라마저 잠식당하면서도 아무런 조치를 취할 수 없었다. 이런 식으로 깊어진 경제 불균형 역시 위기와 무관할 수 없다.

국가 간의 경제적 불균형은 각 개인 간의 경제적 불균형과 꼭 닮아 있다. 부유한 사람은 직접 노동을 하지 않으면서도 각종 금융수익과 조세 회피, 정보의 독점 등을 통해 지속적으로 부를 쌓아가고 있다. 하지만 가난한 사람들은 아무리 열심히 일해도 부의 사다리를 올라갈 수가 없다. 금융의 가치는 증가했지만, 그보다 중요한 노동의 가치는 제자리를 맴돌고 있기 때문이다.

신자유주의는 부유한 자들을 더 살찌게 해주었지만, 그들이 축적한 모든 부는 경제로부터 소외된 사람들의 피와 땀으로 이루어진 것이다. 따라서 우리는 이런 말도 안 되는 경제적 불평등과 차별을 고쳐나가야 한다.

  이 책의 제목에 쓰인 '경제민주화'는 사실 어려운 개념이다. 또한 아직 확실하게 정의할 만큼 진전이 되지도 못한 상태다. 하지만 수많은 국가와 사람들 사이에서 경제적 불평등을 해소하기 위한 움직임이 시작되고 있고, 우리는 이런 움직임이 경제민주화를 향한 발걸음이라고 생각한다. 확실히 말할 수 있는 것은 경제민주화의 진행 방향이 부자보다는 가난한 다수가, 무역보다는 생산이, 금융보다는 노동이 더 중요시되고 권리를 보장받는 새로운 경제시스템의 구축으로 이어질 것이라는 사실이다.

  따라서 지금은 시장경제의 모순점을 깨닫고, 경제를 좀 더 발전적이고 민주적으로 변화시킬 방법을 모색해야 할 시점이다. 지금 우리는 다수를 위한 경제, 즉 공정한 경쟁과 기회의 평등, 정의로운 분배 그리고 생산과 노동의 가치 제고, 환경의 공생이라는 경제민주화적 가치를 어떻게 이끌어낼지 고민해야 한다.

  물론 이 책에 담긴 내용만으로 경제민주화를 앞당길 수 있을지는 알 수 없다. 또한 한국의 지역적 특수성보다는 세계 경제를 중심으로 이야기를 전개하고 있기 때문에, 한국 독자들은 우리의 이야기가 피부에 와 닿지 않는다고 느낄 수도 있을 것이다.

  그러나 앞에서도 언급했듯, 세계적으로 일어나고 있는 경제 불평등은 개인들이 겪는 그것의 양상과 결코 다르지 않다. 따라서 이 책의 제안들은 최소한 우리가 왜 현재까지의 경제시스템에 이의를 제기해야 하고, 변화를 위한 움직임에 동참해야 하는가에 대한 의문은 풀어줄 수 있을 것이다. 모자란 부분이 많이 있겠지만 이 책은 '경제민주화'를 향해 나아가기 위한 합리적 대안과 실현 방안을 제시하기 위해 씌어졌다.

조심스럽지만, 경제민주화가 정치민주화에 더해 민주주의의 본질을 더욱 확대하는 일일 수 있다. 그리고 허점이 드러난 글로벌 스탠더드를 보완해주는 매개가 될 수도 있다. 즉 좀 더 많은 사람들이 중요한 의사결정에 스스로 참여하여 공평한 기회를 얻고자 함이 경제 부문에도 충실히 반영된다면 곳곳에서 불거지고 있는 첨예한 갈등과 다툼이 한결 줄지 않을까.

서문

경제민주화를 향한 태동은 시작되었다

　　　　　　　　　　　　　　노벨경제학상 수상자 조지프 스티글리츠(Joseph E. Stiglitz)와 세계적인 지성 노암 촘스키(Avram Noam Chomsky)를 비롯하여 이 책에 저자로 참여한 작가와 사상가, 그리고 석학들은 변화를 두려워하지 않았다. 그들이 세계 경제에 대해 가지고 있는 시각은 대부분 놀라울 정도로 정확히 들어맞고 있다. 그중에서도 스티글리츠와 인도의 자야티 고시(Jayati Ghosh) 같은 석학들의 주장은 주의 깊게 살펴볼 만하다. 또한 필리핀의 월든 벨로(Walden Bello)도 큰 반향을 불러일으킬 만한 내용을 주장한다. 그들이 세계 경제를 바라보며 주장하는 것들, 즉 앞으로 추진해야 할 세세한 사항들에 대해서는 견해가 서로 조금씩 다르지만, 이것 하나만큼은 의견을 같이한다. 되돌아갈 길이 전혀 없다는 것이다.

　강경한 입장을 고수하는 보수 정치인, 분석가들마저 오늘날의 세계 경제를 진단하며 급진적인 주장을 제기하고 나섰다. 작은 흠집이 전체의 운명을 좌우할 수도 있는 법이다. 꼼꼼히 챙기지 않는다면 모든 게 말짱 헛일이 되고 만다. 금융부문을 말끔히 정비하고 규제를 강화하며 탐욕의 경제를 단속하겠다는 약속들은 지금까지 진행되던 자본주의의 방향을 거의 또는 아예 바꾸지 않은 채, 문제를 약간만 손보는 정도에 그쳐버렸다. 그리고 세계를 떠들썩하게 만들었던 여러 가지 경제정책 관련 제안들은 또 얼마나 허무했는가. 분명한 사실은 사회적·경제적 불공정성을 해소하는 일에 실패하고 있다는 것이다.

경제 자유화는 몇몇 국가의 극히 일부 사람에게만 이익이 되었다. 절대 다수의 입장에서 볼 때 세계화는 빈부의 격차를 벌려놓았고, 만성적인 불완전고용을 낳았으며, 다국적 기업들의 천연자원 강탈을 보다 쉽게 만들어주었다. 다른 누구보다도 남반구의 개발도상국(Global South: '경제력'을 기준으로 세계를 나눠, 북반구에 몰려 있는 선진국을 'Global North'로, 남반구에 몰려 있는 개발도상국을 'Global South'라 통칭한다-옮긴이)에 있는 사람들은 대외부채의 악영향이나 IMF(국제통화기금)의 대출 조건이 빈곤한 삶을 가중시켰다는 사실을 잘 안다. 오늘날 IMF는 세계무대에서 중요한 역할을 하는 존재가 되었다. 그 기관은 가난한 국가들에게 가혹한 대출 규정을 강요하는 반면에 똑같은 정도의 부채를 지닌 부자 국가들에게는 한층 관대하고 편의를 봐주는 규정을 적용한다. 그 결과 곤경에 빠지는 대상은 당연히 가난한 사람들이다.

이 책의 필자들은 모두 돈 중심의 경제에서 벗어나, 경제의 주체가 사람이 되어야 한다고 역설한다. 또한 지금과는 다른 세상이 가능할 뿐만 아니라 반드시 이뤄야 하는 일이며, 이미 구현되고 있는 중임을 상기시킨다. 경제학이 인간의 욕구에 부응해야 한다는 점은 굳이 언급할 필요조차 없는 당연한 일이다. 그러나 지금까지의 현실은 우리의 이상과 다르게 돌아갔다. 상당히 오랜 시간 동안 사람들은 획일적이고 수학적으로 규정된 프레임워크, 예컨대 자유주의 시장경제 속에 편입되어 그 틀에 자신을 맞춰야 한다고 생각하고 행동했다. 세상이 그런 식으로 돌아갔다.

이제 생각을 바꿔야 하는 시점이 되었다. 경제는 인간의 니즈와 환경 쪽으로 초점을 전환해야 한다. 이 두 가지는 쉽게 분리될 수 없다. 또한 그래서도 안 된다. 그래서 이 책을 엮는 과정에서 '경제', '사회', '정치', '환경'과 같은 소제목을 만들고 그 아래에 성격이 비슷한 글을 묶고 출간하는 것을 고려해보았다. 하지만 그런 방식이 위에서 말한 이 책의 목적을 해결해주는 것이 아니라 오히려 문제의 일부가 될 수도 있음을 깨달았다. 그래서 억지스럽고 인위적인 경계를 짓기보다는 독자들이 비슷한 주제의 글을 참고할 수 있도록 그리고 원한다면 각자의 흥미나 관심사에 따라 다양한 흐름으로 읽어나갈 수 있도록 구성했다. 즉 처음부터 끝까지 순서대로 읽어도 좋고, 각자의 관심 주제에 따라 이리저리 옮겨 다니며 즐겨도 상관없다. 다만 한 가지 바람이 있다면, 독자들이 이 책을 읽고 직접 '행동'에 나서겠다는 결심을 해주는 것이다.

차례

한국어판 서문 왜 지금 새로운 경제로의 전환을 꿈꾸는가 • 5
서문 경제민주화를 향한 태동은 시작되었다 • 11

제1부
너무도 무능한 시장경제와의 결별
경제민주화, 위기의 경제를 넘어 완벽한 경제를 꿈꾸다

금융의 붕괴를 기회로 — 21
경제민주화라는 새로운 가능성의 도래

'이상한 나라'의 경제, 허점을 드러내다 • G20 정상들의 무능함 • 우리의 미래를 위해 우리가 나서자

실패한 시장은 버려라 — 34
우리 모두를 위한 지속가능한 경제

선진국의 버블과 후진국의 그늘 • 세계 경제는 재편의 수순을 밟고 있다

'보이지 않는 손'의 허상 — 43
경제적 다원주의에 대한 찬양

시장기능은 과연 작동하는가 • 정부의 역할을 강화해야 한다 • 자본을 제대로 배분하지 못한 결과 • 그래서 경제민주화가 필요하다

보이는 것과 다른 것들
국가자본주의의 이면에 숨은 진실 — 59

과거가 예견한 어두운 미래 • 금융과 권력의 야합을 깨라 • 가진 자들을 위해 일하는 IMF • 국가 주도적 경제성장 정책의 필요성 • 중대하고 의미있는 움직임들

글로벌 위기 이후의 세계
그린 뉴딜의 필요성 — 76

누구를 위한 신용인가 • 금융위기가 가져올 더 큰 위기 • 그린 뉴딜을 제안한다 • 위기 탈출을 위한 그린 뉴딜의 제안

무한히 반복되는 문제들
정의로운 과세체계의 수립 — 92

세금을 회피하는 꼼수를 차단하라 • 생태적 케인스주의의 대두

신자유주의의 족쇄를 벗어라
탈세계화의 필요성 — 102

신자유주의의 만트라 • 위기를 극복할 11가지 대안

반복되는 위기가 가져온 근원적 물음들
경제부터 환경까지 — 111

은행은 무엇을 위한 것인가 • 주택은 무엇을 위한 것인가 • 일자리는 무엇을 위한 것인가 • 시장은 무엇을 위한 것인가 • 돈은 무엇을 위한 것인가 • 신용은 무엇을 위한 것인가 • 금융은 무엇을 위한 것인가 • 경제는 무엇을 위한 것인가 • 조세는 무엇을 위한 것인가 • 환경은 무엇을 위한 것인가

이자에 관한 불편한 진실 ——————————————— 138
금융의 기득권에 대항하라

독을 지닌 금융 • 부채의 증가를 막아라 • 우리 세대가 감당해야 할 중대한 투쟁

은행의 무능함 ——————————————————— 156
금융의 규제가 시급한 이유

돈을 찍어내는 권한을 폐지하라 • 실현 가능성 • 저축으로 돌아가라 • 규모가 문제다 • 낯선 상품들을 정리하라 • 금융상품 매매에 세금을 부과하라 • 리스크와 보상을 연계하라 • 조세피난처를 폐쇄하라 • 새로운 금융시스템의 시작

세금을 회피하는 부자 괴물들 ——————————— 174
조세피난처에 메스를 대라

세금 속에 숨은 오랜 유착의 악취 • 합법적인 세금 탈루, 그 아이러니 • 조세피난처를 없애라

일자리가 최우선이다 ——————————————— 191
노동을 통한 발전의 재분배

노동자들을 위한 시스템의 확립 • 개발도상국의 적극적 참여 창구가 필요하다 • 금융보다 생산을 강화하라

제2부
시장경제가 외면한, 다수를 위한 새로운 경제
공정한 경쟁과 기회의 평등, 분배의 정의를 실현할 합리적 대안

모든 위기에서 세계를 구하는 방법 ——————— 209
자본주의의 파괴적 습성을 버려라

오픈 소스, 공익 확대하기 • 지구의 온도 낮추기 • 부의 공정한 분배 • 서서히 속도를 높여 확대하기

토착민 대통령의 호소 —————————————— 226
다양성이 존재하는 통합을 위하여

강대국만의 자본주의에 대항하다 —————————— 232
개방형 반자본주의를 통한 자원의 사회적 공유

자본주의의 근본적인 결함 • '사회적 공유'의 효과 • 10가지 정책 계획

환경보호를 가장한 꼼수 ———————————————— 248
국제기후협상의 불합리함

같은 배를 탄 처지 • 공정한 지점 • 계속 이어나가기 • 협상 테이블에서 무엇이 논의되었나 • 향후 나아갈 길

탄소배출권 뒤에 숨은 강대국의 오만함 ————————— 273
환경에 대한 시장적 접근을 경고함

탄소배출권거래제도의 은밀한 속임수 • 환경을 팔아먹는 거대 자본들

지금은 세계 빈곤과 맞서 싸울 최적기 ———————————— 284
경제성장 모델에 대한 도전

다수를 위한 새로운 모델 • 공공부문의 회복 • 정의와 재분배 • 인권, 환경의 지속가능성 • 민주적 통제력을 되찾아라 • 위기는 변화를 촉구하는 경제의 경고

참고한 문헌 및 웹사이트 • 299
이 책에 등장하거나 도움을 준 단체와 매체들 • 302

People First Economics

제1부

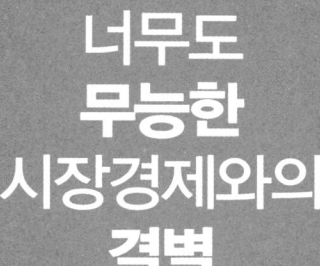

너무도 무능한 시장경제와의 결별

경제민주화, 위기의 경제를 넘어 완벽한 경제를 꿈꾸다

대부분의 부자 나라들이 자유 시장 정책 덕분에 부자가 되었다는 말은 사실이 아니다. 진실은 오히려 그 반대편에 가깝다. 극소수 예외를 제외하면 자유 무역과 자유 시장이라는 논거의 본고장이라 할 수 있는 영국과 미국을 포함하여 현재 잘살고 있는 나라들은 모두 보호 무역과 정부 보조 등을 통해 오늘의 선진국 반열에 오를 수 있었다.

- 장하준·케임브리지대학교 교수

금융의 붕괴를 기회로

경제민주화라는 새로운 가능성의 도래

'금융시장의 붕괴는 또 다른 세상을 구현 가능하게 만들어줄 계기가 될 것이다.'

데이비드 랜섬(David Ransom)
옥스퍼드대학교를 졸업한 뒤 런던정치경제대학교(LONDON SCHOOL OF ECONOMICS)에서 교수로 일했다. 〈뉴 인터내셔널리스트New Internationalist〉에 참여하기 전까지는 런던의 이스트 엔드에서 교사와 지역 활동가로 활동했다. 1989년부터 〈뉴 인터내셔널리스트〉의 공동 편집장으로 일하다 2009년 퇴직했다. 저서로 《공정한 무역, 가능한 일인가?The no-nonsense guide to Fair Trade》 등이 있다.

　　　　　　　　　　　　　일생을 살면서 한 번쯤은 완전히 새로운 눈으로 세상을 바라볼 만큼 놀라운 경험을 하기도 한다. 1937년 스페인 내전에 참전한 조지 오웰(George Orwell)은 바르셀로나를 삽시간에 휩쓸었던 바로 그런 극도의 흥분 상태를 책에 담아냈다.*
더 최근에는 2006년 볼리비아 대통령으로 에보 모랄레스(Evo Morales)가 당선되던 순간, 볼리비아 국민들은 새로운 세상이 열린 듯한 기분에 휩싸였을 것이다. 미국의 경우 버락 오바마(Barack Obama)가 대선운동을 벌이는 동안 미국인들은 얼핏 그런 느낌을 경험했을 것이다.

　　그러나 금융구조 전체가 붕괴되어 우리를 둘러싸고 있던 담장이 무너져 내리고, 우리 앞에 펼쳐진 탁 트인 공간이 두려움과 불확실성으로 가득 차는 엄청난 사건을 전세계가 다 함께 경험한 일은 내 평

---

*파시즘에 반대하여 전쟁에 참여한 그의 경험은 《카탈로니아 찬가 Homage to Catalonia》에 잘 묘사되어 있다.

생 단 한 번도 없었다. 사람들은 일자리를 잃었고 생활은 망가지고 말았다. 그래서 2008~2009년에 경험한 금융 대붕괴가 결과적으로 좋은 일이었다고 말한다면 시기상조일 수도 있다. 그럼에도 이산화탄소를 배출하는 기계들이 비행기 이착륙장에서 녹이 슬기 시작하고, 그 기계들을 만들던 똑똑한 사람들이 더욱 유익한 일에 투입될 기회가 생겼다는 점은 긍정적으로 느껴진다. 또한 지겹도록 계속되는 기후 관련 컨퍼런스들보다는 오히려 글로벌 금융 대붕괴가 이산화탄소 배출을 억눌렀는지도 모른다. 환경 문제라는 사안에 관하여 말하자면, 그 구체제는 망가졌을 때 비로소 제 역할을 한 셈이다. 결국 금융 대붕괴가 공공의 이익과 공동의 선에 대한 새로운 인식과, 미래 세대의 운명이 원래 있어야 할 자리에 조금 더 가까워지는 기회를 만들어주었다고 생각한다.

'이상한 나라'의 경제, 허점을 드러내다

많은 정부들이 그동안 줄곧 험프티 덤프티*를 원상 복구시키기 위해 총력을 기울였다. 여기서 한 가지 문제점은 그것이 원상 복구되는 일이 아예 불가능하다는 것이다. 험

---

*험프티 덤프티(Humpty Dumpty) : 루이스 캐럴(Lewis Carroll)의 소설 《거울나라의 앨리스 Through the Looking-glass》에 등장하는 고집불통에 잘난 척하는 계란 캐릭터. 한 번 깨지면 원래대로 돌아오지 않는다.

프티 덤프티들이 득세하고 있는 요즘의 전세계와 같은 이상한 나라(Wonderland)에서는 민간 은행가들이 어제 진 빚이 며칠 후엔 공공의 빚으로 바뀐다. 금융시장은 절멸의 위기에서 자신을 구조해준 바로 그 구제금융을 다시 정부들에게 빌려준다. 정부의 지원이 사라진다면 무슨 일이 발생할지 또는 애초에 그 지원이 왜 제공되었는지 제대로 아는 사람은 아무도 없다. 우리가 정확히 알고 있는 사실은, 이탈리아 정부의 폐차 지원정책이 종료되자마자 이탈리아 최대 자동차회사인 피아트(Fiat)가 2010년 2월 이탈리아 내에 있는 모든 자동차공장의 문을 닫아버렸다는 것이다.

정부의 금융 보장책들에 대한 국민의 신뢰가 아무리 부족하다고 할지라도 금융시장 자체에 대한 신뢰보다는 클 것이다. 구제금융에 대한 이자율(interest rate)은 최소한 일부에게는 사실상 자취를 감춰버렸다. 100명당 80명에 이르는 많은 이들이 여전히 단 1센트의 사회보장 혜택도 누리지 못하는 부끄러운 현실을 타개하기 위해 제안된 정책은 전혀 없었다. 반면 100명 중 20명에 해당하는 사람들은 여전히 전세계 천연자원의 80퍼센트 이상을 소비한다. 자율조정(self-correcting) 시장 이데올로기라는 가면이 벗겨지고 무제한적인 탐욕의 얼굴이 고스란히 드러났다.

이상한 나라를 제외한 모든 곳에서 이런 상황은 잘못 운영된 시대에 작별을 고하는 묘비명에나 각인될 만한 것이다. 하지만 장례식들에서는 아무 소리도 들리지 않는다. 월스트리트와 런던의 금융 중심지가 마치 아무 일도 없었다는 듯 비이성적 과열로 회귀하는 동안,

귀가 먹먹할 정도로 '회복'의 소리가 쩌렁쩌렁 울려 퍼졌다. 그렇지만 탐욕스러운 그들과 그들의 탐욕을 알아 챈 우리는 최대한 주의를 기울였다. 추락하는 물체에 가해지는 중력은 자체적인 힘을 지니게 마련이니 말이다.

힘의 균형추가 금융시장 쪽으로 슬그머니, 그 이후에는 꽤 공공연하게 기울어지고 있던 1960년대와 1970년대 내내 나는 유럽과 라틴아메리카에서 성장했다. 전쟁으로 인해 재정이 파탄 난 영국 사회에서, 국민건강보험(National Health Service)을 확립하고 1946년 국유화된 잉글랜드 은행(Bank of England)을 포함한 경제의 핵심 부문들을 어느 정도 민주적인 영향력 안으로 끌어들이는 일이 과연 가능할 것인가에 대한 희망은, 이미 상상하기도 어려운 일이 되어 있었다.

1979년 마가렛 대처(Margaret Thatcher)가 총리에 당선된 시점에 이르자, 현실주의를 표방하던 모든 정당은 대처를 위해 금융시장의 비위를 거스르는 미약한 낌새들까지 일일이 포착해 말끔히 해소해주려고 노력했다. 그렇게 세월이 흘러 1990년대가 되자, 당시 촉망받던 신노동당* 정권은 런던 금융 중심지에 파고든 월스트리트의 해외 자회사들을 상대로 한 잦은 만찬 공세와, 루퍼트 머독(Rupert Murdoch)의 조세피난처인 열대 지역을 중심으로 힘을 확보할 길을

---

*신노동당(New Labour): 1990년대에 토니 블레어가 이끈 영국 정당. 보수당에 등 돌린 언론재벌 루퍼트 머독의 응원에 힘입어 정권을 잡았다.

모색했다. 그렇게 2007년 6월에 이르러, 고든 브라운(Gordon Brown)이 총리로서 수행한 첫 공식 행보는 마가렛 대처를 다과회에 초청하는 일이었다. 2010년 1월이 되자 영국은 다 죽어가는 기득 정치권에 의해 총선 쪽으로 질질 끌려가는 형국이 되었다. 당시 영국에서 정치권에 관한 최소한 하나의 견해에 대해서만큼은 이견이 없었다. 어느 정당도 향후 추진할 정책 제안에 관한 아이디어를 가지고 있지 않다는 것이다.

대형 언론사들을 통해서는 소식을 접할 수 없었겠지만, 스위스 다보스(Davos)에서 독보적 위상의 세계경제포럼(World Economic Forum)이 개최되고 있던 바로 그 시점에, 브라질의 벨렘(Belém)에서는 2009년도 세계사회포럼(World Social Forum)이 열리고 있었다. 전세계 사회운동단체에 소속된 10만 명에 이르는 사람들이 힘을 합치기 위해 아마존 강 어귀에 모여 환경 문제와 정의, 존엄성, 생존 자체에 대한 인간의 억누를 수 없는 욕구에 관한 논의를 전개했다. 지난날을 후회하는 듯한 숙연한 모습으로 다보스에 모여든 각국 수장들이 이미 과거의 화신으로 돌아간 듯 보였다면, 벨렘은 또 다른 세상이 실현 가능한, 실제로 구현할 가치가 있을 법한 미래를 살짝 들여다볼 기회를 제공했다.

그들이 정말로 그 포럼에 대해 잠시라도 생각해보았을까 의심이 들 정도로 냉소적인 사람들은 세계사회포럼을 영화에나 나오는 꿈의 공장(dream factory)에 불과하다고 일축했다. 이 포럼은 권력의 야망을 품은 훈련된 핵심 인력들과 거금을 들인 전문적 홍보행사를 갖춘, 제대로 된 정치 집단들처럼 움직이지 않는다. 또한 대중의 지배적 정서가 무관심 쪽으로 흐르도록 만드는 것을 목표로 삼지도 않는다. 그 모임에는 우루과이 출신의 좌파 지식인 에두아르도 갈레아노(Eduardo Galeano)와 같이 나름 통찰력을 지닌 인물이 포함되어 있지만, 어떤 하나의 정설보다는 다양한 견해들을 숙고해보는 쪽을 더 선호한다. 그래서 몇몇 사람들에게 이 모임은 그야말로 꽤 파격적으로 보였을 것이다.

당시 세계사회포럼에서는 한 명도 아닌 다섯 명이나 되는 지체 높은 대통령들이 몸소 벨렘을 방문하는 보기 드문 상황이 연출되었다. 볼리비아의 에보 모랄레스를 비롯해, 베네수엘라의 우고 차베스(Hugo Chávez), 파라과이의 페르난도 루코(Fernando Luco), 에콰도르의 라파엘 코레아(Rafael Correa), 브라질의 룰라 다 실바(Lula da Silva)가 그들이다. 물론 그들은 극찬할 만한 다채로운 이력을 지닌 인사들이다. 하지만 페르난도 루코가 지적했듯이, 그들 중 몇몇은 대통령이 되기 전에도 세계사회포럼에 참석했었다. 모랄레스는 이렇게 말했다. "오늘날 우리가 대통령직에 오를 수 있었던 데는 여러분 덕이 컸다." 차베스는 이렇게 말했다. "10년 전만 해도, 남아메리카 지역의 대통령 다섯 명과 그들이 이끌던 사회운동단체들이 이렇게 한 자리에 모이는 일은 생각조차 할 수 없었다."

그러니 다른 어디에서든 상상 가능한 것이 무엇이고 그렇지 않은 것은 무엇인지 누가 감히 100퍼센트 확신할 수 있을까? 이곳에서 그런 일이 일어날 수 있다면 최소한 거의 모든 곳에서도 다른 가능성들을 상상할 수 있다. 이를 주장하기 위해 라틴아메리카에서 현재 진행 중인 일들이 지닌 한계들을 굳이 못 본 척하고 넘어갈 필요는 없다. 또한 낭만적인 구석이라고는 거의 찾아보기 힘든 이 대륙의 밝은 미래가 한낱 희망사항에 불과했던 지점으로 되돌아갈 필요도 없다.

대부분의 사람들처럼, 무엇이 가능한 일인지에 대한 내 인식은 일상 속에서 실제 가능하다고 알게 된 것들에서 기인할 것이다. 옥스퍼드에 있는 〈뉴 인터내셔널리스트〉에 몸담은 20년 동안 나는 자연스럽게 노동자 협동조합의 일원이 되었다. 처음에는 협동조합이 이상적인 소리로 들렸지만, 곧 그것이 매우 현실적이라는 사실을 깨달았다. 사실 협동조합이라는 틀 안에는 여전히 이상들이 상당 부분 존재한다. 하지만 인간의 약점을 모두 무시하고 오로지 이상만 먹고살기를 바라는 이들은 그곳에 오래 남아 있지 못했을 것이다.

우리는 노동자 해고 문제와 같은 사안들을 함께 고민했다. 당연히 그래야 한다고 생각했다. 누구도 다른 누군가에게 무엇을 해야 하는지 지시할 수 없었다. 우리는 모두 똑같은 금액의 충분한 생활임금을 받았다. 우리는 까다로운 절차나 CEO에 의지하지 않고도 매년 수백만 달러를 우리의 가치를 실현하는 데 사용했다. 복잡한 금융도구도 전혀 활용하지 않았고, 은행들이 노동 가치의 전부인 양 현혹시키기 위해 사용하는 인센티브도 일절 제공하지 않았다. 우리는 후원을 위해 광고나 거물이 아닌, 구독자들에게 기댔다. 그 결과 잘못된 것이 있다면 비난받을 대상은 다른 누구도 아닌 우리 자신이었다. 나는 그 협동조합이 은행들보다 훨씬 잘 작동했다고 생각한다. 개인적으로 내가 깨달은 바는, 이와 다른 방식으로 일하기를 바라는 사람이 과연 있을지 상상하기도 힘들다는 점이다. 대부분의 사람들은 분명 그런 바람을 갖고 있으리라는 점을 충분히 잘 알고 있지만 말이다.

　이 경험이 나에게 시사해준 것은, 다른 모든 분야와 마찬가지로 노동에서도 최상의(당연히 절대적 진리는 결코 아니다) 의사결정에 이르는 길은 다른 누군가에게 결정을 맡기는 방식에는 존재하지 않는다는 사실이다. 그보다 결정이 이루어졌을 때 책임의식을 공유하게 될 사람들 모두가 관련 정보를 완전히 숙지한 후 논의해야 한다는, 다소 교과서적이지만 실제로 지키기는 힘든 논의의 형식에 있다. 그런 인식은 영감을 자극할 수도 있는 반면에 왜곡의 가능성도 있긴 하지만, 민주주의의 중심부에 살아 숨 쉬고 있다. 어떻게 그것이 최상의 형태로 구현될 것인지는, 도무지 종잡기 힘들고 때로는 진척 속도가 더디지만 계속 진행되어야 할 '과정'에 해당하는 일이다. 그리고 그 과정의 진보가 진정 우리가 원하는 것이 무엇인지에 대한 공감대를 형성해준다는 점은 분명한 사실이다.

G20 정상들의 무능함

　　　　　　　　경제 세계화와 금융시장들은 교묘하게도 우리가 아무 생각 없이 살아가도록 만들었다. 물론 지금은 경제 세계화나 금융시장을 찬양하는 목소리가 상당히 잦아들었다. 그러나 그들의 위력은 마치 스스로 탄력을 받기라도 하는 듯 집요하게 지속되고 있다. G20 정상들이 2009년 4월 런던에서 회의를 가졌을 때에도 그 힘이 계속 작동하고 있었다. 당시 발생하고 있던 일을 대체로 명확히 파악하지도 못한, 놀란 기색의 세계 정상들은 발등에 떨어진 위기 상황을 수습하기 위해 다급히 모여들었다. 그러고는 순전히 본능적으로, 막 붕괴되어버린 구조물 안에 몸을 숨겼다. 그 구조물을 온전히 유지해야 할 임무는 '불길한 삼총사(Unholy Trinity)'에게 맡겨져 있었다. 그러나 IMF와 세계은행, 세계무역기구는 스스로 모방한 민간 은행들 못지않게 완전히 실패해버렸고, 목숨을 부지하기 위해 발버둥치고 있었다.

너무나 당연하게도 G20 정상회의에서는 기존의 처참한 실패를 바로잡기 위한 어떤 결과물도 나오지 않았다. 이는 글로벌 금융위기와 똑같은 대형 사건들이 다시 되풀이되기 전에 기껏해야 10년 정도의 '회복기'가 돌아온다는 통설에 관해 우리가 알 필요가 있는 것보다, 더 많은 것을 알려준다. 하지만 현재 금융시장과 경제 세계화로 인해 파국으로 치닫고 있는 정부들이 국민에게 아무런 도전도 받지 않은 채 그대로 상황을 모면할 수는 없을 것이다. 실패의 근본적인 결과들이 급소를 찌르는 데는 어느 정도 시간이 걸릴 테지만, 거의 모든 사건들에 대해 무엇을 해야 할지에 관한 광범위한 윤곽을 잡는 일이 무기한 연기될 수는 없다. 따라서 민간이 공공보다 항상 더 낫다는 식의 말도 안 되는 개념은 결국 멸시를 받게 될 것이다.

과거에 늘 그래왔듯 자금은 민간이 아니라 공공의 영역으로 되돌아갈 것이다. 그리고 미국 달러가 아닌 국제 준비통화가 생겨날 것이다. 불길한 삼총사는 권좌에서 쫓겨날 것이다. 주로 가난한 자들에게 영향을 미치는 역진세는 부유한 자들에게 더 많이 부과되는 누진세가 될 것이고, 대붕괴가 잠복해 있었던 수많은 조세피난처들과 도박장들에는 강력한 세금 폭탄이 투하될 것이다. 유엔 새천년개발목표(UN Millennium Development Goals)를 달성하려는 목적으로, 투기적 금융매매에 부과하는 '로빈후드세(Robin Hood tax)'는 증가될 것이고 그 세수는 국제적으로 지출될 것이다. 이렇게 모인 자금으로, 지속가능한 지역 경제 차원에서 희망찬 사업을 추진 중인 국가들의 녹지화 작업에는 재빠르게 공공투자가 이뤄질 것이다. 경제적 성공의 가장 기본적 척도로서 웰빙과 협력과 공정성이 과거의 척도였던 소비와 경쟁 및 불평등을 대체할 것이다.

가장 큰 난관은 무엇이 이루어져야 하는가보다는 어떻게 해낼 것인가에 놓여 있다. 일례로 70억 명이 넘는 인구가 공통의 목적의식을 궁리해내는 데 항상 따라붙게 마련인 문제에는 절대로 정답이 없다. 사실상 경제 세계화는 하나의 정답이 없다는 바로 그 이유 때문에 번창했다고 볼 수 있다. 그렇더라도 하나의 답을 향해 나아가는 일은 지금 그 어느 때보다 더 중요하다.

기존 경제에서 경제 세계화는 민족국가의 종식을 알리는 전조가 될 것이라고들 말했다. 그러나 민족국가는 사람들이 인식하는 민주적 정당성(democratic legitimacy)에 가장 근접하다는 단순한 이유로, 효과적인 세금인상 권한이나 규제력을 지닌 거의 유일한 구조로 남아 있다. 모순적이게도, 경제 세계화를 '회복시키는 데' 있어 현재 너무나 결정적인 역할을 하고 있는 것이 민족국가다. 그러나 민족국가는 일터와 마을, 이웃과 지방자치 도시들에서 민주주의의 뿌리를 시들게 하는 착취의 수단 그 이상도 이하도 아니다. 따라서 다양성과 함께 충분한 확신을 지닌 새로운 국제주의가 구축되어야 하고, 그렇게 될 것이다.

우리의 미래를 위해 우리가 나서자

변화를 위해서 우리가 확보할 가능성이 높은 조정 방식은 상향식(bottom up) 형태다. 다보스가 아니라 벨렘에서, 위원회가 아니라 실무 현장에서, 힘겨운 시절을 겪는 동안 사라져버린 일자리들로 인해 분노의 저항이 끓어오르는 곳에서 그리고 민주적 책임의식이 가장 효과적으로 형성될 수 있는 모든 곳에서부터, 현 사태를 바로잡는 작업이 시작되어야 한다. 논의를 위한 훌륭한 영역은 물론 여전히 남아 있다. 시장들은 나름의 역할 공간을 차지할 테지만, 제 역할을 망각하고 인간의 니즈와 연결고리가 끊겨버린 탓에 그 공간이 어디가 될지에 대한 인식을 잃어버렸다. 시장근본주의자들의 신념은 아무것도 없는 불모지로 시장을 이끌고 갔다.

몇 년 전 나는 이런 말을 한 적이 있다. 소비문화가 팽배한 문화 속에서 선거에 입후보한 사람이 '저에게 표를 주신다면 더 적은 것들을 소비하게 될 것이다'라고 선거운동을 벌여서, 보란 듯이 당선되고 공약을 그대로 이행하게 될 그날이 자유민주주의가 완연히 성숙하는 날일 것이라고 말이다. 참으로 아이러니하게도, 지금 부유한 자유민주주의 국가들에서 정치권은 그렇게 해야 할 압박을 받고 있다. 당연히 국가들은 그 현실을 있는 그대로 수용하는 편이 훨씬 좋다.

  미래 세대들은 지금의 이 이상한 나라를 회고하면서 이런 결론들을 내릴 것이다. '험프티 덤프티'를 재조립하기 위해 감쪽같이 사라진 15조 달러가 그 외의 다른 모든 곳에 쓰이는 게 더 나았으리라는, 그리고 무력(武力)은 자연의 힘 앞에서 무기력하다는, 또한 다른 모든 이들의 희생을 대가로 일부가 얻는 모든 것은 무용지물에 지나지 않는다는 결론을 말이다. 나는 그런 '가능성의 시대'가 머지않아 도래할 것이라고 확신한다.

실패한 시장은 버려라

우리 모두를 위한 지속가능한 경제

'위기에 빠진 경제를 구원하기 위해, 지금 우리는 좀 더 민주적이고 지속가능한 길을 찾아야 한다.'

자야티 고시(Jayati Ghosh)

인도에서 태어나 델리대학교와 자와할랄네루대학교를 거쳐 영국 케임브리지대학교에서 박사학위를 받았다. 이후 귀국하여 모교인 자와할랄네루대학교에서 경제학과 교수로 재직하고 있다. 경제학자로서 세계화, 국제 금융, 개발도상국의 고용 패턴, 거시 경제 정책 등과 같은 이슈들에 대한 소신 있는 의견을 개진하여 전세계 경제계의 주목을 받고 있다.

실제로 위기를 겪어봐야만 현행 개발 전략에 결함이 있다는 사실을 알 수 있는 건 아니다. 이전의 호황기에도 선진국과 개발도상국 모두에서 성장의 패턴은 너무 많은 한계와 모순, 취약점을 드러냈다. 지금은 그 성장이 지속 불가능한 것이었음을 모두가 잘 알고 있다. 그것은 투기에 기반을 둔 성장이었고, 투기를 가능케 하고 부추긴 것은 금융의 탈규제화였다. 또한 그 성장은 천연자원에 탐욕스럽게 들러붙어 이룬 것이었다. 그리고 극도로 불평등했다. 일반적 인식과 달리, 아시아의 가장 역동적인 지역까지 포함해 개발도상국에 살고 있는 대부분의 사람들은 당시의 호황에서 얻은 게 하나도 없었다.

미국의 금융 버블은 최빈국들을 비롯해 세계 각지의 저축자금을 끌어들였고, 그 탓에 최소 5년 동안 엄청난 금융자원이 남반구 개도국에서 북반구 선진국으로 이동해갔다. 개발도상국 정부들은 자국의 무역과 금융시장을 전면 개방했고, 통화정책을 포기했으며, 공공지출을 축소하는 식의 소위 선진국들이 '바람직하다(correct)'고 말하는 정책들을 추구했다. 그리하여 자국에 실질적으로 도움이 될 개발 프로젝트들이 제대로 완료되지 못한 채 방치되었고, 시민들은 가장 기본적인 권리조차 박탈당하게 되었다.

선진국의 버블과 후진국의 그늘

흔히 알고 있는 바와 달리, 북반구 선진국에서 남반구 개도국으로의 순수한 일자리 이전은 이루어지지 않았다. 실제로 남반구 개도국에서 산업 고용은 지난 10년 동안 거의 증가하지 않았으며, 이런 현상은 심지어 중국도 마찬가지였다. 오히려 선진국의 기술 발달은 더 적은 노동자로 보다 많은 산출물을 거둬들이는 데 일조했다. 그 결과 남반구 개도국의 과거 일자리들은 사라졌거나 존재가 위태로워졌고, 신규 일자리들의 대다수는 불안정하거나 보수가 적었다. 개발도상국들에서 끈질기게 지속된 농업 위기는 소농들의 생계에 타격을 입혔고 글로벌 식량 문제를 낳았다. 불평등이 증가했다는 사실은, 대대적으로 떠벌렸던 신흥시장들의 성장 혜택이 대부분의 사람들에게 고루 돌아가지 못했음을 의미했다. 수익은 치솟았지만 국민소득에서 노동임금이 차지하는 비중은 급격히 줄어들었기 때문이다.

거의 모든 개발도상국들은 수출이 주도하는 성장 모델을 채택했는데, 이것은 결국 기업의 임금 지출비용과 내수 소비의 억제와 관련

되어 있었다. 이런 정책은 여러 개발도상국에서 저축률이 상승하고 투자율이 하락하는 특이한 상황을 만들어냈다. 그리고 이는 당시 '안전한' 해외 자산이었던 국제준비금을 보유하는 행태로 귀결되었다. 이것이 바로 지난날의 호황이 곧 남반구 개도국이 북반구 선진국에게 보조금을 지불한 것과 다름없다고 말하는 까닭이다. 다시 말해 보다 저렴한 제품과 서비스의 수출 그리고 개도국에서 빠져나가 특히 미국으로 유입되는 일변도의 자금 흐름 및 값싼 노동력을 통해, 개도국이 선진국에게 보조금을 주었던 셈이다.

수출시장들의 붕괴는 이런 프로세스를 돌연 중단시켰다. 하지만 어쨌든 그런 성장 전략이 특정 지점을 넘어서서 지속되기란 불가능한 법이다. 문제는 그것이 세계적 불평등을 낳았을 뿐만 아니라 자멸의 씨앗도 뿌려놓았다는 점이다.

과거 호황기에 내수는 기업의 수익에 끌려가는 경향을 보였다. 이런 경향은 기업에 의존하는 호황 속에서 증가한 높은 수익이 배분되고, 신흥 중산층의 소득과 소비가 엄청나게 증가한 현상에 기초하고 있었다. 아울러 사치품과 호화 서비스는 물론 금융자산과 부동산 같은 부문에 대한 활발한 투자를 이끌었다. 덕분에 각국 경제는 외형적으로 계속 성장할 수 있었다. 하지만 그 사이 농업은 위기에 처했고 고용은 충분히 확대되지 않았다.

새롭게 부상한 이런 식의 생산과 소비의 패턴이 의미했던 바는, 그 성장이 자연과 환경에 대한 탐욕스럽고, 궁극적으로 파멸을 야기하는 착취를 수반했다는 것이다. 그런 무분별한 양적 확대가 기후변화

유발 요인들에 미칠 영향력은 아예 차치한다고 쳐도, 이로 인해 지나친 혼잡과 환경오염 및 생태계 악화의 측면에서 우리가 치르게 될 비용은 이미 엄청나게 증가해 있었다. 가장 불공정한 사실은 당시 소득의 전체적인 확대에서 얻은 것이 가장 적었던 지역과 사람들 사이에, 잘못된 성장에 따른 생태계의 한계와 피해가 이미 피부로 와 닿을 정도로 생생해졌다는 점이다.

이와 동시에, 인간의 삶에 필수적인 중요한 활동들에 대한 보상도 불충분했다. 특히 농업은 나날이 더 위험천만한 일이 되었다. 농가들의 생계가 궁지로 몰리면서 식량 생산이라는 극히 중차대한 일이 한층 불안정한 입지에 내몰렸다. 그러는 사이에 비농업 일자리는 증가했지만, 경제적으로 가장 빠른 성장세를 보이는 지역들에서조차 충분히 노동력을 흡수할 만큼 빠르게 증가하지는 못했다.

세계 경제는 재편의 수순을 밟고 있다

결국 과거 몇 년 동안 세계가 겪었던 호황은 국가 간이나 국가 내부, 어느 쪽에서도 안정적이지도 포괄적이지도 않았다. 이제 남은 가능성은 좀 더 빨리 이익을 챙기지 못한 사람들이 무책임한 금융의 죗값을 대신 치를 수밖에 없게 되면서 불황이 한층 더 광범위해질 것이라는 점이다.

글로벌 금융위기가 진행 중이고 세계 곳곳에서 실물경제 침체가 나타나는 시점이다 보니, 오로지 부정적인 측면들만 보게 되기 쉽다. 하지만 사실 이번 글로벌 금융위기는 좀 더 민주적이고 지속가능한 방식으로 경제적 관계를 재편할 수 있는 확실한 기회를 제공해줄 것이다. 바로 다음과 같은 연쇄적인 이유 때문이다.

첫째, '국가가 금융을 관리하기 위한' 체계적인 대안이 없다. 민간 금융업체들이 틀림없이 규제를 피해갈 시도를 할 것이므로 금융시스템의 핵심부(은행업)는 반드시 보호를 받아야 하며, 이는 오로지 사회적 소유권(social ownership)을 통해서만 실현 가능하다. 따라서 금융에 대한 어느 정도의 사회화(socialization)는 불가피하다.

둘째, 도가 지나친 '수출지향 모델은 재고해볼 필요'가 있다. 이것은 바람직한 변화일 뿐만 아니라, 미국이 더 이상 수입의 확대를 통한 세계 경제성장의 엔진 역할을 지속할 수 없다는 명백한 사실을 전제했을 때 필연적인 일이기도 하다. 미국과 유럽연합에 의존해온 국가들은 수출 대상국을 변경하고, 무엇보다도 내수를 육성시키는 쪽으로 자국 경제를 전환할 방법을 모색해야 한다.

셋째, 앞의 제안은 '재정정책과 공공지출을 중앙 무대로 다시 가지고 와야 한다'는 의미를 담고 있다. 현재 진행 중인 위기의 부정적 영향들에 대처하고 경제 활력과 고용의 하락을 방지하기 위해서는, 분명 선진국과 개도국 모두에서 경기부양책이 필요한 실정이다. 기후변화의 영향에 대응하고 친환경 기술을 육성하기 위해서도 재정지출이 필요하다. 남반구 개도국의 개발 프로젝트를 진척시키고 개도국의 모든 이들이 반길 만한 최소한도의 생활수준을 달성한다는 약속을 이행하기 위해서라도 공공지출은 매우 중요하다.

넷째, 국가 간 그리고 국가 내부의 '경제적 불평등을 축소하기 위한' 의식적인 조치가 있어야 한다. 우리는 분명 대부분의 사회에서 '받아들일 수 있는' 불평등의 한계선을 넘어섰으며, 향후의 정책들은 이런 추세를 반전시켜야 할 것이다. 이것은 생각보다 훨씬 까다로운 일이다. 생산과 소비의 지속 불가능한 패턴들이 현재 부유한 국가들에 단단히 뿌리 박혀 있으며, 개도국들도 그런 패턴을 갈망하고 있기 때문이다. 하지만 개도국의 수백만 시민들은 여전히 '인간다운 삶'의 가장 기본적인 여건을 확보하지도 못한 실정이다. 개도국 전 국민에게 생필품 공급을 보장하기 위해서는, 천연자원의 사용 증가와 더 많은 탄소를 배출하는 생산의 증가가 불가피하게 요구될 것이다. 하지만 이 유혹에 굴복해서는 안 된다. 지속가능성과 공정성을 동시에 달성하려면 특히 선진국의 부자들은 물론 개도국의 지배층 역시 과도한 자원 이용을 자제할 필요가 있다.

다섯째, 이를 위해서는 '수요와 생산의 새로운 패턴'이 필요하다. 이것이 바로 웰빙과 삶의 질을 측정하는 새로운 수단을 개발하는 데 있어 현재의 초점이 무척 중요한 까닭이다. 양을 기준으로 하는 GDP 성장 목표들은 역효과를 낳을 수도 있다. 일례로 복잡하고 오염을 일으키며 불편한 민영 도시교통 시스템은 안전하고 효율적이며 저렴한 공영 교통서비스보다 실제로 더 높은 GDP 수치를 낳는다. 그러므로 '더 깨끗하고 친환경적인 기술들'에 관한 논의만으로는 불충분하다. 소비 행태 자체에 대해 창의적으로 생각해보고, 어떤 제품과 서비스가 우리 사회에 더 필요하고 바람직한지 따져보아야 한다.

여섯째, 국가의 시장 개입이 단기적인 위기에 대한 반사적 반응이 되어서는 안 된다. 명령체제에 오명을 안기는 세세한 계획 측면의 개념이 아니라, 사회적 요구와 미래 목표들에 관한 전략적 사고 차원의 '플래닝'은 절대적으로 필요한 일이다. 이런 사회적 목표를 지향해 소비와 생산을 전환하고, 사회적으로 창출된 염원들과 물질적 필요의 변화를 도모해야 한다. 또한 경제생활을 덜 탐욕적이고 좀 더 지속가능하도록 재편하기 위해, 기존과 다른 형태의 정부 시장 개입은 물론 재정정책과 통화정책이 활용될 필요가 있다.

여덟째, 위기 상황인 지금은 경제활동에 대한 국가 개입이 다급하고 절실한 상황이므로 '보다 민주적이고 책임감 있게' 개입할 방법을 생각해보아야 한다. 금융부문의 긴급구제와 경기 부양에 거액의 공공자금이 사용되고 있으며 앞으로도 계속 투입될 것이다. 이 조치가 어떻게 시행되느냐 하는 점은, 세금을 납부하는 평범한 사람들의 생활여건과 자원에 대한 이용권 및 분배에 큰 함의를 지닐 것이다. 따라서 전세계 국가들은 경제정책을 수립하고 시행하는 데 있어 절대다수 시민의 니즈에 보다 열린 마음으로 부응하는 자세를 갖추어야 한다.

마지막으로, 앞서 언급한 모든 제안을 뒷받침할 '국제적 경제 프레임워크'가 필요하다. 글로벌 기구들은 구조적으로 보다 민주적이어야 할 뿐만 아니라, 좀 더 인간 지향적인 자세와 취지, 기능을 갖출 필요가 있다. 아울러 세계 자원의 보호와 개발을 위한 재원을 마련하는 일이 그 기관들의 최우선 목표가 되어야 한다. 이것은 지금까지 사람들을 현혹해왔던 신빙성 없고 불균형한 경제 모델에 기초한 접근방식을 이제는 더 이상 사용할 수 없다는 것을 의미한다. 따라서 현재의 글로벌 경제 위기를 기회로 우리는 새로운 경제로 나아가야 한다.

'보이지 않는 손'의 허상

경제적 다원주의에 대한 찬양

'자율적으로 조정되는 시장의 손이란 사실상 존재하지 않으므로 보이지 않는 것이 당연하다.'

조지프 스티글리츠(Joseph E. Stiglitz)
뉴욕 컬럼비아대학교 교수로, 2001년 노벨경제학상을 수상했다. 2009년에는 UN 국제통화 및 금융시스템의 개혁에 관한 전문위원회(UN Commission of Experts on Reforms of the International Monetary and Financial System) 의장을 역임했다. 저서로 《끝나지 않은 추락Freefall》《불평등의 대가The Price of Inequality》 등이 있다.

25년간 서구경제를 지배한 종교는 시장근본주의(market fundamentalism)였다. 이것은 경제학이나 역사적 증거에 의거한 것이 아니므로 일종의 종교라 할 수 있다. 그 신조는 경제학이 오랜 옛날에 내놓은 개념들, 특히 애덤 스미스(Adam Smith)가 주창한 '보이지 않는 손'을 거론한다. 즉 이익과 수익의 극대화를 추구하는 기업들은 마치 보이지 않는 손에 이끌리듯 사회 전체의 웰빙을 증진시키는 결과를 낳는다는 것이다. 애덤 스미스 자신도 이 주장의 한계를 잘 알고 있었고, 규제가 없는 시장들의 위험성에 대해 분명하게 경고했다. 그러나 시장근본주의를 주장한 사람들은 특정 형태의 경제조직, 즉 정부의 규제를 받지 않으며 수익을 극대화하는 기업들을 옹호해주었다.

시장기능은 과연 작동하는가

약 75년 전만 해도 이런 식의 개념들은 극심한 비난을 받았다. 대공황은 시장이 반드시 완벽한 기능을 하지는 않는다는 사실을 잘 보여주었다. 미국과 유럽에서 네 명당 한 명꼴로 실업상태였던 마당에 누가 과연 시장 기능이 완벽하다고 생각할 수 있었겠는가? 최소한 너무 늦기 전에 경제가 항상 자율적으로 조정되지도 않는다는 점도 명백해졌다. 하지만 일부 사람들은 시장경제가 장기적으로는 적절한 조정을 이룰 것이라고 말했다. 이에 대해 경제학자 J.M. 케인스(Keynes)는 이렇게 대응했다. "그러나 장기적으로 보면 우리는 모두 죽는다." 케인스가 주장한 '적절한 정부 개입을 통해 경제가 완전고용을 유지할 수 있다'는 개념이 없었더라면, 시장경제학에 대한 지지도 급속도로 약화되었을 것이다. 아이러니하게도, 일반적으로 시장경제학의 비판자로 간주되는 케인스가 사실상 시장경제학의 구세주 역할을 했던 셈이다.

그리하여 경제를 제대로 유지하기 위해서는 정부 개입이 필요하다는 개념이 좌파와 우파 양쪽 진영 모두에 두루 수용되었다. 미국의 조지 W. 부시(George W. Bush) 대통령과 같은 보수주의자들도 경제가 계속 돌아가도록 하기 위해 경기부양책이 필요하다는 주장을 내놓았다. 물론 세계에는 이런 개념이 보편적으로 받아들여지지 않는 지역도 몇몇 있다. 10여 년 전 동아시아 경제위기 때 IMF는 케인스 이전의 경제학을 내세워 세금 인상과 정부지출 축소를 권고했다.

IMF가 제시한 이런 정책들을 시행한 결과 아시아 지역의 불경기는 경기 침체로 바뀌었고, 침체는 불황으로 치달았다.

케인스 경제학의 여파로 일련의 특정 개념들은 이른바 '신고전파종합'*으로 발전했다. 이것은 일단 경제가 완전고용을 회복하고 나면, 다시 시장의 힘에 기초해 자원을 배분할 수 있다는 개념이다. 지금 생각해볼 때, 신고전파종합과 관련해 재미있는 점은 그것이 경제학이론에 의거해 나온 이론이 아니었다는 점이다. 그것은 하나의 주장으로 제안되었고—사실은 내 스승인 폴 새뮤얼슨(Paul Samuelson)의 주장이다— 세계 곳곳에서 널리 받아들여졌다. 하지만 몇 년 전에 내가 주장했듯이, 경제의 거시적 문제들은 광범위한 시장 실패들에 비하면 빙산의 일각에 지나지 않는다. 다시 말해 시장기능은 제대로 작동하지 않는 경우가 많다. 시장의 실패는 누구도 무시하지 못할 정도로 엄청난 영향력을 지닌다.

네 명당 한 명꼴로 실업상태에 있는 어떤 경제가 있다면, 시장기능이 제대로 작동하지 않는다는 점은 두말할 필요 없이 명백할 것이다. 하지만 시장이 자원을 효율적으로 배분하는지 하지 않는지를 어떻게 안단 말인가? 이는 어려운 문제였다. 우리가 쉽게 납득할 만한 몇 가지 답이 있기는 했다. 예를 들면, 오염과 혁신 측면에서는 시장기능이 제대로 작동하지 않는다는 사실을 우리는 잘 알고 있었다. 오염

---

*신고전파종합(neo-classical synthesis): 고전학파의 미시적 시장균형이론과 케인즈의 거시경제이론을 접목시켜 만들어진 주장. 현재 경제학계에서 신고전파종합은 이론이라기보다는 단순한 정책적 주장으로 평가받고 있다.

은 지나치게 많았지만, 혁신은 지나치게 적었기 때문이다. 이렇게 명쾌한 몇 가지 예외가 있기는 했지만, 어쨌든 일단 정부가 완전고용을 달성하고 나면 시장기능이 제대로 작동한다는 견해가 널리 확산되었다.

그런 관점은 정보의 경제학(the economics of information)이라는 새로운 패러다임에 관한 나와 다른 이들의 연구에 의해 크게 약화되었다. 시장 참여자들은 거의 항상 불완전한 정보를 갖는다. 시장에는 엄청난 정보의 비대칭이 존재한다. 다시 말해 일부 사람들은 다른 사람들보다 더 많은 정보를 지닌다. 전통적인 경제학은 완전 시장과 완전 정보 및 완전 경쟁이라는 가정에 기반을 두고 있었다. 여기에서 희망은—말 그대로 희망일 뿐이었다—불완전성이 너무 크지 않은 세계는 시장과 정보의 모든 불완전성이 보편적으로 적용되는 세계와 유사하리라는 것이다.

이런 희망은 그릇된 것이다. 정보는 약간의 불완전성만으로도 극단적인 영향을 미칠 수 있었다. 현대의 수많은 정책이 기초로 삼고 있는 일반적 신고전파 모델은 완벽하지 않았으며 애덤 스미스는 큰 오류를 범했다. 달리 말해, 정보가 불완전할 때마다 시장을 움직이는 손이 종종 보이지 않는 것처럼 보이는 이유는 사실상 그 손이 존재하지 않기 때문이다. 항상 거기에는 사회의 모든 구성원들이 공히 더 잘 살도록 만들어줄 수 있는 정부 개입이 있다.

따라서 시장이 자체적으로 잘 작동하고 효율적으로 기능한다는 믿음은 잘못된 것이다. 내 연구 결과에 따르면 비영리 조직과 협동조합을 비롯한 여러 조직과 정부, 시장 사이의 균형점을 찾아야 할 필요가 있으며, 성공적인 국가들은 그런 균형점을 찾아냈다는 사실을 보여주었다. 간단히 말해 시장근본주의—종종 신자유주의로도 불린다—는 단순히 그릇된 신조였다.

정부의 역할을 강화해야 한다

이 견해를 한층 더 확고히 굳혀준 꽤 다양한 역사적 사건들이 있었다. 과거 50년은 상당히 극적인 기간이었다. 우리는 상상 이상의 성공적인 발전을 목도해왔다. 물론 다른 한편으로는 극단적 실패도 지켜보았다. 시장근본주의와 시장이 나름의 기능을 수행한다는 개념에 초점을 맞춘 신자유주의 정책을 추구한 국가들은 대체로 실패했다. 라틴아메리카에 특히 널리 확산되어 있던 신조가 이것이었다.

반면 전세계에서 보다 큰 성공을 거둔 지역은 동아시아였다. 내가 1980년대 말부터 1990년대 초에 수행한 흥미로운 연구 프로젝트들 중 하나가 이른바 '동아시아의 기적(East Asia Miracle)'이었다. 나는 그 지역의 성공에 기여한 요인들을 밝혀내고자 애썼다. 연구 대상은 단지 일본만이 아니었다. 그 지역 내의 많은 국가들이 연이어 성공을 거뒀다. 그 국가들은 정부의 역할을 강화한 광범위한 제도적 장치에 토대를 둔 폭넓은 정치철학을 공유하고 있었다. 그 하나의 사례가 중국의 마을기업과 협동조합들로, 이것들은 1990년대 중국의 발전에 결정적인 역할을 했다.

미국과 유럽을 좀 더 자세히 살펴보아도 마찬가지다. 미국의 성공은 대체로 정부의 중대한 역할에 기초해 있었다. 규제 완화 이전에, 미국 정부는 금융시스템 형성에 큰 몫을 했다. 남북전쟁이 한창이던 1863년에 에이브러햄 링컨(Abraham Lincoln)이 최초의 금융규제법을 강행 통과시켰다는 점은 주목할 만하다. 그는 왜 이 일을 했을까? 남북전쟁 이후 미국 국민이 금융시스템을 필요로 할 것이고, 그것이 제 기능을 발휘하기 위해서는 적절한 규제를 받을 필요가 있으리라는 점을 잘 알고 있었기 때문이다.

미국 정부는 자금 공급에도 중대한 역할을 했다. 그 정부는 현대적인 주택자금 대출방식을 창안해냈지만, 그 이후 모기지 대출업체들을 민영화하는—베트남 전쟁 비용을 마련하기 위해—우를 범했다. 현재 우리는 당시의 잘못된 결정이 낳은 결과에 직면해 있는 셈이다. 한편 미국 정부는 중소기업청(Small Business Administration)을 통해 해당 규모의 사업체들에게 자금을 조달해주었다. 이 조치 역시 신산업 개발과 육성을 성공시키는 데 엄청난 기여를 했다. 예를 들어 야간 우편배달 사업을 시작한 페덱스(Federal Express)도 애초에 중소기업청의 대출을 통해 자금을 마련한 덕분에 소규모 업체를 어마어마한 기업으로 키워낸 발판을 마련할 수 있었다.

미국의 기술과 과학 분야에서도 정부의 역할은 특히 중요했다. 19세기 미국 경제의 중심은 농업이었다. 미국 정부가 자금을 조달한 연구 개발과 그 연구의 결실을 일반 농민에게 널리 보급하기 위해 시행한 농촌지도사업은 미국 경제가 성공을 이루는 초석이 되었다. 그 덕분에 증가된 생산성은 미국이 제조업으로 전환할 수 있는 재원을 제공해주었다. 지난 25년간 이룬 혁신 중 가장 중요한 것은 인터넷으로, 이 역시 정부의 자금 지원을 받았다. 전기통신 분야에서 정부의 역할은 사실상 19세기 초까지 먼 과거로 거슬러 올라간다. 당시 최초의 전신선도 미국 정부의 자금 조달로 설비되었다. 오늘날의 또 다른 주요 혁신 분야는 생명 공학으로, 이 역시 정부가 자금을 지원한 연구를 기반으로 하고 있다. 이제 우리는 사회기반시설과 도로 및 공항이 없는 현대 경제는 상상조차 할 수 없다. 이것들 역시 정부가 중요한 역할을 수행하는 영역들이다.

미국의 성공 사례만 살펴보아도, 경제 발전이 정부의 절대적인 역할을 기반으로 이룬 결과라는 사실을 알 수 있다. 정부는 문제의 근원이 아니라 해결책이었다.

협동조합의 경우도 마찬가지다. 역사적으로 협동조합들은 금융과 보험 분야에서 중요한 역할을 해왔다. 오늘날 우리가 직면한 일부 문제들은 협동조합들이 수익 극대화를 위주로 하는 기업들로 전환한 결과다. 오늘날에도 농업과 주택 및 여타 분야에서 협동조합과 비영리 조직들은 중요한 역할을 수행한다.

나는 이 이슈에 굉장히 민감한 편이다. 내 생활 자체가 이런 조직들에 둘러싸여 있기 때문이다. 나는 컬럼비아대학교에 몸담고 있는데, 이 대학은 비영리 조직이며 미국에서 가장 우수한 대학에 속한다. 그리고 나는 협동조합주택*에 살고 있다. 또 내 책을 출간해주는 W.W. 노턴도 가장 성공적인 출판사들 중 하나이며 협동조합 형태로 운영된다.

정부 역할과 시장 역할 사이의 균형을 이해한다면 새로운 시각이 생겨난다. 시장근본주의의 결함들 중 하나는 소득의 공정한 분배나 훌륭하고 공정한 사회라는 개념에 아예 관심을 두지 않았다는 점이다. 강력한 성장에 관여하는 요인 무엇인지 앞서 살펴보았듯, 소득분배가 제대로 이루어지는 보다 공정한 사회는 사회적·정치적·환경적 측면에서 좀 더 지속가능한 성장을 이룰 수 있다. 그 이유는 인적자원이야말로 한 국가의 가장 중요한 자산이며, 모든 개개인이 잠재력을 최대한 발휘할 수 있도록 하는 것이 지속가능한 성장의 필수 요인이기 때문이다. 나는 미국이 현재 직면하고 있는 문제들의 원인 가운데 일부가 손 쓸 수 없을 정도로 극심한 불평등의 결과에 있다고 주장해왔다. 미국의 불평등 수준은 불과 최근 몇 년 사이에 거의 한 세기 동안 본 적이 없을 정도로 급격히 증가했다.

시장은 다른 요인들과 무관하게 별개로 작동할 수 없다. 은행과 같은 기관은 사람들의 자금을 쉽게 유치한다. 문제는 그 돈을 되돌려주는 것이다. 그런데 이런 상황은 규제체계가 제대로 갖춰져 있어서 사람들이 자기 돈을 확실히 되돌려 받을 수 있다는 믿음이 있고 이후에

---

*협동조합주택: 현대적인 생활양식에 적합하도록 근린의 개념을 재정의한 주택형태로, 거주자의 자치권과 공동생활의 이익을 혼합한 주택을 말한다.

도 은행에 자금을 맡길 의향이 있는 경우에만 해당되는 얘기다. 다른 많은 영역에서도 마찬가지다. 미국에 식품안정 규제가 도입된 계기들 중 하나는 지난 세기 초에 발생한 사건 때문이었다. 당시 업튼 싱클레어(Upton Sinclair)는 큰 반향을 불러일으킨 도서인 《정글The Jungle》을 펴냈다. 그 책에서 싱클레어는 육류를 먹고 싶은 생각이 싹 가실 정도로 아주 생생하게, 미국 축산업의 실상 ─ 소를 도축하는 현장 ─ 을 낱낱이 설명했다. 그 반향으로 육류포장 산업계는 정부를 찾아가 이렇게 호소했다. "제발 부탁이니, 우리 산업을 철저히 규제해서 사람들이 안심하고 우리 고기를 사먹도록 해주세요."

오늘날 금융과 관련해서도 우리는 동일한 상황에 놓여 있다. 금융시장은 스스로를 잘못 관리해왔고 지금은 너무나 위험해진 나머지 사람들의 신뢰를 잃어버렸다. 금융시장에 대한 신뢰의 부족은 자금 철수로 이어졌고, 그 탓에 튼튼한 기업이라고 여겨졌던 업체들마저 자금을 제대로 조달할 수 없게 되었으며, 정부는 국민에게 신뢰를 불어넣기 위해 개입에 나설 수밖에 없게 되었다.

자본을 제대로 배분하지 못한 결과

이는 예상 가능한 문제들이었고 실제로 예측되었던 바이다. '그럴 줄 알았다'라고 굳이 말할 생각은 없지만, 어쨌든 나는 금융부문에서 문제가 발생하리라고 누차 이야기했다. 미국의 금융시장이 예정된 역할을 하고 있지 않다는 점은 여러 정황에서 명백히 드러나고 있었다. 우선 자본을 제대로 배분하지 못했다. 또한 사람들의 부채 상환 능력을 무시하고 수천 억 달러를 모기지에 할애했다. 리스크도 제대로 관리하지 않았으며, 오히려 리스크를 창출했다. 혁신을 하는 과정에서도 금융시장은 우리 경제를 좀 더 효율적이거나 생산적으로 만들고 있지 않았다. 금융업체들이 경제를 엉망으로 망쳐놓는 동안, 막상 그 금융업체들은 전체 기업 수익의 3분의 1이 넘는 돈을 알아서 챙겨갔다. 그동안 당신은 이렇게 말했을지도 모른다. "금융업체들이 그 정도의 수익을 거둬들인다 해도 그 결과 우리 경제를 좀 더 효율적으로 만들어준다면, 그것은 경제의 효율성을 위해 우리가 치르는 대가라 할 수 있다." 여기서 아이러니한 일은, 우리가 이렇게 막대한 대가를 치렀건만 그 업체들은 우리 경제를 제대로 관리하지 못했다는 점이다.

미국의 금융시장이 이룬 혁신에 관한 기상천외한 이야기들을 자주 들어보았을 것이다. 금융시장의 혁신은 애초에 세금을 회피할 새로운 방법들을 찾는 일에 초점이 맞추어져 있었다. 이후 1980년대와 1990년대 초 금융시장은 일제히 투자자들을 속일 방법을 궁리했다. 이는 만만치 않은 일이다. 정부에는 수익이 아주 적다고 말하고 싶지만, 투자자들에게는 수익이 아주 많다고 말해야 하기 때문이다. 그들은 복잡한 장부들을 동원해 조세당국에는 적은 수익을, 투자자들에게는 높은 수익을 보고하는 두 가지 일을 무사히 해낼 수 있었다. 하지만 결국 스스로도 속아 넘어갈 정도로 너무 복잡한 상황을 만들어내고 말았다.

　금융업체들은 건설적이지 못한 방식으로 혁신을 꾀했을 뿐만 아니라, 그런 혁신들이 우리 경제를 더 잘 돌아가도록 해줄 것이라고 끊임없이 우겨댔다. 예를 들어 클린턴 대통령 시절 내가 대통령 경제자문단(Council of Economic Advisors)으로 일할 적에, 우리는 사람들이 염려하는 리스크들 중 하나인 인플레이션에 대비한 보험이 전혀 없다는 사실을 깨달았다. 그래서 물가인상에 대처하도록 돕기 위한 이른바 물가지수연계채권(inflation-indexed bonds)이라는 상품을 제안했다.

　그런데 미국 재무부와 월스트리트는 그것에 반대했다. 처음에 나는 당황스러웠다. 우리 분석에 따르면 그 상품은 국민에게 보다 안정적인 은퇴자금을 마련해줄 뿐만 아니라, 사실상 정부의 자금 대출 비용도 감소시킬 터였기 때문이다. 그러나 월스트리트가 그것에 반대한 이유는, 사람들에게 이런 상품이 주어지면 은퇴할 때까지 그것을 계속 보유하리라는 점을 파악했기 때문이다. 그러면 사람들은 금융거래를 하지 않을 게 뻔한데, 월스트리트는 금융거래에 따른 매매 비용을 통해 돈을 벌어들이니 절대 찬성할 수 없었을 것이다.

　보다 광범위한 성공은 균형 잡힌 경제, 즉 여러 개의 기둥을 갖춘 다원주의(pluralism) 경제시스템을 필요로 한다. 거기에는 전통적인 민간부문은 분명 존재했다. 하지만 공제조합과 비영리 조직을 비롯한 사회적 협동기관과 공공부문에 해당하는 다른 두 개의 기둥은 마땅히 받아야 할 관심을 받지 못했다.

미국 경제를 꿰뚫고 있는 일부 사람들은 미국이 우위를 점하는 하나의 부문이 있다면 바로 대학들이라는 사실을 알아챈다. 세계 10대 우수 대학교 명단을 작성해보면, 6개 대학은 미국에 속할 것이다. 이 부문에서 미국이 차지하는 비중은 아마도 다른 거의 모든 산업들에서보다 클 것이다. 그리고 대학 부문은 비영리기관이 완전히 장악하고 있다. 실제로 우수 대학 명단에는 영리를 목적으로 하는 대학이 하나도 없다.

미국의 경우 이익을 추구하는 대학들의 역사는 참혹했다. 일례로 그런 대학들은 정부를 부추겨 자기 대학 학생들에게 학자금 대출을 쉽게 내주도록 압력을 넣었다. 그리고 학생들을 설득해 입학시켜놓고는 등록금에 상응하는 훌륭한 교육을 제공하지 않았다. 그러니 학생들은 당연히 학자금 대출 상환을 거부했고, 사실상 그 청구서를 집어 들게 된 건 다름 아닌 정부였다.

이것은 사실상 정부와 대학 모두의 부실을 불러오는 일이었다. 그래서 클린턴 행정부 시절에 우리는 법규를 고쳐, 이런 부류의 대학에 재학 중인 학생들에게는 학자금 대출을 하지 않을 작정이었다. 영리를 목적으로 하는 대학들은 법 개정을 막기 위해 로비에 엄청난 노력을 기울였다. 그들 스스로 자신들이 벌인 사기행각을 너무나도 잘 알고 있었기 때문이었다.

그래서 경제민주화가 필요하다

　　　　　　　　　　　반면 비영리 대학들은 성공적인 결과물을 낳는 진정한 기반이다. 이런 대학들은 미국 경제의 다른 부문들이 지닌 수많은 강점의 기저를 이루는, 혁신의 원천이다.

　출판과 농업, 교육 및 주택 분야에서도 비영리 기관과 협동조합 및 공제조합은 중요한 역할을 수행한다. 미국 최대의 버터 회사와 오렌지주스 회사는 성공적인 협동조합이며, 뉴욕 주택부문의 상당 비중도 협동조합 형태로 운영된다. 이들 사례는 이러한 성공을 거둔 이유를 파악하기 위한 연구가 왜 필요한지를 잘 보여준다.

　나는 그 하나의 이유가 민주주의가 그 자체로 하나의 가치이기 때문이라고 생각한다. 보다 사회지향적인 회사들은 노동자와 소비자 및 공급업체 등 그들이 교류하는 사람들을 착취하려 들지 않는다. 착취의 문제는 중요한 사안이다. 특히 정보나 교섭력의 비대칭이 존재해, 한쪽 당사자가 상대방을 착취할 수 있는 경우에는 더욱 그렇다. 시장경제에는 이런 식의 비대칭이 만연해 있다.

　민주주의의 확대는 더 훌륭하고 좀 더 혁신적인 일터와 사회를 조성할 수 있다. 그 근거 중 일부는 더 많은 참여와 열린 자세, 투명 경영이 확보되면 정보의 흐름이 한층 개선된다는 개념에 기초한다. 미국 민간부문 기업들의 특징으로 굳어질 만큼 빈번하게 일어나는 노조와 회사 사이의 갈등도 정보의 원활한 흐름을 방해하며, 따라서 혁신에도 좋지 않은 영향을 미친다. 미국 기업들 사이에서 흔히 회자되는 씁쓸한 농담이 있다. 우리가 CEO들에게 상당히 많은 돈을 지불해야 하는 이유는 하루가 멀다 하고 수많은 근로자들을 해고하는 일이 굉장한 고역이기 때문이고, CEO들이 그토록 많은 근로자들을 해고해야 하는 이유는 그들이 그만큼 많은 돈을 받고 있기 때문이라는 것이다. 결국 악순환이 이어지는 셈이다.

삶의 질에 있어 직업에 대한 만족도는 중요한 부분이다. 주목할 만한 한 연구에서 밝혀낸 바에 따르면, 의사결정 과정에 참여하는 일을 비롯해 여타의 근무 여건이 더 나은 일터는, 낮은 급여의 일자리라고 해도 더 높은 직업 만족도를 제공한다. 참여는 좀 더 원활한 정보의 흐름으로 이어지고, 더 나은 정보는 더 훌륭한 결정과 성과를 이끌어낸다. 여기에는 또한 '더 나은 성과가 만족감을 높여준다'는 심리학적이고 근본적인 이유도 있다. 바로 여기에 CEO가 저지르는 악순환을 끊고 선순환을 가동시킬 가능성이 존재한다.

다수의 이런 개념들은 새로운 경제에서 아주 극적인 방식으로 전개되어왔다. 우리는 오픈소스 소프트웨어(open-source software)의 성공을 지켜보았다. 또 오픈소스 소프트웨어의 역동적 측면과 미국의 일부 독점업체들이 생산한 수익을 극대화하려는 목적의 소프트웨어 사이의 확연한 차이도 지켜보았다. 오픈소스 소프트웨어와 관련된 협동 연구의 개념은 이제 친환경 테크놀로지와 같은 다른 혁신 분야로 확산되기 시작했다.

이 모든 것의 결론은 우리가 다양한 형태의 대안적 경제 조직을 필요로 한다는 것이다. 우리는—여기서 '우리'는 미국과 여타 서구 국가들을 의미한다—하나의 특정 모델과 수익 극대화를 추구하는 기업, 그리고 특히 그 모델의 변종인 규제가 없는 시장에 너무나 오랫동안 집중해왔다.

가끔 나는 농담조로 이렇게 말한다. 이번 금융위기의 원인 중 하나는 컬럼비아 대학의 일부 학생들이 내 강의를 처음 3분의 1까지만 들었기 때문이라고 말이다. 강의 일정 중 첫 3분의 1에 해당하는 기간 동안 나는 분산투자의 장점에 관해 강의했고, 학생들은 열심히 공부할 의지를 보였다. 3분의 2에 해당하는 기간 동안에는 상호 연계된 리스크와 팻테일* 확률분포에 관해 애써 설명했으나, 학부생들에게 이것은 다소 어려운 주제였고 학생들은 강의에 귀를 기울이고 싶어하지 않았다. 강의의 마지막 3분의 1은 금융증권화가 어떻게 새로운 정보의 비대칭을 창출하는지 그리고 그런 비대칭이 시장기능을 어떻게 약화시키게 될지에 관해 설명했다. 여기에서 학생들은 그만 나가떨어지고 말았다. 지식의 단편적 조각은 위험한 것이 될 수 있다.

시장근본주의에 기초한 모델은 제대로 작동하지 않는다는 점을 우리는 확실히 알고 있다. 이것이 바로 지금이 다른 종류의 모델에 대해 좀 더 생각해보기 시작할 적절한 시점인 까닭이다.

---

*팻테일(fat-tail): 세계경제와 금융시장의 판도를 한순간에 뒤바꾸는 최악의 리스크.

보이는 것과 다른것들

국가자본주의의 이면에 숨은 진실

'위기에 처한 국가자본주의에 관한 일반적인 스토리 이면에 숨겨진 사실을 밝힌다.'

노암 촘스키(Noam Chomsky)

현대 언어학의 창시자로 불리는 노암 촘스키는 매사추세츠공과대학의 명예교수다. 미국 외교정책을 비판하는 다수의 책을 저술했으며, 광범위한 여러 진보적 단체들과 연계해 활발한 활동을 펼치고 있다. 언어학자로서만이 아니라 현실 비판과 사회 참여에 앞장서는 실천적인 지식인으로서도 널리 알려져 있으며, 언어학 외에도 정치학, 철학, 심리학 등의 다양한 주제에 대해 80여 권의 저서와 1,000여 편의 논문을 발표한 이 시대의 최고 지성이다.

　　　　　　　　　　　　　　대학 경제학 강의 첫 해에 우리는 시장에 상승과 하락이 있게 마련이라고 배운다. 그래서 현재의 불경기는 자연스런 현상이라고 생각할 수도 있을 것이다. 하지만 요즘의 경기하락은 두 가지 이유로 관심을 끈다. 첫째, 1980년대와 1990년대의 시장 규제 완화 조치로 인해 호황기 동안 고점이 인위적으로 높아졌고, 따라서 그런 조치를 취하지 않았을 경우보다 이번 불황기가 한층 더 심각해질 것이라는 점이다. 둘째, 1980년 이후로 경제가 호황이었음에도 불구하고 미국 절대 다수 노동계층의 소득은 정체하는 현상을 보였다. 부자들은 더 부유해진 반면 대부분의 사람들의 형편은 전혀 나아지지 않았다. 이런 상황을 전제해 볼 때, 경제정책 책임자들이 어느 정도 케인스주의 쪽으로 회귀할 여지가 많다는 추측이 가능하다. 어쩌면 1948년부터 1971년까지 운영된 브레튼우즈 체제(Bretton Woods system)와 크게 다르지 않은 형태일 수도 있을 듯하다.

　내 관점으로는 1970년대 초 브레튼우즈 체제의 종식은 분명 1945년 이래 발생한 국제적 사건들 중 단연 독보적 사건으로, 소비에트 연합의 붕괴보다 훨씬 더 중대한 함의를 지닌다. 1950년부터 1970년대 초까지는 비교적 이례적이며 평등주의에 입각한 경제성장이 이루어졌다. 그래서 소득 분위 중 최하위에 속한 계층도 최상위 계층 못지않게 형편이 꽤 나아졌다. 또한 이 시기는 미국 국민에게 다소 제한적이기는 했지만 실질적인 혜택이 돌아간 기간이기도 했다. 사회의 건전성을 측정하는 사회지표들도 경제성장의 추세를 아주 가깝게 뒤쫓아 갔다. 많은 경제학자들은 이 기간을 '현대 자본주의의 황금기'라 칭했는데, 사실 재정지출이 당시의 성장과 발전에 주요 동력으로 작용했으므로 그것은 국가자본주의(state capitalism)라고 불러야 마땅하다.

과거가 예견한 어두운 미래

1970년대 중반에 상황이 바뀌었다. 브레튼우즈 체제가 금융에 부과하는 제약들이 사라졌고, 금융은 해방되었으며, 투기가 활발해졌고, 거액의 자본이 각국 통화에 대한 투기와 장부 조작 속으로 파고들기 시작했으며, 경제 전체가 금융화되었다. 경제의 힘이 제조업에서 금융기관들로 넘어가버린 것이다.

그 이후로 미국 절대다수의 인구는 아주 힘겨운 시기를 보냈다. 사실상 미국 역사상 유례없는 시기로 보아도 무방할 것이다. 인플레이션을 감안할 때 절대다수 국민의 실질임금이 그토록 오랫동안 거의 변화가 없고 생활수준이 정체되거나 하락했던 시기는 미국 역사에 아예 없다.

사회지표들을 살펴보아도 1975년까지는 성장속도를 아주 가깝게 추격하다가 그 시점부터 하락하기 시작했다. 그리고 현재는 1960년대 수준에 이를 정도로 사회지표가 상당히 후퇴한 상태다. 성장은 이루었으나 그것의 분배는 평등주의와 동떨어져 있었다. 성장의 열매는 극소수의 주머니 속으로 들어갔다. 아주 짧은 기간 동안 이런 추세가 바뀐 적은 있었다. 클린턴 행정부 말기 기술 버블이 있는 동안 임금이 향상되었고 실업률이 하락했다. 하지만 이런 것들은 스태그네이션과 하락의 꾸준한 추세선에서 아주 약간 벗어난 현상이었을 뿐이다.

다수의 경제학자들이 전망했듯이, 이 기간 동안 금융위기의 빈도가 증가했다. 금융시장이 자유롭게 해방되고 나자 금융위기가 증가하리라는 예측이 나왔고, 실제로 그런 일이 발생하고 있다. 이 위기는 부유한 국가들에서 터져나오고 있으며, 사람들이 이에 관해 거론하고 있기는 하다. 하지만 그 전에도 위기는 세계 곳곳에서 정기적으로 발생해왔고 일부는 아주 심각했다. 빈도수만 증가하고 있는 게 아니라 사태의 심각성도 나날이 더 심화되고 있는 것이다.

금융과 권력의 야합을 깨라

따라서 이번 위기는 상당히 심각한 상태다. 우리는 아직 바닥을 찍지 않았다. 또한 이 사태의 설계자들이 바로 현재 오바마의 경제정책을 구상하고 있는 인물들이라는 점도 불길하다. 그동안 내내 다가올 일들을 예측했던 몇 안 되는 경제학자들 중 한 사람인 딘 베이커(Dean Baker)는, 이 상황이 이른바 테러와의 전쟁을 추진하기 위해 오사마 빈 라덴(Osama bin Laden)을 타깃으로 지목한 일과 거의 유사하다고 지적했다. 클린턴 행정부에서 재무장관을 지낸 로버트 루빈(Robert Rubin)과 로렌스 서머스(Lawrence Summers)는 이번 위기의 주범들에 속한다. 서머스는 금융파생상품들과 여타의 낯선 금융수단에 대한 규제들을 막아내기 위해 강력히 개입해 들어왔다. 그보다 앞서 재무장관을 지낸 루빈은 글래스–스티걸 법*을 약화시키는 일에 앞장섰는데, 이는 도무지 납득하기 힘든 일이다. 글래스–스티걸 법은 위험한 투자회사들과 보험업체 등으로부터 상업은행을 보호하며, 경제의 핵심부를 지킨 일종의 방어막이었다. 하지만 이 법은 루빈의 영향력 하에 1999년 거의 무너져 내렸다. 그 후 루빈은 재무부에서 물러나 시티그룹의 이사가 되었다. 시티그룹은 영업 확대와 자칭 '금융 슈퍼마켓'으로 탈바꿈

---

*스티걸 법(Glass-Steagall Act): 1933년 미국에서 상업은행과 투자은행의 업무를 엄격하게 분리해, 은행의 투기를 규제할 목적으로 제정된 법.

하는 방식으로 글래스-스티걸 법의 와해를 통해 이득을 본 업체다. 더욱 납득하기 어렵고 비극적인 일은 시티그룹이 현재 납세자들에게서 거둬들인 거액의 보조금을 받고 있다는 점이다. 그 업체는 주변의 위험한 투자들로부터 자사의 상업은행 사업을 보호하고자 애쓰는 쪽으로 복귀하는 중이다. 루빈은 불명예 속에서 사직했다. 하지만 현재 그는 오바마의 주요 경제자문관 중 한 명으로 복귀해 활동하고 있다. 또 다른 일인인 서머스의 제자 팀 가이트너(Tim Geithner)도 오바마 정부에서 현재 재무장관을 맡고 있다.

사람들이 케인스주의로의 회귀에 관해 이야기하지만, 이는 진심이라기보다 경제가 돌아가는 방식에 관심을 기울이기를 총체적으로 거부하는 태도가 작용하기 때문이다. 현재 금융기관들을 구제하는 방식으로 경제를 '사회화'하자는 식의 눈물 젖은 호소가 많다. 어떤 측면에서 우리는 그렇게 하고 있지만, 이는 사실 기존에 있던 현상에 추가되는 일일 뿐이다. 경제 전반의 사회화는 전부터 진행되어왔고 앞으로도 영원할 테지만, 분명 제2차세계대전 이후 이 과정은 진일보했다. 경제가 진취적인 기업들의 주도와 소비자 선택에 토대를 두고 있다는 근거 없는 믿음은 그것이 사실일 때까지만 유효하다. 예를 들어 마케팅 최종 단계에서 당신은 어떤 전자제품 하나를 사고 또 다른 제품은 사지 않을 수 있다. 하지만 명명백백히 경제의 핵심부는 국가부문에 굉장히 많이 의존하고 있다.

일례로 정보기술(IT)을 바탕으로 했던 가장 최근의 경제호황을 생각해보자. 그것이 어디에서 비롯되었나? 컴퓨터와 인터넷이다. 컴퓨터와 인터넷은 약 30년간 거의 완전히 국가시스템 내에서 연구, 개발되었고 정부는 물품과 여타 장비 조달을 해주었다. 그 뒤에 마침내 영리 목적의 민간 기업들에게 넘어갔다.

국가부문은 혁신적이며 역동적이다. 전기·전자부문과 제약업을 비롯해 생물학 기반 산업들에 이르기까지 어떤 분야를 막론하고 이는 사실이다. 여기에 적용되는 기본 인식은 공공부문이 비용을 지불하고 리스크를 감수해야 순리에 맞는다는 것이다. 하지만 궁극적으로 거기에서 어떤 수익이 생겨난다면 그것은 민간영역인 기업들에게 이양될 것이다. 경제를 세부적인 부분까지 꼼꼼히 들여다본다면 당연히 더 복잡한 그림이 된다. 그러나 핵심 주제는 분명 그것이다. 금융기관들에게는 리스크와 비용의 사회화가 부분적으로 새로운 것이긴 하지만, 기실 그것은 지금까지 줄곧 있어왔던 일이 하나 더 추가되는 셈일 뿐이다.

가진 자들을 위해 일하는 IMF

몇몇 주요 금융기구들이 무너져 내리는 모습을 감안해볼 때, 이런 동일한 일부 정책들이 이미 세계 곳곳에 수출되었다는 점을 기억할 필요가 있을 것이다. 특히 IMF는 많은 국가들에게 수출 지향적인 성장 모델을 강요해왔는데, 이는 미국에서 현재 진행 중인 소비 하락이 다른 국가들에도 큰 영향을 미치게 될 것이라는 점을 의미한다. 이와 동시에 세계의 일부 지역, 특히 남아메리카의 원뿔꼴 지역(브라질, 파라과이, 우루과이, 아르헨티나, 칠레)은 IMF의 시장근본주의 정책을 거부하고 대안을 구축하기 위해 힘쓰고 있다. 이번 금융위기의 국제적 함의에 관해 조금 이야기해보면, 이렇게 경제가 엉망진창이 되어버린 데 있어 책임을 면하기 힘든 IMF와 같은 몇몇 기구들이 세계무대에서 신뢰를 회복할 기회로 이번 사태를 이용하고 있는 상황이다.

상당히 충격적인 사실은, 부유한 국가들에 대한 위기 대처 방안이 빈국들의 위기에 대처하기 위한 합의안들과 거의 정반대라는 점이다. 그래서 소위 개발도상국들이 금융위기에 처하면 IMF는 금리 인상과 경제성장률 하향 조정, 허리띠 졸라매기, 채무 전액 상환, 민영화 등등의 조치를 제시한다. 이는 미국에 내놓은 처방과 완전히 상반된다. 미국에 제시된 처방은 금리 인하와 거액의 정부자금을 동원한 경기부양책, 국유화 — 물론 이런 표현을 쓰지는 않는다 — 등이다. 분명, 약자에 대한 일련의 법규와 강자에 대한 또 다른 법규들이 존재한다. 이는 특별히 새로울 것 없는 엄연한 현실이다.

IMF에 관해 말하자면, 이 기구는 독립적인 기관이 아니다. 사실상 미국 재무부의 한 부서나 다름없다. 공식적으로는 그렇지 않지만 기능상으로는 꽤 그렇다. 미국 행정부의 한 책임자는 IMF를 '신용공동체의 집행관(credit community's enforcer)'이라고 정확히 꼬집기도 했다. 부유한 국가에서 가난한 국가로 제공된 대출이나 투자가 부실해질 경우 IMF가 나서서 채권국들이 손해를 보지 않도록 확실한 조치를 취해주기 때문이다.

　일반적으로 우리가 알고 있는 자본주의체제에서는 일이 그렇게 돌아가지 않을 것이다. 예를 들어 당신이 돈을 갚지 못할지도 모른다는 사실을 알면서도 내가 당신에게 돈을 빌려준다고 치자. 나는 아주 높은 금리를 부과해서 당신이 곤란한 처지에 놓일 경우에 대비해 최소한 높은 이자라도 챙길 것이다. 그러던 도중에 당신이 채무를 상환하지 못할 상황이 되었다고 가정해보자. 자본주의체제 안에서 그 일은 내 문제일 것이다. 위험한 대출을 해준 당사자가 나이고 덕분에 한동안 고금리로 많은 돈을 챙겼으니 말이다. 하지만 지금 당신은 원금을 갚지 못할 처지다. 그래도 이 상황은 내가 겪어야 할 곤란이다. 그것이 바로 자본주의체제다.

　하지만 가진 자 우선의 자본주의체제가 돌아가는 방식은 이와 다르다. 일례로 투자자들이 아르헨티나에게 위험한 대출을 내주고 고금리를 챙기다가 아르헨티나가 채무 불능 상태에 빠질 경우, 신용공동체의 집행관인 IMF가 끼어들어 아르헨티나 국민에게 부채를 상환해야 한다고 말한다. 하지만 일반인인 나는 당신이 빚을 갚지 못한다고 해서 당신의 이웃들에게 그 돈을 대신 갚아야 한다고 말할 수 없다. 이것이 바로 IMF가 구사하는 방식이다. IMF는 채무국 국민에게 그들과 아무 관련 없는 부채를 갚아야 한다고 말한다. 그렇게 차입한 자금은 대개 독재자들이나 부유한 지배층에게 돌아갔고, 그들은 그 돈을 스위스나 다른 은닉처로 빼돌리곤 했다. 그런데도 IMF는 채무국에 살고 있는 가난한 민중인 너희들이 돈을 갚아야 한다고 말하고 있는 것이다.

더군다나 내가 당신에게 돈을 빌려줬는데 당신이 그 돈을 갚지 못할 경우, 자본주의체제에서는 내 주변의 이웃들에게 그 돈을 갚으라고 요구할 수 없다. 그런데 IMF는 그런 일도 한다. 현재는 미국 납세자들을 대상으로 그러고 있다. 그 기구는 채권자와 투자자가 확실히 보호받을 수 있도록 돕는 역할을 한다. 그러니 명백히 신용공동체의 집행관임에 틀림없다. 이는 국가부문에 기초한 경제의 전체적인 기능과 마찬가지로 자본주의의 기본 원칙에 대한 근본적인 공격이다. 그렇지만 그 기구의 수사법은 바뀌지 않는다. 그저 겉으로 드러나지 않도록 어딘가에 숨겨놓을 뿐이다.

지난 몇 년간 그 국가들은 전적으로 신자유주의에 입각한 재앙에서 스스로 벗어나려고 노력해왔다. 예를 들어 아르헨티나는 그 노력의 일환으로 채무불이행을 선언하고 자국 채권에 높은 할인율을 적용해 채무를 재조정했으며 채권의 일부를 되사들였다. 아르헨티나 대통령은 "이런 조치들을 통해 우리는 IMF의 손아귀에서 스스로 벗어날 것이다."라고 말했다.

IMF는 곤란에 처했다. 그 기관은 자금과 대출자들을 잃고 있던 중이었고 이에 따라 신용공동체의 집행자로서 기능할 능력도 상실하고 있었다. 하지만 현재 위기는 그 기구를 쇄신하고 새로운 생기를 불어넣는 데 이용되고 있다.

국가 주도적 경제성장 정책의 필요성

많은 국가들이 상품 수출 쪽으로 몰리고 있는 것도 사실이다. 이것이 바로 그들을 위해 설계된 발전 모형이기 때문이다. 그렇지만 상품 가격이 하락한다면 그 국가들은 곤란에 처하게 될 것이다. 물론 남미 원뿔꼴 지역의 상당한 성공을 거둔 국가들이 반드시 곤란해지리라는 법은 없지만 이 국가들이 상품 수출, 즉 원자재 수출에 크게 의존하고 있는 것은 사실이다.

그 국가들 중 가장 큰 성공을 거둔 칠레도 마찬가지다. 칠레 경제는 구리 수출에 굉장히 많이 의존해왔다. 세계 최대 구리업체인 코델로(CODELDO)는 살바도르 아옌데(Salvador Allende) 대통령이 국유화했는데, 국유화 이후 아무도 이 업체를 완전히 민영화하려고 시도한 적이 없다. 상당한 캐시 카우*이기 때문이다. 국유화 이후 코델로는 차츰 영향력이 약화되었고 결국 과거보다 구리 수출에 대한 장악력이 약해졌다. 하지만 여전히 칠레 경제에 막대한 세입원을 제공해주며 거액의 수입을 올리고 있다. 코델로는 효율적으로 운영되는 국영 구리업체다. 그러나 칠레 정부의 구리 수출에 대한 의존성, 즉 코델로에 대한 지나친 의존은 다른 국내 상품들의 가격 하락에 칠레 정부가 취약할 수밖에 없음을 의미한다. 칠레의 다른 대표적 수출품인

---

*캐시 카우(cash cow): 시장 점유율이 높아 꾸준한 수익을 가져다주지만 시장의 성장 가능성은 낮은 제품이나 산업.

과일과 채소의 경우도 계절상의 차이 때문에 주로 미국시장을 수출 대상으로 하지만, 취약하긴 마찬가지다. 그리고 이 국가들은 원자재 수출을 뛰어넘어 경제 개발을 도모하는 데 사실상 그리 많은 노력을 기울이지 않았다.

현재 성공을 구가하고 있는 다른 국가들도 똑같은 경우다. 페루와 브라질의 경제성장률을 살펴보면 콩과 여타의 농업 수출품 또는 광물자원에 너무 의존적이다. 이런 상황은 경제를 위한 견고한 토대가 될 수 없다.

하나의 주요한 예외를 들자면 한국과 타이완이다. 이 국가들은 극빈국이었다. 1950년대 후반만 해도 한국의 경제상황은 오늘날의 가나와 거의 같은 수준이었다. 하지만 이 국가들은 일본의 경제모델을 뒤쫓아 발전해나갔다. 다시 말해, 국가부문의 상당한 개입과 지도를 바탕으로 IMF와 서구경제의 모든 규칙들을 깨뜨리고 서구국가들이 이미 개발해놓은 방식들을 더 크게 발전시킴으로써 이런 발전을 이뤄냈다.

일례로 한국은 철강산업 육성이 불가능하다고 말했던 IMF와 세계은행의 조언을 보란 듯이 뒤집고 세계에서 가장 효율적인 대규모 철강산업을 구축했다. 그것은 국가 개입을 통해 자원의 향방을 통제하고, 자본 도피에 제약을 가하는 방식으로 이뤄낸 결과였다. 자본 도피는 개발도상국의 경제는 물론 민주주의에도 큰 문제가 된다. 브레튼우즈 체제 하에서는 자본 도피를 통제할 수 있었지만, 지난 30년 사이 그것은 완전히 통제 불능의 상태가 되었다. 한국의 경우 1950년대에는 자본 도피 죄목으로 사형선고를 받을 수도 있었다. 그렇게 한국은 꽤 건실하게 경제를 발전시켰고, 타이완도 마찬가지였다. 중국은 별개의 사안이기는 하나, 중국 역시 근본적으로 서구의 규칙들을 깨뜨렸다.

현재의 경제위기가 다른 국가에게 한국과 타이완의 사례를 따라갈 기회를 제공하겠느냐는 질문을 받았던 적이 있다. 나는 이것을 미국의 예를 들어 설명해보았다. 미국은 19세기 후반과 20세기 초의 주된 성장기 동안 분명 세계에서 가장 강력한 보호주의 정책을 시행했다. 미국은 굉장히 높은 보호무역 장벽을 세워놓았고 막대한 투자를 끌어들였다. 이때 민간 투자는 그저 들러리 역할만 했을 뿐이다. 철강산업을 생각해보자. 앤드류 카네기(Andrew Carnegie)는 국가부문의 대대적인 지원과 해군함 구축 등을 통해 최초의 10억 달러짜리 기업을 설립했다. 훌륭한 반전주의자 카네기의 실상이 바로 이렇다. 미국 역사상 가장 급격한 경제성장을 이룬 기간은 제2차세계대전 동안이었다. 당시는 근본적으로 중앙정부의 철저한 계획에 의해 돌아가는 준명령경제(semi-command economy) 체제였고, 산업생산도 3배 이상 증가했다. 이 모델을 통해 미국은 대공황의 나락에서 빠져나왔고, 이후 세계 주요 경제국가로 당당히 자리매김했다. 내가 앞서 언급했던, 제2차세계대전 이후의 실질적인 경제성장기(1948년~1971년)도 역동적인 국가부문에 상당히 크게 기초하고 있었고, 이는 지금도 마찬가지다.

내가 속해 있는 매사추세츠공과대학(이하 MIT)을 예로 들어보자.

나는 1950년대부터 줄곧 이곳에 몸담아왔다. 1950년대와 1960년대에 MIT는 주로 펜타곤(Pentagon)으로부터 자금을 지원받았다. 대학 내에 군사관련 기밀 작업을 수행하는 연구실이 있기는 했지만, 그 캠퍼스 자체는 컴퓨터와 인터넷, 초소형 전자기술 등 현대적인 전자경제(electronic economy)의 토대를 개발하고 있었다. 이 모든 것은 펜타곤의 후원 하에 진행되었다. IBM도 여기에서 펀치 카드를 전자 컴퓨터로 전환할 방법을 연구하고 있었다. 1960년대에 IBM이 스스로 컴퓨터를 생산할 수 있는 수준에 이르렀지만, 아무도 살 수 없을 정도로 가격이 너무 비쌌던 탓에 결국 정부가 모조리 사들였다.

실제로 국가의 물품 구매를 통한 자금지원은, 궁극적으로 수익으로 이어지게 될 기본 구조를 개발하기 위해 정부가 시장에 개입하는 주된 형태다. 1970년대부터 오늘날까지 MIT의 자금조달 주체는 펜타곤에서 국립보건원(National Institute of Health)과 정부관련 기관들로 계속 바뀌었다. 그 이유는 경제의 최첨단 분야가 전자 기반에서 생물학 기반으로 전환되고 있기 때문이다. 그러니 지금은 공공부문이 다른 국가기관을 통해 경제가 다음 국면을 준비할 비용을 치러야 한다. 다시 말하건대, 이런 방식이 만능은 아니지만 분명 아주 중요한 부분임에는 틀림없다.

현재의 끔찍한 상황으로 인해 향후 더 많은 규제를 도입하는 쪽으로 방향 전환이 있을 것이다. 은행들과 금융기관들의 문제를 청산해주는 조치를 얼마나 오래 유지할 수 있을지는 정확히 모르겠다. 그렇지만 분명 사회기반시설에 대한 더 많은 정부지출이 있을 것이다. 경제적으로 어느 계층에 속해 있든 모든 이들이 그런 조치가 절대적으로 필요하다는 점을 인식하고 있기 때문이다. 극심하게 증가된 무역수지 적자를 어느 정도 조절할 필요가 있을 것이고, 이는 미국의 더 적은 소비와 더 많은 수출 그리고 더 적은 대외부채를 의미한다.

그리고 미국 경제를 크게 위협하는 요인들 중 하나인 의료비 증가를 타개할 대책도 있어야 할 것이다. 특히 큰 문제인 메디케어(Medicare) 비용은 나날이 쌓여만 가고 있다. 근본적으로 이는 극히 비효율적인 민영 의료보건시스템 탓이다. 미국의 일인당 의료비는 다른 산업국들의 두 배에 달하며, 이런 현상은 몇 가지 최악의 결과를 수반한다. 미국의 의료시스템과 다른 국가들 사이의 핵심적인 차이점은 미국의 경우 지나치게 고도로 민영화된 탓에 막대한 행정비용과 관료화, 감시비용 등을 낳는다는 점이다. 이런 문제들은 어떻게든 해결되어야 할 것이다. 그것이 미국 경제에 나날이 더 큰 부담으로 작용하고 있으며 그 규모가 어마어마하기 때문이다. 현 추세가 계속된다면 연방정부 예산도 크게 위축될 것이다.

중대하고 의미있는 움직임들

나는 현 위기상황이 세계 국가들에게 좀 더 가치 있는 개발 목표를 추구할 자유로운 공간을 열어줄 거라고 생각한다. 그리고 이미 그런 일이 전개되고 있다. 세계에서 가장 이목을 끄는 지역들 중 하나는 남아메리카다. 지난 10년간 남아메리카에서는 스페인과 포르투갈 점령 이후 처음으로 독립을 지향하는, 꽤 흥미롭고 중대한 움직임이 있어왔다. 그중에는 통합으로 가는 단계들이 포함되어 있는데, 그것은 결정적으로 중요한 일이며 또한 그들 내부의 거대한 문제들을 해결해주기 시작했다. 또한 베네수엘라의 수도 카르카스에 본부를 둔 남미은행(Bank of the South)의 설립 계획도 있는데, 아직 실제로 출범하지 않았지만 성공 가능성이 있다고 본다. 또한 다른 국가들도 지지를 보내고 있다. 1995년에 출범한 남미 공동시장인 메르코수르(MERCOSUR)는 남미 원뿔꼴 지역의 무역지대다. 최근에는 새롭게 통합된 한 기구의 주도로 남미국가연합(Union of South American Republics, UNASUR)이 추진되었고, 그것은 이미 가동 중이다.

남미 지역에서 부상하는 민주적 혁명의 기세를 꺾을 의도로 볼리비아의 오랜 지배층과 미국은 일종의 분열을 조장하는 조치를 취했다. 그 후 상황은 말 그대로 폭력적으로 돌변하기 시작했다. 결국 2008년 9월 산티아고에서 남미국가연합 회담이 열렸다. 회담 후 남미국가연합은 강력한 성명서를 발표해 국민에 의해 선출된 에보 모랄레스 대통령을 옹호하고, 민주주의 체제를 약화시키려는 폭력과 시도들을 공개적으로 규탄했다. 모랄레스는 그들의 지지에 감사를 표명하면서, 이 일을 계기로 500년 남미 역사상 처음으로 남아메리카가 자신의 운명을 스스로 통제하기 시작했다고 말했다.

이것은 중대한 의미를 지닌다. 너무나도 중대한 사안이라 나는 이 일이 미국에서 보도될 리 없다는 생각마저 들었다. 남미 각국 내의 문제들과 그 지역 국가들의 단결 및 통합의 문제를 동시에 해결하는 이런 움직임이 얼마나 멀리까지 갈 수 있을지는 알 수 없다. 하지만 그 과정은 분명 전개되고 있는 중이다. 일례로 브라질과 남아프리카 사이의 남남 협력개발 관계도 있다. 이 역시도 제국주의의 독점, 즉 미국과 서구 지배의 독점적 힘을 무너뜨리고 있다.

중국도 그 무대의 새로운 일원이다. 무역과 투자가 증가하고 있으며, 이는 남아메리카에게 더 많은 선택지와 기회를 제공해준다. 현재의 금융위기는 이 양상을 확대시킬 기회가 될 수도 있지만, 또 한편으로는 상황이 급속히 반전될 수도 있다. 이번 금융위기는 당연히 힘없는 국가들의 가난한 사람들에게 해를 입힐 것이고 그 탓에 그들의 선택지가 줄어들 수도 있다.

이런 것들은 모랄레스 대통령의 표현대로, 민중운동이 "자기의 운명에 대한 통제권을 확보할 수 있을지의 여부를 좌우하게 될" 정말로 중차대한 문제들이다. 만일 그들이 스스로의 운명을 통제할 수 있게 된다면, 당연히 거기에는 기회가 있을 것이다.

글로벌 위기 이후의 세계

그린 뉴딜의 필요성

'2008년 금융위기 이후 우리는 또다시 위기에 봉착해 있다. 이제는 반복되는 위기의 진짜 문제점을 진단하고 위기에서 벗어나 지속가능한 길을 모색할 방법을 찾아야 한다.'

앤 페티포(Ann Pettifor)

런던에 위치한 싱크탱크인 신경제재단의 회원이며 이 단체의 홍보책자인 〈그린 뉴딜The Green New Deal〉을 공동으로 발행하고 있다(www.neweconomics.org). 2006년에는 《세계 부채 위기가 다가온다The Coming First World Debt Crisis》을 출간하고, 2008년 12월 15일에는 〈뉴 인터내셔널리스트〉가 런던에서 개최한 '클린 스타트(Clean Start)' 행사에 강연자로 참석하는 등 활발한 활동을 벌이고 있다.

　　　　　　　　　　　　　　　세계는 지금 자유화되고 고도로 통합된 경제의 대규모적, 총체적, 장기적 실패라는 끔찍한 전망에 직면해 있다. 좋게 말해 '신용경색(Credit Crunch)'이라 할 수 있는 경제위기의 원인은, 높은 실질금리로 제공되었으나 상환이 불가능해진 은밀하게 창출된 신용의 거대한 버블이 꺼진 탓이다. 신용은 다시 부동산과 주식, 명품, 예술품, 빈티지 자동차 및 석유, 곡물, 금과 같은 상품들을 비롯한 자산 거품을 부풀렸다.1)

　자산을 소유하고 있는 사람은 대개 부자들이고, 따라서 자산 가치의 인플레이션은 지난 30년간 부자를 더욱 부유하게 만든 주된 원인이었다. 더구나 부자들은 '생산적인 활동'에 꼭 참여하지 않으면서도 자산을 통해 거대한 부를 지속적으로 쌓아왔다. 그들은 부동산 수익이나 주식 배당금, 브랜드에 대한 지적재산권에서 나오는 수익이나 예술작품의 판매를 통한 이익 등 갖가지 형태로 엄청난 수익을 얻었다. 반면 생산적인 활동에 참여하는 영세한 회사나 농장 소유주, 임금노동자 및 중산층에 속하는 사람들은 자신들이 제공하는 제품과 서비스의 가격이나 임금의 인플레이션에서 재미를 보지 못했다.

그래서 그들은 사업 투자나 내집 마련 비용 또는 자녀의 학자금, 아니면 오로지 생계를 위해 돈을 빌려야 했다. 지금 그들은 빚에 짓눌려 있으며, 이런 부채들은 이자율 상승이나 파산 혹은 실업의 충격으로 인해 머지않아 상환이 불가능해질 가능성이 높다. 대규모로 확산된 이 위기에서 가장 먼저 희생자로 전락한 사람들은 미국의 '서브프라임' 채무자들이었다. 그리고 그 부채의 도미노 현상은 앵글로 아메리칸 경제 전체와 아시아 및 유럽으로 퍼져나갔다.

누구를 위한 신용인가

채무불이행과 연체는 은행들의 대차대조표를 손상시켰고 급기야 2007년 8월 신용경색을 촉발시켰다. 복잡한 금융상품들 뒤에는 손실과 부채가 숨어 있었고 이는 은행들 사이의 신뢰 증발로 이어졌다. 은행 간 대출이 동결되었고, 이로 인해 중앙은행들은 금융시스템이 기능을 유지하도록 하기 위해 1,500억 달러를 들이부을 수밖에 없었다.

채무불이행은 주요 은행들의 붕괴와 손실 그리고 수천억 달러의 부채 청산을 의미했다. 악명 높은 예로는 영국의 노던록(Northern Rock)과 미국 베어스턴스(Bear Stearns)의 붕괴 및 리먼 은행

(Lehman's Bank)의 파산이 이에 속한다. 결과적으로 은행들의 신규 대출은 축소되었고, 대출금리는 상승했다.

과도한 채무에 따른 높은 대출 비용은 많은 기업들에게 해고나 파산의 압박을 가했다. 세계 도처에서 실업률이 급증하기 시작했다.

실업률은 부채 상환 능력을 가늠하는 핵심 지표다. 전체적으로 기업들의 자금 대출이 어려워지고, 위험한 경제활동에 관여한 기업들에 대한 신규대출과 기존 채무에 대한 대출 비용이 높게 유지되면서, 파산과 실업률이 한층 더 높아졌다. 대출 비용을 낮추고 부동산과 같은 자산의 가격이 최저선으로 떨어지지 않도록 하는 조치가 취해지지 않는다면, 기업과 모기지의 부도가 연이어질 게 뻔하다. 이것은 더 높은 실업률로 이어질 것이며, 더 심각하고 총체적인 금융위기 국면이 전개될 것이다.

토지나 노동을 통해 제품과 서비스를 만들어내기 위해 일하는 사람들이 직면하는 힘겨운 상황과 달리, 신용이 쉽게 창출될 수 있는 여건은 '자산'의 가치를 부풀려왔다. '과도하게 많은' 신용이 너무 적은 '자산들'을 뒤쫓게 되면 자산의 가치가 부풀어오른다. 이런 현상이 가장 뚜렷했던 부분은 영국의 주택가격으로, 1996년부터 2006년 사이에 영국의 주택가격은 150퍼센트 상승했다.

한편 우리 모두 임금이나 연금, 정부 보조금 등의 형태로 돈을 이용할 수 있지만, 모든 사람이 '신용'을 활용할 수는 없다. 부동산과 같은 자산을 보유한 사람들만이 그 자산을 담보로 자금을 빌릴 수 있다. 자산이 없는 사람들은 큰 리스크를 그대로 감수하거나, '무담보 신용'

을 위해 고리대금업체를 이용하거나, 아니면 대출을 받지 않고 어떻게든 생활해야 한다. 게다가 임금은 세계화를 뒷받침하는 경제정책들이 다스려온 탓에 획기적으로 상승하기는 어려운 상황이다.

이 시스템이 빈익빈부익부 현상에 어떻게 일조했는지는 쉽게 알 수 있다. 일례로 영국에서 신노동당이 정권을 장악한 11년 동안 부자들의 자산이 317퍼센트나 증가한 이유도 말이다.

특히 '인플레이션을 극도로 싫어하는' 정통 경제학자들은 자산의 인플레이션에 관해서는 절대 나쁜 평가를 하지 않는다. 언론계에 종사하는 경제평론가들도 마찬가지다. 일례로 정통 경제학자들은 부동산가격을 분석할 때 자금이나 신용을 염두에 두지 않는다. 그 대신 분석의 툴로 '공급과 수요' 이론을 주로 활용한다.

경제학자들은 1980년대와 1990년대의 부동산가격 상승이 신용의 과도한 공급과 거의 무관하며, 주택의 '공급과 수요'에 따른 '자연스런' 결과라고 밝혔다. 그 후 주택 수요가 이토록 증가한 원인을 설명하기 위해 온갖 이론들이 개발되었고 이혼율의 증가와 핵가족화, 이민의 증가 등등이 핵심 요인으로 거론되었다. 하지만 2007년 미국에서 신용이 엄격해지고 이혼율이 높게 유지되고 핵가족화도 지속되며, 이민자들의 유입 또한 계속되고 있었음에도 불구하고, 주택 주요가 가파르게 하락하자 '수요와 공급' 이론의 약점이 명백히 드러났다.

중앙은행 총재들과 재무장관들은 임금과 물가의 인플레이션이 가하는 위협을 자주 규탄한다. 근원 인플레이션*이 낮게 유지되는 동안 이 위협이 계속해서 임금과 물가를 피해가고 있었음에도 불구하고 말이다. '피크 오일'**과 중국의 원자재 수요 증가 및 부동산에서 상품들 쪽으로 이동한 투기자금 때문에 최근에 에너지와 식품가격이 급등한 탓에 이 글을 집필하고 있는 현재 임금 인플레이션의 상승은 발생하지 않았다.

전세계적으로 물가는 하락세를 보였다. 그 원인은 부유한 국가들의 부채 축소(deleveraging)와 중국 같은 국가들이 추구하는 경제정책과 관련이 있다. 지난 20년 동안 중국은 역대 최대 성장률을 기록할 정도로 실로 엄청난 생산력을 발휘했다.

저비용 제품 및 서비스에 대한 부국들의 수요를 충족시키기 위해 중국에 수천 개의 공장이 지어졌고 수백만 명의 노동자가 고용되었다. 중국 GDP의 40퍼센트가 부국으로 수출하는 물품들 덕분이라는 일부 추정이 있을 정도다. 중국이 배출하는 온실가스의 많은 비중은 서구 소비자들을 위한 제조공장으로서 중국이 수행해온 역할 탓에 늘어났다고 해도 과언이 아니다.

지금은 부국들의 금융위기가 심화되고 중국산 수입품에 대한 수요가 하락하면서 중국 공장들과 노동자들도 놀고 있는 실정이다. 중국의 엄청난 인구 규모에도 불구하고, 자국 내 소비만으로(1조 달러)는 미

---

*근원 인플레이션(core inflation): 소비자물가지수에서 곡물 이외의 농산물과 석유류 등 외부 충격에 의해 일시적으로 급등락하는 품목을 제하고 난 뒤 산출하는 기조적(基調的) 물가지수.
**피크 오일(peak oil): 석유 생산량이 기하급수적으로 확대되었다가 특정 시점을 정점으로 급격히 줄어드는 현상.

국(9조 달러)과 유럽연합 같은 훨씬 많은 소비자들의 수요 하락을 충당하기에 턱없이 부족하기 때문이다.

금융위기가 가져올 더 큰 위기

중국의 초과 생산력과 놀고 있는 공장과 노동자들은 전세계적으로 임금과 물가에 하향 압박을 가하게 될 것이다. 이 현상은 디플레이션(deflation)으로 익히 알려져 있다. 물가와 임금의 디플레이션은 제품과 서비스의 생산자와 공급자에게 피해를 입힌다. 가격 하락으로 인해 수익과 소득이 위축되면 기업들은 막다른 지점에 봉착하고 실업이 증가한다. 부채 증가와 자산 디플레이션으로 인해 제품과 서비스의 가격 하락이 확대되면, 경제 전체가 급속히 부채-디플레이션(debt-deflationary)의 급강하 속으로 빠져들 수 있다.

2007년 8월에 촉발된 서브프라임 부실 사태 이후 신용경색 현상이 뚜렷해지자, 중앙은행 총재들은 금융부문의 요구에 굴복해 즉각 법정이율을 인하했다. 반면 유럽 중앙은행의 경우 예외적 조치를 견지해 금융위기가 날로 심각해지고 있던 와중인 2008년 7월 놀랍게도 금리 인상을 단행했다.

미국의 금리는 거의 제로가 되었다. 이런 '법정'이율의 인하는 주식시장에 호재로 작용했고, 이는 연준위에 있는 '마법사들'이 신용

버블을 그대로 유지하리라는 기대감을 높여놓았다.

그러나 이와 동시에 개별 고정금리는 중앙은행의 '법정' 이율을 무시한 채 계속 상승했다. 이는 중앙은행과 정부가 경제를 조정하는 핵심적 키에 대한 통제력을 상실했음을 보여주는 가장 극명한 증거였다. 다시 말해 장단기 대출과 우량 및 부실한 모든 대출에 대한 금리 결정 능력을 잃어버린 것이다. 실제로 미국 연준위 전 의장 앨런 그린스펀(Alan Greenspan)은 2008년 5월 〈파이낸셜타임스 *Financial Times*〉에 사실을 시인하며 이렇게 기고했다. "2000년대 초부터 중앙은행들은 장기 금리에 대한 통제권을 글로벌 시장의 힘에 '넘겨줄 수밖에' 없었다."

이러한 보이지 않으며 파악이 불가능한 글로벌 시장의 힘은 나름의 역할을 수행했다. 부채위기가 명백해지면서 금리가 서서히 상승했고, 그 탓에 개인과 기업 채무자들이 파산에 내몰리면서 위기가 악화되었다. 또한 이는 해당 은행들의 대차대조표에 심각한 손상을 야기해 장부상의 부채를 줄이고 수십억 달러의 신규 자본금을 마련할 수밖에 없도록 만들었다.

버크셔 해서웨이(Berkshire Hathaway)의 CEO 워렌 버핏(Warren Buffet)은 2009년 2월 27일 주주에게 보내는 서한에 이렇게 적었다. "미국의 7대 AAA 등급 회사에 속하는 버크셔 해서웨이의 신용은 예나 다름없이 완전무결하지만, 불안한 대차대조표에도 불구하고 정부의 보증을 받는 경쟁업체보다 우리 회사의 자금대출 비용이 훨씬 높은 실정이다."

전세계 각국의 금융 수호자들은 나라 경제를 조정하는 가장 주요한 열쇠들 중 하나인 부채의 비용과 대출업체들이 올리는 이익 및 채무자들의 상환 능력을 결정하는 권한을 양도해버렸다. 중앙은행 총재들이 신중하지 못한 민간으로부터 이런 엄청난 권한을 되찾아올 의지만 있었다면, 이 조정키를 활용해 대규모 시장 실패에서 벗어나 경제가 회복하도록 도울 수 있었을 것이다. 금리는 시장의 힘의 산물이 아니라 사회적 구조물이다. 금리에 대한 통제권을 양도한 탓에 중앙은행들은 항복의 백기를 들었고, 국가경제라는 배의 조정키를 놓아버림으로써 수백만 명의 무고한 희생자들을 유기했다.

경제협력개발기구(OECD)에 속한 모든 회원국들 혹은 부유한 국가들의 금융시스템을 통해 폭포수처럼 분출되고 있는 신용과 부채의 거대 디플레이션과 디레버리징은 이들 경제의 주택과 여타 자산들의 가치를 급속히 하락시키고 있으며, 세계 경제의 대규모 붕괴를 한층 더 악화시킬 것이다. 루스벨트(Franklin D. Roosevelt) 대통령의 말을 인용하자면, 이것은 "물질적 결핍에서 비롯된 게 아닐 것이다. 우리는 메뚜기 떼의 습격으로 타격을 받은 것이 아니다."[2) 우리에게 위해를 가한 것은, 국가경제를 수호할 주체로서의 책무를 저버리고 오히려 금융시스템에 대한 규제를 철폐하며 경솔한 민간 금융부문에 자유를 준 앵글로-아메리카의 중앙은행 총재들과 재무장관들이다. 자유로워진 민간 금융부문은 불안정을 초래하며 무책임하고 비윤리적이고 종종 사기성 농후한 활동에 마음껏 참여하면서, 세계 경제를 교란시켰다.

비극적인 사실은 우리가 처한 이 곤경이 특히 1920년대와 1930년대의 신용경색을 해결한 선조들이 깨달은 교훈을 간과하고 부정하며 감추기까지 하면서 얻은 결과라는 점이다. 이 교훈들 중 가장 중요한 것은 민간 금융부문의 이해관계가 사회 전체의 이해관계와 배치되며, 그러므로 공익을 책임지는 기구들에 의해 신중하게 규제되어야 한다는 점이다.

그린 뉴딜을 제안한다

이런 맥락으로, 필자를 비롯한 경제학자들과 기업가들 및 은행가로 구성된 소규모 단체는 런던의 신경제재단(New Economics Foundation)과 공동으로 2008년 7월 그린 뉴딜(Green New Deal)을 마련해 발표하게 되었다.

그린 뉴딜은 심각하고 장기화하는 금융위기와 피크 오일 및 기후변화라는 3대 중대 사태에 전세계가 직면해 있다는 점을 명확히 인식하고 있다. 우리는 이 3대 중대 사태에 대처하기 위한 정책들을 제안하는 바이며, 이것들이 개별적이거나 순차적으로 해결될 수 없는 사안임을 잘 알고 있다.

그린 뉴딜 하에서 우리는 우선적으로 글로벌 금융시스템을 구조하기 위해 부채 탕감의 '대희년(Grand Jubilee)'을 선포하는 것이 필수적이라고 제안한다. 이 조치는 채무자들이 상환 불가능한 부채를 탕감할 수 있도록 해줄 것이며, 이를 통해 은행들도 대차대조표를 건전하게 회복할 수 있을 것이다.

　금융기관들은 이 제안을 수락하기 싫어할 공산이 크다. 그럼에도 금융시스템을 진심으로 되살리고 싶다면, 유일한 대안은 채무자들의 소득을 높이는 것이다. 부채위기가 가속화함에 따라 월스트리트와 런던 금융중심지 등의 이해관계에 위협이 가해졌을 때 정부정책들은 결국 임금소득을 억제하는 쪽으로 기울어졌다. 잉글랜드 은행 총재 머빈 킹(Mervyn King)은 2008년 6월 시장관저 연설에서, 세금을 공제한 실수령 평균임금이 정체 현상을 보였고, 실질소득 증가율의 하락은 곧 주택가격과 소비자 지출이 동반 약화된다는 의미가 될 공산이 크다고 경고했다. 그것은 또한 채무 불이행의 증가를 의미하는 것이다.

　'딸랑거리는 집 열쇠가 담긴 우편물' 증가 현상이 나타나는 미국에서는 상황이 이미 다급한 실정이다. 채무자들이 부채를 상환하기에 충분한 소득을 확보하도록 보장하는 암묵적인 사회 계약체계가 붕괴되었고, 그 탓에 채무자들은 각자 알아서 자기 문제를 손수 처리할 수밖에 없게 되었다. 모기지 상환 능력이 없거나, 소득을 높일 수 없거나, 직장이 불안정한 사람들은 어쩔 수 없이 집 열쇠를 편지봉투에 넣어 은행에 반환하고 부채에서 벗어나는 것이다. 이런 식의 파산 건수가 증가하면 당국은 부채 상환의 강제 집행에 대한 통제력을 잃게 된다. 부채 탕감 조치를 통해서든 아니면 채무자들의 소득 증가를 통해서든 새로운 사회적 계약이 확립되어야만 비로소 금융시스템이 안정을 되찾는 모습을 기대해볼 수 있다.

　은행 경영진과 주주들에 대한 구제 조치와 유동성의 주입은 금융위기를 멈춰 세우는 데 성공하지 못했다. 따라서 보다 급진적인 접근법이 필요하며, 이를 위해 정계와 학계는 케인스와 루스벨트 같은 리더들이 입증해보인 지성적 용기와 엄중한 자세를 갖출 필요가 있다. 그들은 금융부문에 당당히 맞서 이의를 제기했고, 금융을 사회 전체의 이해관계에 종속시켰으며, 서구 경제가 1920년대의 부채의 늪에서 벗어나는 데 제대로 한몫했다.

　하지만 정치권과 학계가 금융부문의 지배력에 도전하려면 상당한 무게의 정치적 중심추가 필요하다. 그런 정치적 중심추는 새로운 진보 연대를 통해 구축될 수 있을 것이다. 폭넓게 규정하자면, 산업과 노동 및 환경단체의 연대라 할 수 있다. 그러나 우리에게 우선적으로 필요한 것은 해결책 제시와 정책 개발이다. 그린 뉴딜과 위에서 대략 설명한 제안들은 이에 관한 논의와 토론을 위한 초석이며, 경제에 대한 금융의 지배력에 맞서기 위한 새롭고 진보적인 연대의 형성을 자극하게 되리라는 희망으로 마련된 것이다. 1944년도 영국 노동당의 선언문에 담긴 표현을 빌리자면, '공동체와 생산적인 산업 위에서 군림하는 멍청한 주인이 아니라, 그들을 위한 똑똑한 하인이라는 본연의 역할로' 금융을 되돌려놓아야 한다.

　그린 뉴딜은 금융부문에 대한 규제를 다시 도입할 것을 제안한다. 특히 금융부문의 신용 창출 기능에 대한 신중하고 총체적인 규제를 도입해야 한다. 이를 위해서는 외환관리와는 다른 차원의 자금 이동에 대한 통제조치의 도입과 공적 책임감이 투철한 중앙은행과 정부들에게 금리 결정 권한을 되돌리는 조치가 필요하다. 이 목표를 달성하기 위해서는 '물가안정목표제(inflation targeting)'의 광범위한 적용을 중단해야 한다. 이 정책은 고금리를 유지시키고 임금상승을 억제함으로써 은행가들과 금융부문의 이해관계에 맞아떨어지는 여건을 조성한다.

헝가리 경제의 파탄 이면에 놓여 있던 요인이 바로 물가안정목표제다. 헝가리인들은 자국 내 모기지에 부과되는 고금리를 감당할 수 없었고, 중앙은행의 외환 자유화 정책에 고무되어 주로 스위스의 프랑 같은 해외 통화로 표기된 주택대출을 받았다. 고금리로 인해 결국 헝가리의 기업과 가계 부채가 극심한 부담을 받게 되자 헝가리 통화 포린트의 가치는 급락하고 말았다. 그 탓에 헝가리 시민들이 갚아야 할 스위스 프랑으로 표기된 모기지 상환액이 급등했다.

고금리와 물가안정목표제는 채권자들이 환영할 만한 정책이지만 채무자들에게는 고난을 안긴다. 국가경제 안에는 저축자보다 채무자가 훨씬 더 많다. 이번 금융위기와 기후변화의 위협을 모두 진심으로 직시할 의지가 있다면, 고금리로 귀결되는 정책을 폐기해야 한다. 그 대신에 에너지안보*에 대한 투자재원 마련에 도움이 될 만한, 저렴하지만 대출자격 심사는 엄격한 자금 계획을 세울 필요가 있다.

다음으로 미국 연준위와 유럽 중앙은행, 잉글랜드 은행 및 각국 중

---

*에너지안보(energy security): 에너지의 안정적, 합리적 공급을 확보하기 위한 계획.

앙은행들은 모든 금리에 대한 통제력을 다시 확보해야 한다. 돈의 가격은 수요와 공급에 의해 결정되는 것이 아니므로—은행의 자금은 상품이 아니라 비용이 들지 않는 사회적 구조물이다—그 가격이 높을 필요가 전혀 없다. 역대 최악의 글로벌 금융위기가 전개되는 와중에 민간부문에서 결정된 고금리는 용납할 수 없는 일이다. 은행 간 대출금리는 더 이상 민간 은행가들의 폐쇄되고 불투명한 위원회에 의해 결정되어서는 안 된다. 그 금리는 사회에 대한 책임을 지고 있는 위원회에 의해 결정되어야 하고, 금리를 결정할 때는 금융부문만이 아니라 경제가 제대로 굴러가는 데 실질적 기여를 하는 노동과 산업에 관계된 모든 이들의 이해관계를 반드시 고려해야 한다.

모든 금리에 대한 통제권을 다시 확보하기 위해 중앙은행들은 자본 통제(capital controls)를 재도입해야 할 필요가 있을 것이다. 이를 위해서는 1947년 브레튼우즈에서 합의했던 식의 새로운 국제 협약이 필요할지도 모른다.

위기 탈출을 위한 그린 뉴딜의 제안

위기를 진심으로 타개할 생각이 있다면, 변화를 각오해야 한다. 다가오는 석유위기와 기후변화 사태라는 다른 두 개의 '중대 현안'에 대처할 때도 역시 이런 조치들이 반드시 필요하다.

일자리 창출을 위해서도, 그린 뉴딜의 제안들에 공공과 민간이 투자를 도모할 수 있도록 중앙은행들이 일관되고 낮은 금리의 프레임워크를 구축하는 일이 필수적이다. 특히, 화석연료의 사용을 대폭 줄이고 에너지 효율과 재생가능한 연료의 이용을 적극 높이기 위해서는 공공과 민간의 막대한 자금지출 프로젝트가 요구된다. 이것은 생활 현장에서 광범위한 영역의 새로운 사업기회를 활짝 열어줄 것이고, 수많은 녹색 일자리를 채울 친환경 일꾼을 효과적으로 육성하도록 해줄 것이다. 애초에 '건물 한 채당 발전기 한 대씩'이라는 목표에 초점을 맞추고 있는 이 프로그램에는 단열처리와 에너지 재생 기술의 활용 같은 전통적인 에너지 절약 수단도 포함될 것이다.

그린 뉴딜은 첨단 재생에너지 대안을 분석하고 설계하며 생산하는 분야의 전문직들과 해안가의 풍력발전소들과 같은 대규모 공학 프로젝트들이 새롭게 양산되도록 하는 것이다. 비숙련 노동 분야로는 주택과 사무실 및 공장의 지붕 단열작업과 드래프트 스트리핑(draft tripping) 및 효율적인 에너지 시스템 설비 작업 등이 포함될 것이다.

이런 전략을 제안하는 데 있어 우리는 또한 그간 간과해왔던 수많은 착각이나 오판을 제대로 바로잡기를 희망한다. 환경주의자들은 금융부문과 경제정책의 역할을 등한시하는 경향이 있었으며, 제조업 종사자들은 금융부문이 경제 전반에 미치는 해로운 영향을 간과하지 못했고, 노동조합원들은 너무나 오랫동안 금융부문의 역할과 기후변화의 위협을 과소평가해왔다.

바라건대, 신경제재단이 발행하는 〈그린 뉴딜〉 홍보책자가 이런 다양한 사회적·산업적 역량을 하나로 묶는 데 일조해서 새로운 진보운동을 이끌었으면 좋겠다. 노동운동과 환경운동 간, 제조업 종사자들과 공공부문 간, 시민사회와 산학농업 및 서비스 상업 종사자들 사이의 연대에 도움이 되었으면 하는 바람이다.

국가경제 위에 군림하는 금융부문과 그것이 생산부문에 가하는 위협, 정치시스템의 부정부패 및 사회와 환경의 가치 하락에 맞서 싸우기 위해서는 이런 정치적 연대가 반드시 필요하다.

이 모든 제안은 실현 가능하다. 사실상 지금 당장이라도 실행할 수 있는 일이다. 이 제안들은 총체적 위협들에 대처하기 위해 필요한 시스템 전반을 수정하는 작업이며, 대중은 금융과 안보를 수호해야 할 당국들이 즉각 이런 조치를 시행해주기를 바라고 있다.

무한히
반복되는
문제들

정의로운 과세체계의 수립

'현재의 금융에는 허점이 많다. 그래서 그린 케인스주의(Green Keynesianism)를 적용할 영역이 많다.'

수잔 조지(Susan George)

암스테르담에 위치한 다국적 연구소(Transnational Institute)의 이사회 의장이며, ATTAC(Association for Taxation of Financial Transactions to Aid Citizens)의 명예회장이다. 프랑스어와 영어로 총 14권의 책을 펴냈고 이 책들은 여러 언어권에서 번역 출간되었다. 가장 최근의 저서로는 《납치된 미국Hijacking America》과 《우리, 유럽의 민중들We the Peoples of Europe》이 있다.

                                      이제는 모든 이들이 통제와 규제에 동의한다. 현재 우리가 처한 위기상황을 고려해보면, 오히려 이에 동의하지 않기가 더 어려울 것이다. 진보진영 사람들에게는 규제가 핵심 쟁점이 아니라, 그 주체와 방법이 주된 관심사일 것이다. 그것이 논쟁의 주제가 될 것이기 때문이다. 국제결재은행(Bank for International Settlements)의 몇 가지 노력에도 불구하고, 모든 규제가 국경에서 막혀버리는 실정이다. 우리에게 필요한 것은 국제적인 규제조치와 과세체계 그리고 조세피난처의 폐지와 특히 금융거래 및 통화 투기에 적용할 국경을 초월한 과세제도다.

  과거에 나는 프랑스 방송에 출연해, 당시 국무총리 프랑수아 피용(Francois Fillon)과 대통령 니콜라스 사르코지(Nicolas Sarkozy)가 조만간 국제금융과세연대(ATTAC)에 가입하길 기대한다고 농담 삼아 말했다. 그들 모두 조세피난처를 없애는 일에 찬성하는 입장이라고 밝혔기 때문이다. 피용은 조세피난처들을 '블랙홀(black holes)'이라고 칭했다. 국가 지도부의 이런 입장 표명은, 국가 전반의 시스템이 충분히 큰 충격을 받게 될 경우 수많은 사람들의 생각이 급속도로 바뀔 수 있다는 사실을 잘 보여준다.

조세피난처의 활용을 차단하는 일은 정부에게도 유익할 것이다. 이 조치만으로도 정부가 운용할 수 있는 자금이 최소한 2,500달러나 추가로 발생할 테니 말이다. 그러면 정부당국은 "우리에게는 이런저런 일을 할 만큼 충분한 자금이 없다. 사회안전망을 제공하거나 교육과 의료시스템을 개선할 경제적 여력이 없다."고만 떠들 수는 없을 것이다. 그들에게는 더 이상 변명의 여지가 없을 테니 말이다.

세금을 회피하는 꼼수를 차단하라

현재 다국적 기업들은 각국의 조세관할권에 따른 큰 차이점을 이용해 극히 적은 세금을 내거나 아예 면세를 받는다. 이 기업들이 매출과 급여를 포함한 비용 및 각국 조세관할권에 납부한 세금을 명확히 신고하도록 해서 그들이 어디에서 얼마의 세금을 냈는지 쉽게 확인할 수 있도록 해야 한다. 이것이 이른바 '단일수익세(Unitary Profits Tax)'다. 이것을 적용한다면, 기업들은 총매출 중 아주 적은 비중을 차지하는 지역에서 영업을 하고, 그곳의 극히 낮은 세율을 이용해 세금을 절반으로 줄이는 식의 결정을 내릴 수 없게 될 것이다.

은행들도 제 몫의 기여를 해야 한다. 거액의 구제자금을 받은 은행들은 부끄러운 줄 알아야 한다. 은행을 살리기 위해 수십 억 달러가 투입되었지만, 시민들은 그 대가로 아무것도 얻은 게 없기 때문이다. 은행들은 국유화되어야 하며—은행이 시민의 통제 하에 놓여야 마땅하기에 나는 '사회화(socialized)'라는 표현을 더 선호한다—그런 뒤에는 생태 프로젝트와 남반구 개도국에 대한 대출이 최우선 순위에 놓여야 한다.

사람들은 구제자금이 은행 및 경영진들에 의해 오용되는 현실에 분개하고 있다. 이 정도면 충분히 할 만큼 했다. 또한 '제3세계(Third World)'에 대한 전액 부채탕감도 필요하지만 여기에는 특정 조건을 달아야 한다. 부채탕감의 대가로 남반구 개도국 정부들은 숲을 다시 가꾸고 자국 생태계와 생물의 다양성 및 토양을 보호하는 조치를 통해 생태 변화를 위한 노력에도 힘써야 한다.

조세피난처의 활용을 차단하는 일은 남반구 개도국의 발전에도 도움이 될 것이다. 최근 연구에 따르면, 1970년부터 2004년 사이에 아프리카의 사하라 사막 이남 지역에서 4,200억 달러가 사라져 개인 계좌로 들어갔다. 그 자금의 대부분은 대외채무에서 비롯된 것이었고, 그 채무 중 60퍼센트가 대출이 이루어진 바로 그 해에 해당 국가에서 다른 곳으로 이전되었다. 아프리카에서 이런 식으로 도난당한 자금은 이자까지 합해 6,000억 달러가 넘는다. 대외채무는 여전히 국가 장부에 고스란히 남아 있고 가난한 국민들이 희생해가며 그 돈을 대신 갚고 있는 상황인데도 말이다. 그러니 자금을 빼돌린 지배층의 명단을 밝혀 수치심을 안겨줘야 마땅하다. 아울러 빼돌린 돈은 제자리로 되돌아가 철저한 회계감사를 받고 생산적인 일에 사용되어야 한다.

나는 아무런 조건 없는 부채탕감에는 찬성하지 않는다. 이상적인 방법을 제시하자면, 각국이 자유롭고 공정하며 투명한 선거를 실시해 감독위원회를 구성할 지역별·부문별 대표를 임명함으로써 농부와 여성, 기업가, 노동자, 군인을 비롯한 전 분야 모든 이들의 견해가 반영되도록 하는 것이다. 이렇게 구성된 감독위원회와 정부가 함께 머리를 맞대고, 그 자금이 더 이상 원리금 상환으로 나가지 않고 제대로 활용될 방안을 결정해야 한다. 감독위원회는 그 자금이 국가예산으로 이어지도록 변화를 결의해야 한다.

부채탕감 조건에 대한 내 생각은 IMF의 견해와 상당히 다르다. 나는 IMF 같은 외부인들보다 관련 국가의 시민들이 결정의 주체가 되어야 한다고 생각한다. 그리고 생태 부채*에 대해서도 의무적인 재식림(reforestation) 정책과 같은 구체적인 조건이 있어야 할 것이다. 하지만 좌파 진영에 있는 이들 중에서도 내 생각에 동의하지는 않는 사람들이 꽤 있다. 그렇지만 나는 탄자니아와 같은 몇몇 국가를 제외하고는 다른 국가 리더들의 말에 개의치 않는다.

나는 은행의 국유화 및 재국유화가 변화를 위한 어떤 여지를 제공해줄 거라고 생각한다. 단, 시민의 통제 하에 놓일 경우에만 해당되

---

*생태 부채(ecological debt): 1992년 남반구 개도국의 일부 환경단체들이 처음 내놓은 개념으로, 환경 파괴 및 착취와 관련해 북반구 선진국이 남반구 국가들에게 지고 있는 빚.

는 얘기다. 이 경우 은행들은 선의의 프로젝트들과 특히 생태 활동에 투자할 수밖에 없게 될 것이다. 또한 현재 주택을 잃어버릴 위기에 처해 있는 사람들도 미국의 수백만 시민에게 닥친 것과 같은 압류 대신에, 주택대출을 재조정할 수 있는 기회를 제공받게 될 것이다. 대공황 때 루스벨트 대통령이 중점적으로 시행한 재정지출 방식을 생각해보라.

그렇지만 정부들이 과연 그런 일을 하려고 들지, 그런 식의 적극적인 경제 개혁을 추진할 정도로 충분한 정치적 의지가 있는지에 대한 의구심이 가시지 않는 것도 사실이다. 오바마 대통령은 정부투자를 적극 추진할 계획을 세웠고 그린 뉴딜에 투자하겠다고 입장을 표명했으며, 이는 좋은 일이다. 하지만 내 생각에 그는 은행들에게 지나치게 많은 자금을 제공하고 있으며, 마치 모래에 물을 들이 붓는 것과 같은 형국이 빚어지고 있다. 고든 브라운(Gordon Brown) 총리는 항공모함과 핵무기 저지를 위한 새로운 시스템에 부분적으로 자금을 투자할 결심을 한 것으로 보이는데, 이는 몇 개의 일자리 창출 외에는 전적으로 비생산적인 일이 될 것이다.

나는 이 위기가 전세계 정치권을 바꿔놓으리라고 기대한다. 사람들이 조직을 이룬다면 더 큰 목소리를 낼 수 있을 것이다. 지금은 모든 게 유동적이라 딱히 뭐라고 단정하기는 어렵다. 분명한 점은 현재 제대로 된 정부가 없다는 점이다. 그렇지만 몇 년 전만 해도 프랑스 정부는 "조세피난처의 활용을 차단해야 한다."는 말을 할 생각이 없었을 것이다.

물론 그들의 말이 단순한 미사여구일지, 아니면 그런 언급을 정책으로 뒷받침하게 될지는 시간이 지나봐야 안다. 하지만 나는 그들이 진심이라고 생각한다. 그들은 잃을 게 많다는 사실을 잘 알고 있기 때문이다. 그리고 다른 국가 국민들보다 프랑스인들은 우파 진영에 속한 사람들조차 좀 더 국가지향적이다. 확실히 영국인들보다는 더 그렇다. 프랑스인들은 분명 이번 기회를 확실히 붙잡고자 할 것이고, 화가 많이 나 있는 상태이기 때문에 조세피난처 차단 조치가 정치적으로도 인기를 얻을 것이다. 그러나 단 하나의 정부만으로는 그런 국제적 결정을 주도할 수 없다. 모든 이들이 은행에 진저리를 치고 있지만, 영국인들은 막상 저지(Jersey) 섬과 버뮤다 제도, 버진 제도 등 다수의 조세피난처를 거느리고 있지 않은가.

이제는 우리가 어느 정도의 정치적 토대를 확보하기 위해 어떤 전략을 구사해야 하는가가 관건이다. 맹렬한 비난만으로는 당연히 역부족이다. 이 위기에 맞서서 가치 있는 개혁을 이루기 위해 우리가 무엇을 할 수 있는지에 관한 비전을 명확히 제시할 필요가 있다. 우리는 이 기회를 제대로 붙잡아 은행들을 통제하고 국제적 과세체계를 밀어붙여야 한다. 모든 것이 국경에서 막혀버리는 게 현실이지만, 우리는 세계화된 세상에 살고 있다. 이 사실은 규제와 투자 및 시민의 통제에 있어 큰 함의를 지닌다.

변화에는 시간이 걸린다. 우리, 즉 금융과세연대(ATTAC)와 NGO에 속한 나 같은 사람들이 옳았고 그들이 틀렸음을 모두가 깨달아야 한다. 그들은 이번 위기를 내다보지 못했지만 우리는 예측했다. 우리의 제안들 중 일부는 활동가들에게는 아주 당연한 것으로 보이지만 주류에 있는 사람들에게는 전혀 새로운 것으로 간주될 것이므로, 그 메시지를 끊임없이 반복해서 전하는 일이 중요하다. 거기에 변화를 위한 기회가 있기 때문이다. 여론과 정당과 정부에 영향력을 행사하고자 노력해야 하는데, 이는 우리 제안들 중 최소한 일부에 관해서만이라도 우리 스스로 주류가 되어야 함을 의미한다. 이 사람들은 실패했다. 이제 모두가 그 사실을 알 수 있으며 그들은 정부들이 굉장히 다른 무언가를 하지 않는 한 그들 역시 실패하리라는 점을 잘 알고 있다. 이것이 우리가 희망하는 근본적인 변화가 일종의 원원 전략인 까닭이다.

생태적 케인스주의의 대두

이런 구체적인 제안들을 '생태적 케인스주의(Biological Keynesianism)'라고 규정해도 좋다. 그게 지금 내가 추진 중인 일이다! 그린 뉴딜은 합리적이고 비용 감당이 가능하며 실현 가능한 일이다. 우리는 이미 필요한 지식과 기술, 능력을 거의 지니고 있다. 몇몇 그린 테크놀로지는 현재 값비싸지만 일단 대량 생산 여건만 조성되면 비용이 즉각 떨어질 것이다.

그간 세계은행은 끔찍한 프로젝트들에 자금을 대느라 전력을 기울였다. 그 기관은 가장 최근의 G7회담에서 추가로 60억 달러가

'생태 은행(ecological bank)'에 적립되도록 했지만, 최근까지 화석연료와 석탄 채굴 프로젝트들에 수십억 달러를 쓰고 있었다. 세계은행은 생태 자금을 받을 자격이 가장 부족한 곳이다. 이 기관이 투자를 한다고 해도 그 대상은 기껏해야 최악의 기술보다 약간 덜 끔찍한 기술일 것이다.

IMF는 G20에게서 막대한 도움을 받아 재원을 3배나 증가시켰다. 만일 이 기구가 전과 똑같은 워싱턴 컨센서스* 조건들을 적용해 대출을 내준다면, 우리는 끝장이 나고 말 것이다. 나는 세계은행과 IMF에 맞서 캠페인을 벌이는 사람들이 이 기구들이 비민주적이라는 사실을 분명히 밝혀줄 수 있을 것이라고 기대한다. 이 기구들은 가장 강력한 회원국들의 목소리만 듣는다.

물론 케인스도 이 기구들에 대한 꿈을 꾸고 있었다. 그리고 그 일부는 실현되었지만, 대부분은 현실화되지 않았다. 특히 1970년대 말에 이르러, 신자유주의가 세계를 완전히 장악하고 세계은행과 IMF의 유일한 신조가 되면서 그 꿈은 더더욱 구현되지 못했다. 케인스는 또한 오늘날 미국과 중국 같은 국가에서 나타나는 거액의 적자와 막대한 흑자를 방지해줄 국제통화인 '방코르(bancor)'와 재정적 무기를 갖춘 무역기구를 원했다. 그가 제시한 시스템 하에서는, 어떤 국가가 지나치게 많은 흑자를 내고 있을 경우 통화가치를 재조정해

---

*워싱턴 컨센서스(Washington Consensus): 1990년을 전후로 등장한 미국식 시장경제체제의 대외 확산 전략.

제품 가격의 상승을 유도해야 한다. 반면 너무 많은 적자를 안고 있을 경우 통화가치의 평가절하를 통해 제품의 가격 경쟁력을 높이고 더 많은 제품이 판매되도록 해야 한다. 그리고 이런 조치를 취하지 않을 경우 적자와 흑자 모두에 대해 세금을 물어야 한다. 적자나 흑자가 클수록 세금도 더 많아지므로, 각국 정부들은 신속히 대응할 것이다. 그리고 하바나 헌장*을 적용해 적자나 흑자를 청산하고 상황에 맞게 조정할 수도 있을 것이다. 이런 방식이 금융위기를 완전히 방지했을 거라고 단언할 수는 없지만, 세계무역기구보다는 더 나은 방식이었을 것이며, 분명 조세피난처들의 증가도 막아냈을 것이다. 심지어 케인스의 비전에는 상품 가격에 대한 보장책은 물론 자연 보호와 노동자를 위한 대비책들도 있었다.

　우리가 현재 직면한 가장 큰 위협은 과거와 별로 달라진 게 없다. 지금 행동에 나서지 않는다면, 가장 큰 위험은 지구온난화가 될 것이다. 그리고 지구온난화의 진행은 우리의 모든 문제들을 대폭 확대시킬 것이다. 각국 정부들이 이 위기에 진지하게 대처하지 않는다면 그리고 이번 금융위기를 계기로 지구온난화를 점검할 대책을 강구하지 않는다면, 우리는 극도로 나쁜 시기를 맞이하게 될 것이다.

---

*하바나 헌장(Havana Charter): 생활수준의 향상, 완전고용, 경제적·사회적 진보의 달성을 목적으로 체결된 무역에 관한 국제조약.

신자유주의의
족쇄를
벗어라

탈세계화의 필요성

'2008년 금융 대폭락 이면에는 경제의 세계화가 놓여 있었다. 결국 세계화의 진행 방향은 뒤집어질 수밖에 없을 것이다.'

월든 벨로(Walden Bello)

필리핀 공화국의 대안정당인 악바얀(Akbayan, 시민행동당)을 대표하는 하원의원이다. 또한 시민단체인 부채해방연합(Freedom from Debt Coalition)의 대표이며 방콕에 본부를 둔 연구기관인 남반구 포커스(Focus on the Global South)의 수석연구원이다. 수많은 논문을 발표했고 15권의 저서를 집필 혹은 공동 집필했다. 가장 최근 저서로 《그 많던 쌀과 옥수수는 모두 어디로 갔는가 Food War》가 있다. 더 많은 정보를 원한다면 www.focusweb.org를 참고하라.

지난 2년 동안 세계 금융위기는 실물 경제의 위기로 심화되었다. 미국과 북반구 선진국들의 시장 수요가 폭락한 탓에 수출 지향적 경제, 즉 30년간 맹위를 떨쳤던 '세계화' 모델이 흔들리기 시작했다.

이 현상은 그 모델의 가장 성공적인 사례로 꼽히는 동아시아 경제들의 스태그네이션(stagnation, 장기 경기침체)과 불황을 야기했다. 2009년 싱가포르 경제는 2퍼센트 위축되었고, 개중 특히 탁월한 '아시아의 호랑이' 한국도 제로 성장을 기록했다. 일본은 거의 20년간 이어진 스태그네이션에서 벗어나지 못하고 있다. 중국의 경우, 경제가 회복세에 들어섰다고 전망되는 상황에도 여전히 수출 위주의 산업에 속한 수백만 개의 일자리가 계속 사라지고 있다.

〈이코노미스트 The Economist〉에 따르면, "세계 경제의 통합 현상은 거의 모든 영역에서 철수하고 있다." 신자유주의 세계화의 최고 아바타 격인 이 잡지는, 기업들이 세계 공급 사슬(supply chain)의 효율성에 대한 믿음을 계속 갖고 있지만 "다른 사슬들과 마찬가지로 공급 사슬의 강도 역시 가장 약한 고리의 강도에 좌우될 수밖에 없다. 기업들이 생산을 조직하는 이런 방식이 생명력을 다했다고 판단하는 순간 위험한 시점이 도래할 것이다."라고 말한다.

수출 지향적 세계 경제의 붕괴에 대처하기 위해 많은 정부들은 자국 소비자들의 수중에 지출자금을 쥐어주는 경기부양책을 썼다. 이를 통해 내수시장을 활성화시킴으로써 국내 시장으로 퇴각해 들어간 것이다. 그러나 많은 정부들은 이번 사태를 기존과 다른 경제적 경로를 모색할 기회로 삼기보다는, 수출시장의 수요가 다시 활기를 띠게 되면 단순 폐기될 미봉책을 찾는 데 급급하다.

왜 이런 착각이 끈질기게 지속되는 것일까? 그리고 기존의 틀을 벗어나 생각해야 할 이 시점에 탈세계화와 같은 대안적 패러다임에 대한 저항이 계속되는 이유는 무엇일까?

대안의 기본 원칙들을 구현해내는 일이 아직은 버거운 도전이기 때문이다. 필리핀의 경우 출발 지점부터 상황이 아주 나쁜 듯하다. 30년간 단행된 구조조정은 필리핀을 탈산업화시켰다. 예를 들어 1970년대에 200개에 달하던 섬유 및 의류 업체가 현재 10개로 줄어들었다. 세계무역기구가 강요한 경제자유화로 인해 필리핀은 온전한 식량 수출국에서 순 식량 수입국으로 바뀌었다. 또한 필리핀 경제를 지탱하던 핵심 기둥은 노동자로 수출되어 총인구 9,000만 명 중 10퍼센트 정도가 해외에서 일하고 생활한다.

간단히 말해 필리핀에는 새로운 청사진을 제시하고 구현한 수 있는 천연 그대로의 토양이 전혀 남아 있지 않은 실정이다. 필리핀의 변화를 가로막는 장애물은 단순히 물질적인 측면이 아니라 이데올로기적인 부분도 있다. 사실, 최근의 세계 경제붕괴는 그 지적 토대를 제공해주었던 신자유주의 경제학의 신빙성을 크게 약화시켰다. 그럼에도 필리핀에서 신자유주의는 계속해서 경제학자들과 기술 관료들에게 강력한 영향력을 행사하고 있다.

언젠가 필리핀 하원에서 예산에 관한 공청회가 열렸고 나도 하원의원으로 그곳에 참석한 적이 있다. 그곳에서 무역 자유화는 더 큰 '경쟁력'을 이끄는 요인으로 옹호를 받았다. 필리핀의 대외채무를 재협상해보자는 의견도 제기되었으나, 글로벌 자본시장에서 평판이 나빠질 거라는 이유로 무산되었다. 슬프게도 필리핀 하원에서 세계화는 미래의 물결로서 계속 격찬을 받고 있었다.

신자유주의의 만트라

신자유주의가 약속한 것들이 거의 매번 현실에 위배되었는데도 왜 신자유주의의 만트라(mantra, 진언)가 계속해서 호소력을 지니는 것일까?

여기에서 몇 가지 추측을 제시하고자 한다. 필리핀에서의 내 경험을 위주로 도출한 것들이기는 하나 다른 곳들에서도 유효하리라 생각한다.

만트라 1

필리핀의 저개발을 설명하는 데 있어 부패에 관한 담론은 여전히 맹위를 떨친다. 이 담론에 따르면 국가는 부패의 온상이며, 따라서 그 경제에서 국가 역할이 더 커지는 것은, 규제기관으로서의 역할이라 하더라도 회의적으로 여겨진다. 신자유주의적 담론은 부패에 관한 담론과 제대로 결합해 경제활동에서 국가 역할을 최소화시키고 있다. 또한 국가보다 시장이 더 우세한 상황이 계속되어야 경제활동 주체와 국가기관에 의한 '지대추구(rent-seeking)'의 기회를 축소시킬 수 있을 것이라고 상정한다.

필리핀의 많은 국민들은 시장이 낳는 불평등이나 자유화에 의한 국가의 경제적 이익 저하보다 부패한 국가를, 국민들의 더 나은 생활을 가로막는 주된 장애물로 인식하고 있다.

만트라 2

신자유주의가 심각한 위기에 봉착했음에도 불구하고, 논리적이거나 국제적으로 떠오른 신빙성 있는 대안적 담론이 전혀 없다. 다시 말해 지금은, 대공황기에 케인스 경제학이 시장근본주의에 제기했던 도전에 필적할 만한 신통한 대안이 없는 실정이다. 폴 크루그먼(Paul Krugman)과 조지프 스티글리츠, 다니 로드릭(Dani Rodrik) 같은 스타급 경제학자들은 신고전학파 범위 내에서 계속 이의를 제기하고 있다. 문제의 핵심은 필리핀 지성인들이 국내보다 해외에서 새로운 대안을 찾아 헤매고 있다는 점이다. 기득권층에 대한 비판자들도 대체로 마찬가지다.

만트라 3

신자유주의 경제학은 철저히 수학화되었기 때문에 과학의 이미지를 계속 발산한다. 최근 발생한 금융위기의 여파로 인해, 이런 극단적 수학화는 경제학 전문가들 사이에서도 비판의 대상이 되었다. 그들 중 일부 경제학자들은 실질적인 무언가가 아니라 방법론 자체가 경제학의 목적이 되었다는 주장을 제기하기도 했다. 그 결과 경제학은 실제 세계의 추세와 문제점들과의 접점을 잃어가고 있다.

케인스도 수학적 사고방식을 지니고 있었지만 경제학의 수학화를 반대했다. 그 이유는 수학이 경제학에 '확실성'이라는 그릇된 믿음을 심어놓을 수 있기 때문이었다. 케인스의 전기작가 로버트 스키델스키(Robert Skidelsky)가 적고 있듯이, 케인스는 "계량경제학에 대해 회의적이었다." 케인스에게 숫자들은 "단순한 단서들이자 상상을 위한 방아쇠에 불과했다." 어쨌든, 신자유주의를 극복하는 일에는 과학만능주의를 넘어서는 과정이 반드시 필요하다.

나날이 심각해지는 세계화의 위기는, 특히 기후위기라는 맥락에서 훨씬 덜 세계화된 경제 정책들을 이끌어내는 결과를 낳을 것이다. 물론 이 역사적 전환이 평화롭게 그리고 민주적 수단을 통해 이루어져야 한다는 점은 당연하다. 하지만 역사는 무엇도 보장해주지 않는다. 그리고 제2차세계대전 이전의 기간에서 볼 수 있듯이, 인류가 그 위기를 직시하는 데 더 오랜 시간이 걸릴수록, 평화적이고 민주적인 해법을 거스를 공산이 더 커진다.

위기를 극복할 11가지 대안

지금은 개발을 위한 대안적 전략을 내놓기에 특히 좋은 시기인 듯하다. 그중 하나가 '탈세계화'로, 필리핀의 정책조사연구소 남반구 포커스(Focus on the Global South)에서 내 동료들과 나는 10년에 걸쳐 이 대안들을 연구, 발전시켰다.

우리가 개발도상국들 위주로 고심해서 내놓은 핵심 제안들은 다음과 같다.

- 수출시장보다는 내수시장을 위한 생산에 다시 경제의 무게중심이 실려야 한다.
- 공동체를 보호하기 위해, 공동체와 국가 차원의 제품 생산을 장려함으로써 경제활동에 '보완성(subsidiarity)'*의 원칙을 확고히 심어놓아야 한다. 단, 이는 합리적인 비용으로 가능한 일이어야 한다.

---

*이 글에서 말하는 '보완성'은 지방 차원에서 잘 혹은 더 잘 이루어질 수 있는 일에는 굳이 중앙정부가 나설 필요가 없고 나서서도 안 된다는 것을 의미한다. 즉 중앙정부는 지방정부가 행하기 어려운 업무를 보완하는 수준에서 개입해야 한다는 원칙을 말한다.

- 무역한도와 관세를 비롯한 무역정책은 지역경제를 보호하는 목적으로 활용되어야 한다. 비정상적으로 낮은 단가의 원자재를 이용함으로써 일종의 보조금을 받는 거대 기업들의 파괴행위로부터 경제를 보호해야 한다.
- 보조금과 관세 및 무역을 포함한 산업정책은 제조부문을 활성화시키고 강화시키기 위해 활용되어야 한다.
- 도시의 토지 개혁을 포함해, 오랫동안 미뤄온 소득과 토지에 대한 재분배 조치를 서둘러 취해야 한다. 이런 조치는 경제의 닻 역할을 해줄 것이며, 투자를 위한 자체 금융자원을 만들어줄 국내시장 창출에 기여할 것이다.
- 성장에 대한 강조를 줄이고, 삶의 질을 더 강조하며 평등을 극대화하는 것은 환경의 불균형과 주변환경의 불안정성을 감소시킬 것이다.
- 농업과 산업 모두에서 친환경 기술의 개발과 보급이 장려되어야 한다. 여기에는 화석연료에 집중된 시스템에서 태양광, 풍력 및 지열과 같은 재생 가능한 에너지원에 토대를 둔 분산된 시스템으로 에너지 체계를 전환하는 작업이 포함될 것이다.
- 경제에 대한 전략적 의사결정을 시장이나 기술관료에게만 맡겨둬서는 안 된다. 따라서 경제 문제에 대한 민주적 의사결정의 범위가 확대되어야 한다. 그럼으로써 어떤 산업을 발전시키고 어떤 산업을 단계적으로 축소해나갈지, 혹은 정부 예산 중 얼마만큼을 농업에 할당할지와 같은 모든 필수적 문제들이 민주적

논의와 선택의 대상이 되도록 해야 한다.
- 시민사회는 민간부문과 공공부문을 끊임없이 관찰하고 감독해야 하며, 이 절차가 제도화되어야 한다.
- 공동체 협동조합과 민영기업, 국영기업을 포함하고 다국적 기업들을 제외하는 '혼합 경제(mixed economy)'로 전환되어야 한다.
- IMF와 세계은행 같은 중앙집권적인 글로벌 기구들은 자유무역과 자유로운 자본 이동이 아니라, 협력의 원리를 토대로 구축된 지역 기구로 대체되어야 한다. 아메리카를 위한 볼리바르 대안(Bolivarian Alternative for the Americas)을 설명하면서 사용한 우고 차베스 대통령의 표현을 빌리자면, 협력의 원리는 "자본주의의 논리를 뛰어넘었다."

반복되는 위기가 가져온 근원적 물음들

경제부터 환경까지

'이제 우리는 기본 그리고 개인으로 돌아가 새로운 세상을 이야기해야 한다.'

바네사 베어드(Vanessa Baird)
〈뉴 인터내셔널리스트〉의 공동 편집자다. 그는 이 글을 쓰기 위해 많은 자료들을 참고했으며, 그중에서도 유럽 NGO들과 활동가들의 모임(European Cross-Sectoral Networking Meeting)과 영국의 '사람이 최우선이다 연대(Put People First Coalition)' 그리고 브라질 벨렘에서 열린 2009 세계사회포럼(World Social Forum)에서 많은 영감을 얻었다.

　　　　　　　　　　　　　　투자자들을 상태로 500억 달러에 이르는 거액의 사기행각을 벌인 월스트리트의 '흠 잡을 데 없는' 브로커 버나드 매도프(Bernard Madoff)*에게 우리는 고맙다고 해야 할지도 모르겠다. 금융계에서 소위 전문가라고 불리는 사람들이 얼마나 쉽게 사기를 당할 수 있는지, 매도프만큼 적나라하게 드러내준 사람은 거의 없었으니 말이다.

　사람들을 바보로 만드는 가장 좋은 방법들 중 하나는 일을 훨씬 복잡해 보이도록 만드는 것이라는 간단한 사실을, 매도프는 제대로 보여주었다. 허세는 '똑똑한' 투자자들로 하여금 매도프의 '저열한' 수법이 실제로 어떻게 작동하는지 제대로 이해하지 못했다는 점을 솔직히 시인할 수 없도록 만들었다. 탐욕과 나태함은 그들이 중대한 질문들을 제기하지 못하게 가로막았다. 돈이 계속해서 들어오는 한

---

*버나드 매도프(Bernard Madoff): 고수익을 미끼로 눈먼 투자자들을 끌여여 월스트리트 역사상 최대 규모의 다단계 투자 사기극을 벌인 전 나스닥증권거래소 회장.

그리고 비정상적으로 높은 15퍼센트의 수익률을 유지하는 한 특별히 문제를 제기할 사람이 어디 있었겠는가?

  이 이야기에서 얻을 수 있는 교훈이 있다. 소위 '전문가들'을 너무 신뢰하지 말 것이며, 아무리 초짜처럼 보일 수 있는 쉬운 질문이라도 두려워말고 제기해야 한다는 등의 교훈이다. 근본적으로 우리는 기본으로 되돌아갈 필요가 있다. 확실히 알지도 못하면서 금융거래를 임삼는 사람들이 장악해버린 시대에, 단순화는 허튼 소리들을 뚫고 바른길로 나아가기 위한 최고의 수단일지도 모른다.

은행은 무엇을 위한 것인가

본래 은행은 대출자와 저축자를 이어주기 위해 만들어진 기관이다. 이론상, 은행들은 돈이 계속해서 원활히 돌아갈 수 있도록 돕고 어느 정도의 안정성을 제공해주는 일을 주업무로 한다. 그런데 현재로선 그저 웃음밖에 안 나오는 말이 되어버렸다.

  요즘 은행은 각종 투기가 난무하는 도박장이 되었다. 특히 미국과 영국의 시내 중심가 주요 은행들은 규제 완화를 이용해 대개 투기꾼들이 벌이는 고수익, 고위험 투자에 뛰어들었다. 탐욕과 자유시장의 열병에 도취되어 그 기관들은 돈을 빌려주는 대상에 대한 별 다른 고민 없이, 제대로 이해하지 못하는 복잡한 신종 금융 '도구들'을 활용해 국제시장에서 활동했다. 법규에 의하면, 은행은 저축자들이 예금한 금액보다 몇 배 더 많은 자금을 대출해주는 일이 허용된다. 은행이 안전하다는 착각은 단지 은행들이 국가의 뒷받침을 받는다는 이유 때문에 유지되는 것이다. 하지만 영국의 노던록 같은 보다 공격적인 은행들은 예금액의 몇 배에 이르는 자금을 대출해주면서 상황을 아찔하게 몰고 갔다. 그런 광란의 상태는 빚을 부추기고 소비지상주의를 더욱 조장하면서, 주주들과 최고경영자들에게 엄청난 수익을 안겨주었다. 영국의 RBS나 미국의 시티코프 같은 일부 소액거래 은행들은 투자은행을 포함한 다른 은행들을 인수하면서 기하급수적인 성장을 거듭했다. 산더미 같은 악성 부채에 짓눌려 허약해진 은행들은 대출을 동결했고 위협적인 거지와 유사한 존재가 되었다. 망하도록 내버려두기에는 너무 비대해진 은행들은 정부에 의해 긴급 구제되었고, 그 자금은 가까운 미래에 세금의 형태로 우리에게 되돌아올 예정이다.

하지만 이런 상황은 충분히 피할 수 있는 것이었다. 전통적인 주택금융조합들이나 상호저축은행들은 여전히 주주가 아닌 고객이 소유한다. 그것들 중 일부는 과도한 리스크를 떠안고 있기도 하지만, 일반적으로는 자금을 늘리는 방법에 있어 더 많은 제한을 받으며, 예금과 대출금 사이에 보다 지속적이고 안정적인 균형을 유지할 의무가 있다. 윤리적인 은행들도 위험한 투기와 국제 자금시장을 피함으로써 비윤리적인 경쟁업체들보다 좀 더 신중하게 사업을 운영한다. 이런 기관들은 인권과 환경 및 해당 공동체들에 더 많은 관심을 기울인다. 또한 세계 96개국의 약 1억 7,000만 명의 사람들은 현재 신용조합(credit union) 회원이다. 그들은 대체로 대출을 받기 힘든 지역들에 설립된 상호조합이나 서민금고를 협동조합 형식으로 운영한다.

현재의 위기는 은행가 스스로 보다 강력한 규제를 필요로 한다는 사실을 인정할 수밖에 없게 만들었다. 근본적인 개혁은 가능하다. 불안정성을 야기한다고 잘 알려진 모든 투기 활동은 철저히 금지될 수 있을 것이고, 다른 형태의 금융활동에는 세금을 부과할 수 있을 것이다. 은행들에게 투명성과 공적 책임감을 강요할 수도 있을 것이다. 일종의 공공시설이라 할 수 있는 은행을 운영하는 것은 일종의 특권이다. 따라서 특권 남용에 엄중한 처벌을 가할 수 있을 것이다. 민간 부문에 수익이 계속 남아 있는데도 공공부분으로 리스크를 확산시키는 은행 구제조치는 사라져야 할 것이다. '민영기업이 제일 잘 안다'는 믿음이 틀렸다는 게 경험적으로 꽤 명백해졌으므로, 전적인 국유화가 더 바람직할 것이다.

은행들의 의무는 인간의 사회적·경제적 니즈를 충족시키키 위해 자금을 대출해주는 것이다. 이 방식이 상업은행업과 양립할 수 없다고 생각하는 은행가가 있다면, 방글라데시의 그라민 은행(Grameen Bank)을 눈여겨보길 바란다. 그 은행은 너무 가난해서 '대출 자격'이 없는 사람들에게 소액 대출을 확대해 큰 성공을 거뒀다. 그라민 은행 고객들의 대출 상환율은 훌륭한 수준이다. 마찬가지로 신용조합들도 자금이 가장 필요한 사람들에게 대출을 해준다. 이런 현존하는 인기 있는 은행 형태들을 강화하고 새로운 형태의 은행을 장려하는 것도 하나의 방법이 될 것이다. 은행이 '대마불사'가 되지 않도록 그 규모를 제한하는 것도 방법이다. 상업은행과 투자은행 사이의 경계를 부활시킬 수도 있을 것이다. 마지막으로, 국제적 차원에서 금융시스템에 대한 법적 규제가 마련되어야 할 필요가 있다.

아울러 은행을 이용하는 우리 개인들이 할 수 있는 일도 있다. 신용조합이나 상호저축기관 혹은 주택자금조합과 같은 대중적인 금융기관을 이용하는 것은 어떨까? 상업은행을 이용할 필요가 있다면, 윤리적인 곳으로 가라. '우리에게 돈을 맡기면 안전하다' 그리고 '우리는 높은 수익을 올려줄 것이다'라는 두 가지 약속에는 모순이 있다는 점을 인식하자. 무이자 시스템들을 생각해보라. 예컨대 이슬람의 전통적 대출 체계에서는 수익과 손실을 빌려준 자와 빌린 자가 공동으로 나눈다. 은행에 대한 철저한 규제와 좀 더 윤리적이고 책임감 있으며 지속가능한 금융을 위한 캠페인에 우리의 목소리를 보태주자. 은행은 다름 아닌 바로 국민에게 도움이 되기 위해 존재하고, 따라서 우리의 것임을 기억하자.

주택은 무엇을 위한 것인가

들어가 살기 위한 것, '가정'을 꾸리기 위한 것이다. 그런데 어느 날인가부터 주택이 재산이 되더니 급기야는 훌륭한 수익을 보장하는 투자처로 변질되기 시작했다. 경제 호황기에는 부동산의 사다리에 오르는 일이 노동으로 버는 것보다 더 많은 돈을 버는 방법으로 여겨졌다. 주택가격 상승으로 주택 마련 비용이 만만치 않게 높아졌지만, 무책임한 대출이 그 간극을 메워주었고 사람들은 점점 빠져들었다. 무절제한 대출과 막연한 희망으로 가득찼던 주택시장은 결국 2008년 엄청난 회오리를 몰고 왔다. 고위험 혹은 '서브프라임' 모기지들이 대규모 부도 사태를 촉발시켰고, 수많은 미국 은행들을 붕괴 직전에 몰아넣은 것이다. 이후 국제시장에서 '악성' 모기지들이 판매되었고, 그것들이 '한데 묶여' 다시 판매되었다는 것이 명백해지면서 그 충격파가 세계 경제로 확산되었다.

과대 포장된 대대적인 선전과는 달리, 모기지를 지고 살아가는 것은 행복으로 가는 유일한 길이 아니다. 공공주택과 주택조합은 주택마련 능력이 없거나 집을 굳이 살 필요가 없다고 생각하는 사람들에게—주택 투기를 자극하는 동력만 없다면 우리 대부분은 분명 주택을 굳이 살 필요가 없다고 생각할 것이다—적절한 주택을 제공해줄 수 있다. 영국이나 미국에서 발생한 대규모 부동산 활황이 모든 국가에서 나타난 현상은 아니었다. 일례로 독일에는 크고 꽤 괜찮은 주택임대부문이 존재한다.

각국 정부들이 대규모 공공주택 프로젝트를 추진한다면, 노숙자 문제를 해소하고 일자리를 제공하는 데 도움이 될 것이다. 주택 물량을 확대하는 일도 부동산 붐의 확대를 막을 수 있을 것이다. 주택조합과 협동조합 및 여타 공동체 주택단체를 지원해서 주택을 제공할 만한 더 큰 여력을 확보해주는 것도 하나의 방법이 될 것이다.

또한 부동산시장의 붕괴로 인해 대출금이 체불되어 살던 집에서 쫓겨날 처지에 놓인 사람들에게 대출금 상환 유예 조치를 마련해줄 필요가 있다. 모기지 상환기간도 재조정할 필요가 있다. 부동산 마련을 위한 대출이나 지원을 공공주택 물량에 추가함으로써 그것들을 현재의 주택소유자들에게 다시 임대하는 것도 하나의 방법일 것이다. 다양한 형태의 공동소유 방식이 개발될 수도 있을 것이다. 주택과 토지가 법적으로 분리된다면 주택이 좀 더 저렴해질 수 있을 것이다. 다시 말해 토지는 공동으로 소유하고 개인들은 개별 혹은 공동으로 주택을 소유하는 법규를 도입할 수도 있을 것이다.

어쨌거나 우리는 정치권과 은행가들이 이 문제에 무사히 빠져나오도록 그대로 놔둬서는 안 된다. 그들이 시행한 규제 완화와 무책임한 대출활동이 맞물려 결국 무고한 사람들이 막대한 리스크에 노출되었다. 필요할 경우 강제 퇴거에 맞서 싸우기 위한 협력 네트워크를 만들어서, 다른 이들과 힘을 모아 행동을 시작해보자. 또한 주거지를 확보할 인간의 권리와 이 권리를 최우선 순위에 놓아야 할 국가의 의무를 다시 주장해 분명하게 밝혀내자. 주택 자선단체와 노숙자 캠페인 그룹 또는 당신의 국가에 있는 무가지들을 지원하는 것도 좋은 방법이다. 인도와 남아프리카 및 브라질과 같은 국가의 커뮤니티 단체들에게서도 배울 만한 교훈들이 많이 있다. 더 적극적으로 알아보고 싶다면 주택 권리와 퇴거 센터(Centre on Housing Rights and Evictions, www.cohre.org)를 살펴볼 수도 있을 것이다. 이 모임은 세계 도처에 지부를 둔 비정부기관으로, 은행과 같은 무자비한 채권자들의 강제 퇴거 명령에 맞서 싸우고 있다.

일자리는 무엇을 위한 것인가

일자리는 생필품 마련을 위해 돈을 벌기 위한 것이다. 또한 일자리는 개인적 만족감을 안겨줄 수도 있고 사회에 기여하는 수단이 되기도 한다. 하지만 현재는 불평등을 심화시키는 수단이 되었다. 세계화는 전세계 수백만 명의 임금이 낮게 유지되는 데 일조했으며, 기업과 주주들의 이윤을 증가시키는 일에 한몫했다. 최고경영진의 수입은 넉넉한 보너스에 힘입어 치솟았던 반면, 일반 노동자들의 평균임금은 실질적으로 줄어들었다. 불경기가 악영향을 미치고 실직이 그저 남의 일이 아닌 상황 속에서, 오늘날 일자리는 두려움과 불안을 야기하는 핵심 요인이 되었다.

현재 많은 경영자들이 일자리를 볼모로 삼아 환경적 의무들을 회피하고 있다. 그들은 일자리와 환경이 '양자택일'의 사안이라고 강력히 주장한다. '기후변화를 타개하기 위해서는 일자리 감소라는 대가를 치러야 한다'는 것이 경영자들의 주장이다. 나는 이 주장이 터무니없는 것이라고 생각한다. 고용 문제와 환경보호는 대립 관계가 아니기 때문이다.

유엔 국제노동기구(International Labour Organization)에 의하면,

향후 몇 년 사이에 수만 개의 '그린 칼라'* 일자리가 창출될 수 있을 것이다. 재생 가능한 에너지 생산과 지속가능한 운송체계, 친환경 빌딩과 건축보강재 및 유기농 식품 생산 분야에서 신규 일자리가 창출될 것이다. 지속가능한 저탄소 세계가 구현되면 괜찮은 일자리들이 많은 새로운 시대가 개막될 것이다. 청정 기술과 생산 방식을 개발하기 위한 생태공학(Eco-engineering)이 국경을 초월해 전통 산업들에 적용될 것이다. 아울러 대규모 공공지출 정책은 경제를 부양시켜줄 것이다.

구제금융을 지원받는 조건으로 기업체들은 '친환경' 쪽으로 나아갈 수밖에 없게 될 것이다. 다시 말해 자동차 제조업체들은 친환경적이고 에너지 효율적인 모델을 개발해야 할 것이고, 보조금이나 인센티브를 통해 이런 모델들의 가격은 환경오염을 일으키는 모델보다 더 저렴해질 것이다. 친환경적이고 협력적이고 사회적인 기업들은 저렴한 이율로 금융자본을 이용할 수 있어야 한다. 환경규제의 도입과 함께 이로 인해 야기되는 고용 불안정 문제의 해결책도 모색해야 한다는 개념인 '정의로운 전환(Just Transition)'에 입각한 원칙을 적용해, 고용 안정성이 취약해진 산업에 종사하는 노동자들은 재훈련을 받게 될 것이다.

이제부터 우리는 일자리를 보전하고 신규 일자리를 창출하기 위한 활동에 나서야 한다. 노조에 소속되어 있지 않다면 지금 당장 가

---

*그린 칼라(green collar): 대체에너지 개발, 오염물질 제거 등 친환경산업 종사자를 뜻한다.

입하도록 하자. 배부른 자본가의 월급과 보너스에 대항해 각자의 직장 내에서 캠페인을 벌이자. 임금격차를 줄이기 위해 더 나은 임금을 요구하는 소외된 노동자들의 목소리에 힘을 보태자. 몸담고 있는 기업이 망해가고 있다면, 그 기업을 인수해 당신들 스스로 협동적으로 운영해나가기 위해 다른 노동자들과 조직을 결성하는 것도 좋을 것이다. 터무니없는 일이라고 여겨지는가? 이는 부에노스아이레스의 브루크먼(Brukman) 섬유공장 근로자들이 일자리를 보전하고 회사를 살리기 위해 실제로 했던 일이다. 불안과 불확실성의 시대는 파시스트 성향을 자극할 수 있으므로, 불경기를 이용해 이주 노동자를 희생양으로 삼는 인종차별주의자들과 맞서 싸울 준비도 되어 있어야 할 것이다. 분노는 과하게 많은 보수를 받으면서도 경영을 잘못한 관리자들에게 표출되는 게 더 타당하다. 마지막으로, 은행을 구제할 자금이 마련될 수 있다면 일자리 보전을 위한 자금도 충분히 동원할 수 있을 것이다.

시장은 무엇을 위한 것인가

시장은 상품 매매를 위한 공간이다. 하지만 시장의 '지혜'나 '숨겨진 손' 같은 표현에서 알 수 있듯, 시장은 어느 순간 신(God)이 되었다. 이 믿음은 지난 30년간 세계를 장악해온 자유무역과 민영화의 신조를 뒷받침해주었다. 이는 부유한 국가들의 기업과 개발도상국의 지배층에게 유리하게 작용했던 반면, 세계 전반에 불평등과 빈곤, 부채를 심화시켰다. 세계무역기구(WTO)의 금융서비스 자유화 규정은 나쁜 모델에 기반을 둔 위험할 정도로 통합된 글로벌시스템을 창출했다.

서구 대부분의 정치권과 기업계 리더들은 여전히 자유무역 모델이 마치 유일한 방안인 것처럼 행동하고 있다. 다른 모든 대안들은 '경제적 민족주의'나 '보호무역주의'로 매도당하고, 끔찍한 은행도산 사태로 시작된 1930년대 대공황의 원인으로 비난받고 있다. 하지만 이는 부적절한 지적이다. 국제무역이 합리적이고 융통성 있는 방식으로 행해졌다면 지역 경제나 환경을 파괴하지는 않았을 것이다. 예컨대 동등한 여건의 당사자들 사이에 체결된 지역 무역협정들, 즉 아메리카를 위한 볼리바르 대안과 같은 무역협정들은 참여국들에게 더 공정하고 이롭다.

세계무역기구는 도하라운드(Doha round) 협상을 통해 추진해온 모델이 근본적으로 결함이 있음을 깨닫게 될 것이다. 세계무역기구는 공정성과 민주주의 및 환경적 책임을 위해 폐지될 필요가 있다. 아마도 국제무역에 관한 협상의 역할은 유엔에 이관하는 게 좋을 것이다. 이런 협상들에서 각국은 자국 국민에게 피해나 빈곤을 야기하지 않는 정책들을 자유롭게 채택할 수 있어야 할 것이다. 특히 개발도상국들은 다국적 기업의 활동들로부터 지역 환경을 보호할 수 있어야 한다. 보조금과 관세의 신중한 활용 또한 이용 가능한 무역 전략들 중 하나가 되어야 할 것이다.

세계 최대 규모를 자랑하는 경제국들의 독단적 그룹인 G20은 마치 세계를 대변하고 글로벌 경제를 형성해나갈 수 있다는 듯 행동한다. 하지만 그 단체는 부유한 소수를 제외한 세계 대부분의 사람들을 대변하지 않는다. 따라서 우리는 그들이 모일 때마다 그 사실을 분명히 상기시켜줄 필요가 있다. 세계 자유시장의 재난 사태를 수습해 원상 복구시키기로 단단히 결심한 G20은 세계 도처의 시민사회 및 글로벌 정의 운동이 창안하고 개발한 대안들에 대해 모르쇠로 일관하고 있다. 하지만 우리는 계속해서 대안을 개발하고 제시해야 한다. 소비자 차원에서 당신은 더 바람직하다고 생각하는 종류의 시장과 무역 형태를 지지하고 계속 지속시킬 수 있을 것이다.

돈은 무엇을 위한 것인가

　　　　　　　　　　거래나 교환을 위한 매개물이다. 사람들이 '돈'으로 합의한 것은 모두 그 대상이 될 수 있다. 예컨대 토끼 꼬리나 조개껍데기, 금속, 심지어 종이쪼가리도 돈이 될 수 있다. 하지만 오늘날 대부분의 돈은 정부가 아니라 은행에 의해 창출된다. 일례로 영국의 경우에는 상업은행들이 국가 자금의 95퍼센트를 창출한다. 그 수단은 대출활동이다. 한 사람이 1달러를 은행에 예금하면, 은행은 그 1달러를 담보로 10명에게 1달러씩을 빌려줄 수 있다. 돈을 벌기 위해 돈을 이용하는 또 다른 방법은 서로 다른 통화들 사이의 환율에 투기를 하는 것이다. 컴퓨터 기술 덕분에 이런 일은 정신없이 빠른 속도로 일어나고 있고, 국제 자금시장에 극도의 불안정성을 야기하고 있다. 어떤 통화, 예를 들어 타이의 바트화에 대한 공격은 몇 시간 이내에 해당 국가의 경제를 굴복시킬 수도 있다. 물론 일부 통화는 다른 것보다 더 안전하다. 1971년 금본위제를 탈퇴한 미국의 일방적인 결정은 달러를 '최후의' 글로벌 통화로 만들었고, 오늘날 주요 거래는 달러화로 이뤄진다. 또한 중국이나 인도 같은 국가들은 대부분의 국부를 달러로 보유한다. 다른 통화들의 가치는 폭락할 수도 있지만, 달러가 붕괴되는 상황은 아무도 감당할 수 없기에 전세계가 나서서 대비하는 형국이 되었다.

최근의 금융위기 사태는 은행들이 대부분의 자금을 창출하도록 허용하는 현행 체계가 지나치게 위험하다는 점을 입증해주었다. 은행의 자금 창출 기능이 중앙은행들에게 되돌아간다면, 민간은행들의 수익은 전보다 덜 하겠지만 나머지 우리들에게는 보다 안정적인 시스템이 될 것이다. 국제적 차원에서도 한 국가의 통화(미국 달러화)가 지배적 위상을 차지하는 일에 이의를 제기할 필요가 있으며, 기존의 금본위제와 유사한 어떤 체계로 되돌아갈 수 있을 것이다. 한편, 통화 투기에 제동을 걸 수 있는 손쉬운 방법으로는 국경을 넘나드는 금융거래에 세금을 부과하는 조치가 있을 것이다.

세계 곳곳에는 좀 더 안정적인 통화를 만들어내기 위해 캠페인을 벌이는 수많은 시민사회 단체가 있다. 자국 통화와 더불어 지역 통화를 사용하자고 주장하는 목소리들도 있다. 예를 들어 영국의 한 마을에서는 루이스 파운드(Lewes Pound)라는 지역 통화를 이용한다. 한편 지역 통화 체계(Local Exchange Trading System, 이하 LETS)를 활용해 통화를 아예 사용하지 않을 수도 있다. 이 방식은 미국과 영국, 오스트레일리아, 캐나다를 비롯한 여러 국가에서 공동체 단위로 운영되고 있다. LETS를 활용하면 직접 현금을 주고받지 않고도 제품과 서비스를 거래할 수 있다.

신용은 무엇을 위한 것인가

개인과 기업은 당장 필요한 것을 구매하고 나중에 그 대가를 지불하기 위해 신용을 필요로 한다. 신용(credit)이라는 단어는 라틴어 '믿는다'는 말에서 유래되었다. 한때 그리 달갑지 않은 일로 여겨졌던 할부 구매는 이제 하나의 생활방식이 되었다. 신용은 마치 마약처럼 대출자의 재정적 건강, 즉 신용도를 거의 고려하지 않은 채 마구 밀려들었다. 은행들과 신용카드업체들은 사람들을 빚더미에 몰아넣는 방식을 통해 돈을 벌고, 소매업체들은 소비자에게 재정적으로 감당 못할 물건들을 판매해 돈을 벌었다. 정부들은 지속불가능한 신용 붐과 고삐 풀린 소비에 힘입은 경제 성장을 바탕으로 재선에 성공했다.

1980년대에 한껏 확대된 국제 신용은 제3세계의 많은 국가에서 부채 위기라는 결과를 낳았다. 부국들은 국제통화기금과 세계은행을 '집행자'로 활용해 가난한 국가들에게 경제 자유화를 강요하면서 그 국가들을 빚더미로 몰아넣었다. 현재의 글로벌 경제시스템은 빚을 기반으로 하고 있으며, 끊임없이 신용을 이용할 수 있고 그 흐름이 지속될 경우에만 제대로 작동한다. 하지만 이는 시스템에 대한 신뢰가 있어야만 가능한 일이다. 신뢰가 고갈되면 시스템도 작동을 멈춘다. 쉽사리 제공된 신용은 악성 부채가 되었다. 최근 정부들은 그 문제에 '경기부양책'의 형태로 납세자들의 돈을 들이부음으로써 '믿음' 혹은 '신뢰'를 회복하려고 쓰고 있다.

사람들이 더 많이 저축하고 더 적게 대출하는 국가들은 신용경색에 그렇게 쉽사리 마비되지 않는다. 중국도 세계 경기침체에 말려들었고, 중국의 수출지향적 모델도 물론 맹공격을 받고 있다. 하지만 중국의 높은 저축률은 IMF에 머리를 조아리며 자금을 요청해야 했던 신용경색에 빠진 아이슬란드보다 더 큰 유동성을 제공한다. 마찬가지로 국제 금융기구들에게 채무를 변제한 정부들은 사회적으로 책임감 있는 경제정책들을 발전시킬 여력을 더 많이 지니고 있다.

유럽과 아메리카대륙, 인도와 오스트레일리아의 국민들은 경제에 활력을 불어넣기 위한 '경기부양책'으로 인해 막대한 비용을 치르고 있다. 때문에 국민들은 특정 조건들을 강력히 주장할 권리를 가지고 있다. 예컨대 경기부양책은 극빈자와 가장 취약한 계층의 니즈를 가장 먼저 충족시켜야 하고, 기후변화를 저지하기 위한 환경 규준을 맞춰야 한다는 것 등이다. 구제금융이 경영진과 주주의 주머니를 채우는 데 사용되어서는 안 된다. 정부들은 개인이 대출과 신용카드의 채무 상환기간을 연장하거나 재조정할 수 있는 방법을 제시할 수 있을 것이다. 국제적 차원에서는 가난한 국가들에게 제공된 무책임한 대출이 탕감되어야 할 것이다.

지금 당장 현금을 융통하기 곤란한 상황이라면, 제품이나 서비스를 무료로 교환하거나 얻는 방법을 생각해보는 것도 좋을 것이다. 인터넷을 찾아보면 이런 일이 가능한 사이트들이 많이 올라와 있다. 은행이나 모기지 대출업체 혹은 신용카드업체로부터 채무 상환 문제로 압박을 받고 있다면, 상업은행이나 고리대금업체 대신 신용협동조합을 이용하는 게 가능한 대안이다. 이런 비영리기관들은 세계 곳곳의 수백만 사람들이 이용하고 있는 검증된 방식으로 운용된다. 국제단체인 세계신용조합위원회(The World Council of Credit Unions)는 당신의 지역에 신용협동조합을 설립할 수 있는 방법을 알려줄 것이다.

다시 강조하지만 공공자금은 공익을 위해 사용되어야 한다. 정부가 이 원칙에 따라 신용이나 대출 보장을 확대하도록 국민의 한 사람으로서 압박을 가하자. 또한 빈곤퇴치와 '빚을 줄이자(Drop the Debt)' 캠페인은 그 어느 때보다 지금 당신의 지원을 가장 필요로 한다. 이들에게 힘을 보태는 것도 좋은 방법이다.

금융은 무엇을 위한 것인가

　　　　　　　　금융은 투자 업무를 처리하고 리스크를 측정하며 예측 불가능한 곤경을 피할 만한 공간을 제공하기 위한 것이다. 보험과 모기지, 연금 판매도 모두 금융서비스 업무의 일부에 속한다. 그런데 지금은 금융이 지나치게 비대하고 불안정해졌다. 영국이나 아이슬란드 같은 몇몇 국가의 경우, 금융서비스 부문은 제조업이나 소매업 혹은 여타 서비스 부문 등 이른바 '실물 경제'를 모조리 뒤덮을 정도로 너무 크고 빠르게 성장했다. 금융은 최근 미국에서 대폭락 사태를 촉발한 악명 높은 CDO(부채담보부증권)를 비롯해 극도로 복잡한 '상품들'을 낳았다. 금융부문에서 실행하는 대부분의 사업은 오류의 여지가 너무 큰 강력한 수학모델들을 활용해 도박에 뛰어드는 일과 관련되어 있다. 그 일에는 실존하지 않는 것들을 사고파는 일, 예컨대 구리의 선물가격이나 누군가의 신용부도 가능성에 거금을 거는 일 등이 빈번히 포함된다. 이런 활동들은 '실존하지 않으면서도' 그것만 아니었다면 견실했을 기업들의 주가에 극도의 변동성을 야기하고 있으며, 대단히 위험한 결과들을 낳고 있다. 그 결과, 좋든 싫든 연금을 주식과 연계해놓은 수백만 명의 사람들은 평생 모든 저축을 날리고 빈곤한 노년을 맞게 되었다.

　지금껏 금융서비스업계에 대한 규제를 전체적으로 완화하고 그들에게 아주 위험한 자유를 주었듯, 역으로 규제를 다시 도입할 수도 있다. 물론 시장의 큰 변동성을 통해 거액을 벌어들인 금융가들은 단지 '가벼운 조치'가 필요할 뿐이라고 말하며 규제를 반대한다. 그러나 그들의 동기에 의문을 제기할 필요가 있다. 〈월스트리트저널 *The Wall Street Journal*〉 웹사이트에서 큰 인기를 누린 코너 제목이 '신용경색을 이용해 돈을 벌 수 있는 방법은?'인 것은 많은 것을 시사해준다.

정부들은 국제적 차원에서 주식과 지분의 '공매도(shot selling)'에 대한 즉각적이고 영구적인 금지 조치를 취할 수 있을 것이다. 공매도는 특히 파생상품* 거래에서 치명적인 역할을 한다. 파생상품들의 사회적 유용성이 입증될 수 없는 한, 그 금지 조치는 모든 파생상품들로 확대될 수 있을 것이다. 인간의 기본 니즈와 연관된 식품 등의 핵심 부분들은 투기 영역에서 제외시켜야 한다.

비정상적으로 비대해진 금융서비스 부문은 속성 다이어트에 돌입해야 하고, 그 대신 '실물 경제'가 부양되어야 한다. 너무 많은 폐해를 낳은 인센티브 문화는 인센티브 자체를 금지하는 방법으로 꽤 쉽게 바꿀 수 있을 것이다. 공적 구제자금의 도움을 받은 기업의 경영진은 직접적으로든 간접적으로든 받은 것을 대중에게 되돌려줘야 한다. 경영진의 월급도 최대한도를 지정해야 할 것이다. 아울러 금융상품 판매에 붙는 커미션도 불법으로 규정해야 할 것이다. 금융기관의 중책에 더 많은 여성들을 고용한다면, 금융에 여성성을 부여하는 데 도움이 될 것이다. 그간 금융부문은 거래소 객장의 '통 큰 녀석'

---

*파생상품: 상품이나 모기지와 같은 다른 어떤 것에서 가치가 '파생되는' 계약이나 금융수단.

문화에 고무된 마초적인 리스크 감수 행태로 인해 고통을 겪어왔다. 반면 아이슬란드 금융 사태에서 살아남은 소수의 투자은행들 중 하나는 여성에 의해 운영되었다. 그 은행의 정책은 '이해하지 못하는 것에는 절대 투자하지 않는 것'이었다.

연금정책도 근본적으로 재고해볼 필요가 있다. 노후의 안정적인 생활 보장을 진심으로 고려한다면, 연금은 주식시장의 예측 불가능한 변화에 따라 결정될 수밖에 없는 것들 중 최후의 대상이 되어야 한다. 영국의 신경제재단은 전통적인 연금정책보다, 시장의 급격한 변동에 대해 보다 안전한 '국민연금(People Pension)'을 제안한다. 그것은 학교와 병원, 교통 및 공공주택과 같은 새로운 공공 인프라를 건설하는 프로젝트들에 투자하는 기부금을 운용하는 국민연금기금(People Pension Funds)의 후원을 받게 될 것이다.

이제 철저한 규제를 받으며 맡은 바 책임을 충실히 이행하는, 사람 중심의 금융을 강력히 요구하자. 하지만 아직도 몇몇 트레이더들은 금융이 '새로운 교통신호를 받아' '환경 친화적인' 활동 영역들로 이동 중이라고 주장하고 있으며, 따라서 굳이 규제할 필요까지는 없다고 말한다. 이 말에 속지 마라. 많은 금융인들이 탄소거래시장에 눈독을 들이고 있으니 말이다. 이 시장 자체도 파괴적인 금융시장들이 낳은 하나의 아류다. 이런 투기꾼들은 친환경적 사업에서도 또 다른 끔찍한 '버블'을 만들어낼 공산이 크다. 고객과 대중을 잘못된 길로 유인한 은행가와 투기꾼 그리고 신용평가기관 및 회계감사관에 대해 법적 조치를 요구하자.

경제는 무엇을 위한 것인가

경제는 살림살이를 위한 것이다. 경제라는 단어는 실제로 '가계'의 '절약(thrift)'과 '관리(administration)'에서 유래되었다. 하지만 현재는 십대들의 침실보다 더 지저분해졌다. 과잉 생산과 과잉 소비, 지속 불가능한 부채를 기반으로 조성된 엉망진창의 상태가 세계화를 타고 전세계로 번져나갔다. 오늘날의 금융위기는 엄청난 속도로 세계 경제 곳곳에 확산된다. 무역장벽의 제거로 인해 세계 경제시스템이 서로 긴밀히 연계되어 있기 때문이다. 1980년대 이래로 공공시설을 민간부문에 대거 팔아넘긴 정부들은, 시장이 치명적인 결점과 한계를 드러내고 있음에도 불구하고 여전히 시장에 개입하기를 주저하고 있다.

세계화에 대한 신념이 워낙 강력하고 팽배한 나머지, 지금 세계가 필요로 하는 것이 '탈세계화' 처방이라는 주장이 거의 이단처럼 간주되고 있는 게 현실이다. 하지만 지방이나 지역 차원의 생산과 소비를 지원하는 일은 환경 친화적일 뿐만 아니라, 경제적으로도 훨씬 더 타당한 일이다. 대형 사고를 친 은행들에게 수십억 달러를 들이붓고 있는 정부들이, 이 금액의 일부만이라도 지역 기업에 지원한다면 자국의 경제를 진작시키고 일자리를 창출하는 데 큰 도움이 될 것이다. 또한 현재의 위기는 주요 서비스 부문과 공공시설을 공공의 소유로 되돌려놓는 기회가 될 것이며, 이는 더 큰 책임감과 민주적 통제를 가능하게 해줄 것이다. 한편, 엄청나게 남아도는 제품 대신에 생산과 소비 사이의 건강한 균형을 유지하는 데 경제의 초점을 맞출 수도 있을 것이다.

국제무역은 당연히 지속되겠지만, 착취적인 방식으로 생산되었거나 꼭 필요하지 않은 방대한 물량의 제품보다는 환경 친화적으로 생산되고 공정하게 거래된 필수 품목들을 위주로 무역을 해나갈 수도 있을 것이다. 그리고 부유한 국가의 정부들이 민간은행을 구제하는 데 사용한 자금 중 일부만이라도 세계 발전을 돕는 일에 할애한다면, 대부분의 국가가 달성하지 못하는 0.7퍼센트라는 GDP 목표에 도달하게 될 것이다. 그렇게만 된다면 아마도 우리는 금융이 지배하는 경제가 아니라 인간 중심의 글로벌 경제를 구축할 수 있을 것이다.

경제 붕괴가 지니는 한 가지 위험은, 사람들이 허리띠를 더 세게 졸라맬수록 그만큼 이기적 성향이 강해지고, 결국 진정 필요한 가치적 전환을 이룰 기회를 날려버릴 수 있다는 점이다. 이런 때일수록 우리가 신념을 갖고, 가치 있는 일들을 계속 해나가는 꾸준함이 필요하다.

예를 들어 지역 상점들을 가치 있게 여긴다면, 그 상점들을 계속 이용해야 한다. 그러지 않는다면 지역 상점들은 자취를 감추게 될 것이다. 독립적인 미디어나 유기농 식품 혹은 공정하게 거래된 제품들을 원한다면 이런 것들에 대한 지지를 계속 유지하거나 높여갈 필요가 있다. 소비자 신뢰의 진실을 파헤치는 작업은, 가치관들을 검토하고 경제성장이 반드시 '좋은 것'이라는 등의 가정들에 이의를 제기할 기회가 된다.

의문을 제기해볼 만한 가치가 있는 질문 하나를 제시하자면, '어떤 식의 성장이 좋은 것인가?'이다. 일례로 글로벌 금융의 성장이 좋은 것인가에 대해 좀 더 진지하게 생각해보고 다른 이들의 생각을 알고 싶다면, 전세계에 회원을 두고 급속히 성장 중인 트랜지션 타운스(Transition Towns) 운동을 살펴보라.

조세는 무엇을 위한 것인가

국가가 의료, 교육, 교통 등에 지출할 공공자금을 마련하기 위해 만들어진 것이다. 누진세제도 하에서는 부유할수록 더 많은 세금을 납부하는 게 당연하다. 하지만 현재는 잘 지켜지지 않는 경우가 많다. 소득 수준이 낮거나 평균 정도에 해당하는 사람들은 세금을 납부해야 하고 일반적으로 그 세금은 원천적으로 공제된다.

반면 부유한 사람들은 세금을 완벽히 피해갈 수도 있다. 다국적 기업들은 조세피난처에 수익을 숨겨놓고 일련의 난해한 회계 관행을 이용하면, 세금을 회피하는 일이 그리 어렵지 않다는 점을 익히 알고 있다. 세계 무역량의 60퍼센트 정도는 자회사나 조세피난처를 거쳐 이루어진다. 개발도상국의 탈세 액수와 그 국가들로부터 유출된 자본도피 금액은 유입된 원조 자금의 7배에 이른다. 세계에서 가장 부유한 기업이나 개인들, 예컨대 루퍼트 머독(Rupert Murdoch)의 미디어 제국이나 '빈곤 퇴치(anti-poverty)' 캠페인을 벌이는 음악가 보노(Bono) 같은 사람들은 아주 적은 세금을 내거나 아예 한 푼도 내지 않는다.

따라서 부자들이 더 많은 세금을 내도록 만들어야 한다. 이를 위해 조세피난처들을 폐쇄할 수도 있을 것이다. 그중에서도 가장 악명 높은 곳은 저지 섬과 캐이먼 제도(Cayman Islands) 및 버진 제도와 같은 대영제국 시대의 식민지들이다. 또한 미국과 영국, 캐나다 및 오스트레일리아를 탈세하기에 가장 쉬운 국가들로 만드는 세금 구멍들도 폐쇄해야 마땅하다.

조세제도를 제대로 갖추려면 투명해질 필요가 있다. 스위스 은행의 비밀계좌들이 더 이상 운용되어서는 안 된다. 통화와 주식 및 채권과 같은 모든 금융거래에 세금을 부과할 수도 있을 것이다. 이 조치는 투기 활동을 저하시킬 뿐만 아니라 세수를 상당 부분 늘려줄 것이다. 그리고 이렇게 마련된 자금은 2015년까지 세계 빈곤을 절반으로 줄이겠다는 유엔의 새천년개발목표를 달성하기 위한 쪽으로 유용할 수 있을 것이다.

국제무역에도 역시 세금을 부과할 수 있을 것이다. 세계무역기구의 반대 목소리는 무시하자. 환경세가 제대로 작동하도록 하기 위해서는 강력한 규제력이 갖춰져야 하고 환경적으로 실효성이 있어야 하며 조작이 원천적으로 봉쇄되어야 한다. 화석연료를 사용하는 기업들에게 불로소득세를 부과하는 방법도 가능할 것이다. 예컨대 2009년 초 거액의 수익을 발표한 셸(Shell)과 BP(영국 석유회사)에게 우선적으로 이 조치를 적용할 수 있을 것이다.

그렇다면 개인이 할 수 있는 일은 무엇일까? 조세피난처에서 자회사를 운영하는 은행들을 상대로 보이콧 운동을 벌여보자. 예컨대 시티그룹과 바클레이스, 로이드, HSBC, RBS 같은 은행들에 말이다. 아울러 정부에 압박을 가해 조세피난처의 이용을 차단하도록 하는 것도 방법이다. 영국인들의 경우에는 가까운 저지 섬부터 조세피난처의 역할을 중단하도록 정부에 요구할 수 있을 것이다. 대부분의 대기업들이 수십억 달러의 세금을 포탈할 수 있도록 해주는 구멍들을 폐쇄도록 요구하라. 개발도상국의 지배층이 국부를 서구의 은행계좌로 빼돌리는 일을 막기 위해 애쓰고 있는 사람들을 응원해주자. 웹사이트 www.taxjustice.net에서 세금정의네트워크(Tax Justice Network)에 대해 살펴보는 것도 좋을 것이다.

환경은 무엇을 위한 것인가

환경은 무엇을 위한 것이라기보다는 그냥 그 자체라고 해두는 게 좋겠다. 그런데 자본주의와 인간중심적 세계관에 의하면, 환경은 최대한의 수익을 뽑아내기 위해 이용하는 대상이다. 어느덧 환경은 천연자원을 캐내기 위한 광산이자 쓰레기 하치장이 되었다. 하지만 지역 토착민들은 '주고받는(give and take)' 방식에 기초한 훨씬 더 건강한 환경 접근법을 사용하고 있다.

이런 관계에는 자연환경에 대한 존중과 자연보호를 중시 여기는 정신이 담겨 있다. 다행스럽게도 요즘에는 서구 세계의 많은 이들이 이런 세계관에 부합하는 쪽으로 이동해가기 위해 노력 중이다.

세계 경제가 재편될 조짐을 보이는 지금은 일이 돌아가는 방식을 바꾸기에 아주 좋은 기회다. 지속가능하고 환경 친화적인 생산 방식을 개발하고, 재생가능한 에너지를 활용하는 쪽으로 되돌아가기에 좋은 시점인 것이다. 아울러 경제를 새롭게 전환하고 수백만 개의 친환경 신규 일자리를 창출하도록 정부를 압박하기에도 좋은 기회다. 이 글을 집필하는 현재 환경이나 윤리적 부분에 속하는 투자는 총 투자 자금의 1퍼센트밖에 안 된다. 모든 개발과 투자는 특정한 기본적 생태 기준을 충족시키는 선에서 이루어져야 한다. 이를 위해 생명 유지에 필수적이며 절대 민영화되지 말아야 할 영역들을 분별하고 지정할 수 있을 것이다. 물과 주요 산림, 해양, 공기, 광물채굴과 화석연료도 여기에 추가될 수 있다.

또한 '공동의 이익'이 진정 무엇을 의미하는지 생각해볼 수도 있을 것이다. 이기적이고 근시안적으로 단기 이익만 따지는 사고방식은 우리를 생태적·환경적으로 위태로운 막다른 지경에까지 이끌고 왔다. 미래 세대를 생각하고 이에 따라 행동하기 위해서는 대대적인 의식 적환이 필요하다. 지금까지 우리는 '성장'과 '웰빙'이라는 개념이 마치 하나이고 동일한 것처럼 종종 한데 묶어 생각해왔다. 이 두 개념을 분리함으로써 의식의 대대적인 전환을 시작할 수 있을 것이다.

세계 경제의 혼란보다 훨씬 중대한 사안인 기후변화에 초점을 계속 맞춰야 한다. 재생가능한 에너지에 지지를 표명하는 한편, '저공해' 석탄이나 오일샌드(oil sand) 개발 같은 새로운 화석연료 개발 계획에 반대하는 항의에 동참하라. 개발도상국에서 자행되는 거대 다국적기업의 자원 강탈로부터 환경을 보호하기 위해 노력 중인 사람들에게 응원 메시지를 보내라. 기업들의 이런 활동은 기후변화를 심화시키기만 할 뿐이다. 이에 대한 명백한 사례는 아마존 밀림에서 자행되는 석유 탐사작업이다. 좀 더 가깝게는, 당신 국가의 정부로 하여금 이산화탄소의 대대적인 감축을 약속하고 그 약속을 충실히 이행하도록 요구할 수 있을 것이다.

이자에 관한 불편한 진실

금융의 기득권에 대항하라

'현재의 금융시스템에는 부자들만을 위하는 독소가 숨어 있다. 우리는 이것을 찾아내 없앨 치료책을 만들어야 한다.'

타렉 엘 디와니(Tarek El Diwany)
런던을 중심으로 활동하는 거주하는 금융자문가이며 제스트 자문회사(Zest Advisory LLP)의 설립자다.

　　　　　　　　　　　　　1980년대 말 처음으로 나는 파생상품 딜러로 런던 금융중심가에 입사 지원을 했다. 평소 동료들과의 대화를 통해 나는 런던 금융가가 지성과 유창한 화술, 영리함을 모두 갖춘 녹록지 않은 자격을 요구한다는 점을 잘 알고 있었다. 이런 능력을 두루 갖춘 인재들은 늘 후한 보상을 얻곤 했다. 또한 런던 금융가는 나이에 상관없이 능력을 인정받을 수 있는 곳이었다. 그런 말을 듣고 나니, 이 환경 속에서 성공한다면 내 능력을 의심하는 많은 이들에게 내 가치를 입증해 보일 수 있으리라는 생각이 들었다. 신형 포르셰 911 한 대가 몇 마디 말보다 훨씬 더 많은 것을 말해주니 말이다.

　그렇게 나는, 성공이 벌어들이는 돈의 액수에 의해 가늠된다는 생각을 순순히 받아들였다. 그리고 이 생각에 충실히 전념해 엄청나게 성공한 사람들을 많이 만났다. 그들에게 돈은 성공의 유일한 척도였다. 수익을 올리면 승진했고, 돈 버는 데 실패하면 자리에서 쫓겨나거나 인력개발부로 옮겨가곤 했다. 그곳에서 금융상품들이 개발되고 시판되는 이유는 고객의 니즈에 부합해서가 아니라 은행이나 금융회사에게 엄청난 수익을 안겨주기 때문이었다. 금융회사 내부자들은 거들떠보지도 않을 법한 금융증권들을 판매하기 위해 리서치가 이루어지고 조작되어 사람들의 입에 오르내렸다. 이런 식으로 고객이 맡긴 수십억 달러로 거액의 도박판이 벌어졌고, 그 사이 대중들에게는 '신중한 금융거래'라는 말이 대거 유포되었다. 충격적일 정도로 전문지식이 부족한 사람들이 빈번히 위험한 투자결정을 내렸고, 때로는 엉성하기 짝이 없는 이유로도 투자가 결정되었다. 내 상사들 중 한 명은 "점심을 든든히 먹고 나면 주가가 10포인트 올라 있을 거야."라며 농담을 던졌고, 이곳에서의 점심이란 바로 그런 것이었다!

대학에서 배운 금융이론이 업무에 거의 적용되지 않는다는 생각이 들었지만, 나는 내가 돈을 벌어들이는 일을 꽤 잘한다는 사실을 깨달았다. 예를 들어 수요와 공급이라는 가장 단순한 법칙이 런던 금융가의 월급에서는 작동하지 않았다. 런던 금융가의 일자리 한 개당 100명의 지원자가 있다면 월급이 그토록 완강히 높게 유지될 리 없었을 테니 말이다. 아프리카 국가들에게는 훌륭한 경제 운영이란 곧 예산의 균형을 맞추는 것이라고 이야기하면서, 왜 지구상 가장 번영을 누리는 미국과 영국은 예산의 균형을 맞춰본 적이 거의 없는 것일까? 금리 인상으로 인플레이션을 잡을 수 있을 거라는 통화주의학파의 기본 법칙조차 나에게는 말이 안 되는 소리로 들렸다. 실존하는 자료들을 살펴보면 금리 인상은 모기지 상환액을 높임으로써 사실상 정반대의 효과를 내고 있었다.

금융시스템에 관한 의심이 계속되긴 했지만, 런던 금융가에 대한 내 관점을 최종적으로 바꿔놓은 것은 일을 하면서 맞닥뜨린 그곳의 태도와 가치관이었다. 이것들은 분명 나에게 영향을 미치고 있었다. 살다 보면 두 가지 생활방식 사이에서 선택을 강요받는 시점이 도래한다. 나는 고객들을 인간으로 대하고 싶었지만, 금융가에서 고객은 먹잇감으로 간주되고 있었다. 돈은 일종의 신이 되어 있었지만, 나는 '신은 어떤 사람이며, 나에게 무엇을 기대하는가?'에 대한 답을 찾고 싶었다. 이런 말을 하는 것은 거래소에서의 죽음을 의미했다. 그것은 내 동료들을 침묵하게 만들었다. 설상가상으로 고객들로부터 걸려오는 전화도 중단되고 말았다.

업계의 정상에 서 있는 와중에 자리에서 물러나는 일은 런던 금융가에서 거의 들어본 적 없는 일이었다. 더군다나 이슬람 금융권의 일자리를 위해 그렇게 한다는 것은 내 동료들이 보기에 헛웃음밖에 안 나올 만큼 어리석은 짓이었다. 하지만 그 결단은 내가 갈망해온 윤리의식과 수익의 접합점을 찾아주었다. 다른 이들에게 그것은 금융학이라는 종교에 대한 침해이자 절대 용납할 수 없는 일이었다. 정통 경제학자들은 특히 이 점을 애써 강조하고자 했다. 종교는 가치판단의 여지가 많은 반면, 경제학자들은 현실 속의 현상을 편견 없이 다룬다는 것이었다.

하지만 그런 주장들은 현대금융 자체가 일종의 종교로 군림하고 있다는 가능성을 간과하고 있었다. 현대금융에서 영리활동의 목적은 주주들의 가치를 극대화하는 것이고, 그 측정단위는 거의 전적으로 화폐가치였다. 스트레스와 환경오염, 이혼, 범죄 같이 인간의 삶에 큰 영향을 미치는 것들은 GDP 계산에서 통상적으로 무시되었다. 이런 식의 계산에서는 금전적으로 부유하지만 불행한 사회가 금전적으로 빈곤하나 행복한 사회보다 더 나은 것으로 간주되었다. 이것이 오히려 현대금융이 저지르는 심각한 가치판단이 아닐까?

무슬림을 새로이 연구하는 동안 나는 인생의 목적이 창조주(Creator)를 숭배하는 것이며, 인생은 그저 우리가 그런 목적을 달성할 수 있는지의 여부를 판가름하는 시험에 불과하다는 점을 깨달았다. 부는 창조주를 숭배하기 위한 수단이지, 그 자체가 목적은 아니다. 부의 축적을 인생의 목표로 삼는 것은 창조주가 아니라 부를 숭배하는 것이며, 이는 인간이 저지를 수 있는 가장 근본적인 실수들 중 하나다. 하지만 모든 시험에서 그러하듯, 우리는 그런 실수를 저지를 자유가 있다. 우리는 창조주의 명을 따를 수도 있고, 그것을 무시하고 나름의 길을 갈 수도 있다.

창조주가 우리에게 요구하는 책임감들에는 종교적인 동시에 세속적인 사고방식으로 이해할 수 있는 많은 것들이 포함된다. 사람들이 제멋대로 살인을 저지르고 도둑질을 한다면, 많은 부를 소유한 사람이 부유세를 내지 않는다면 그리고 권력을 지닌 자가 정의롭게 권력을 행사하지 않는다면 사회 전체가 고통을 겪는다. 개인이 권리를 누리기 위해서는 그에 따른 책임을 져야 한다. 인간의 권리를 파괴하는 가장 확실한 방법은 개개인이 인간으로서의 책임을 회피하는 일이다.

　인간에게 요구되는 책임들 중 무엇보다 중요한 것 하나가 현대에 들어 격하되었다. 이것이 바로 대부업의 금지로, 이는 아브라함을 믿는 세 개의 종교인 유대교, 그리스도교, 이슬람교에도 공통적으로 등장하는 요소다. 그러나 살인과 도둑질과 달리 대부업의 해로운 영향이 항상 분명하지는 않으며, 이는 동서양에서 수세기에 걸쳐 논쟁이 끊이지 않는 주제다. 이슬람 법률체계에서 대부업은 대출업자가 부과하는 이자 이외에도 여러 다양한 상업활동을 포함한다. 구약성서 중 하나인 〈신명기〉는 유대인들 사이에 대부업을 금지하며, 〈누가복음〉은 기독교인들에게 아무런 대가를 바라지 말고 돈을 빌려주라고 말한다. 실제로 예수그리스도 성직자들의 유일하게 폭력적인 행위는 대부업자들을 성지에서 추방하는 것이었으며, 그리 오래지 않은 500년 전만 해도 영국의 법률 하에서는 돈을 빌려주고 이익을 취하는 행위는 불법이었다.

독을 지닌 금융

그러나 오늘날 모든 것이 바뀌었다. 과거 몇 세기 동안 경멸의 대상이었던 대부업을 행하는 사람들은 이제 도시의 최고급 중역실을 차지하는 금융의 지배자로 군림하고 있다. 이런 놀랄 만한 변화는 법적인 강력한 조치가 없었다면 불가능했을 것이다. 13세기 초 로마의 철학자 히스파누스(Hispanus)는 대부업이 당연히 금지되어야 함은 물론, 돈을 빌려간 사람이 제 날짜에 돈을 갚지 못할 경우 돈을 빌려준 사람이 벌금을 물어야 한다고 주장했다. 히스파누스는 돈을 빌려간 사람이 갚아야 할 날짜와 실제로 빚을 상환한 날짜 사이의 기간을 '이해관계가 얽힌 상황(inter esse)'이라고 칭했다. 그러나 16세기 중반에 이르러 헨리8세는 최대 10퍼센트까지 이자를 부과할 수 있도록 허용했다. 이로써 기독교의 대부업 금지조항이 무너져 내리기 시작했다. 그 이후로는 오로지 '과도한' 이자를 부과하는 행위만 금지의 대상이 되었다.

옛날에는 대부업의 운영 능력이 그 업체가 이용할 수 있는 금화나 은화의 양에 의해 제한되었다. 그러다 17세기에 영국이 크게 발전하면서 이런 제한적 요인들이 대체로 사라졌다. 초창기 은행가들은 금화로 예금을 받고 그 대가로 요구 즉시 예금을 내주겠다고 약속하는 종이영수증을 발행했다. 어느 정도 시간이 흐르자 상인들은 제품과 서비스 대금을 지불하는 데 은행가들의 영수증을 사용하기 시작했다. 제품을 사고자 먼저 금화를 인출하기 위해 은행에 들르는 것보다는 판매자에게 종이영수증을 건네는 편이 한결 수월한 방식이었기 때문이다.

이런 식의 대금 지불 행위는 은행가들로 하여금 대부사업을 크게 확대할 수 있도록 해주었다. 그런 관행 덕분에 대중이 돈을 빌리러 오면 은행가는 새로 찍어낸 종이영수증을 빌려줄 수 있게 되었기 때문이다. 이 사업 방식에는 큰 이점이 하나 있었다. 금화와 달리 종이

영수증은 비용을 거의 들이지 않고 만들어낼 수 있었다. 잉글랜드 은행의 초대 총재 윌리엄 패터슨(William Peterson)은 1694년 이에 대해 이렇게 표현했다. "은행들은 무에서 창출한 모든 돈에 이자를 붙여 이득을 챙기고 있다." 은행가들은 종이영수증을 더 많이 찍어낼수록 더 많은 대출을 내줄 수 있었고 그만큼 더 많은 이자를 챙기게 되었다. 따라서 가능한 한 많은 돈을 창출하는 것이 '그들의 이해관계'와 맞아 떨어지는 일이었다.

하지만 이 사업 방식은 사회의 다른 모든 이들에게 끔찍한 결과를 안기고 있었다. 은행이 찍어낸 돈이 더 많이 유통될수록, 물가가 더 크게 상승하기 시작했기 때문이다. 그리고 모든 종이 돈이 대출 계약 하에 발행되었기 때문에, 시간이 지날수록 사회의 부채가 심각할 정도로 증가하고 있었다. 한 은행가가 종이로 이루어진 대출을 회수할 경우 분명 극심한 경기침체가 발생할 터였다. 앤드류 잭슨 대통령(Andrew Jackson)도 이런 정황이 은행들에게 안겨준 정치적 힘을 모르지 않았다. 1837년 그는 퇴임사에서 미합중국은행(Bank of the United States)이 바로 이런 식으로 은행 개혁에 관한 자신의 정책을 무산시키려 했다고 비난했다.

> 미합중국은행이 자신의 요구에 굴복시키기 위해 국민을 상대로 전쟁을 벌이는 과정에서 국가 전체에 확산시킨 고통과 불안감은 결코 잊히지 않을 것이다. 모든 도시와 공동체들을 억눌렀던 무자비하고 가차 없는 횡포, 생활이 빈곤해지고 엉망이 되어버린 개인

들, 활기찬 번영의 기운이 느닷없이 침울한 분위기로 급변한 장면은 분명 미국인들의 뇌리에 지우기 힘든 인상을 남겨놓을 것이다. 평화로운 시기에도 그렇게 엄청난 힘을 발휘했을 정도인데, 문전에 적군이 와 있는 전시에는 그 힘이 얼마나 대단하겠는가? 미국의 '자유로운 남성(원문 그대로) 이외에는 누구도 그 전투에서 승리를 거둘 수 없을 것이다. 어쨌든 여러분이 승리를 쟁취하지 못한다면, 정부는 다수의 손에서 소수의 손으로 넘어갈 것이고, 이렇게 비밀회의를 통해 조직화된 돈의 권력은 최고위급 공무원들의 선택을 좌우하게 될 것이며, 그들만의 희망사항에 가장 잘 부합되는 평화 혹은 전쟁을 여러분에게 강요하게 될 것이다.

금융계 인사들이, 자신들이 내준 대출금의 성격과 유사한 성향을 가진 사람들에게 큰 호의를 베푼다면 어떻게 될까? 아마도 소수의 개인으로 구성된 집단이 그 국가의 상업 및 정치 활동에 대한 영향력을 급속도로 확대할 수 있을 것이다. 오늘날 이런 현상은 언론매체와 학계로까지 확대되어 정보 및 지식의 공유에 있어서도 파괴적 영향력을 미치고 있다.

금융계 소식을 전하는 전문매체들은 가장 큰 광고수입원에게 적대적인 기사들을 내보내기 주저하며, 금융부문의 연구원들이 마구 쏟아내는 대량의 리서치와 논평들도 마찬가지로 금융계의 압박에서 자유롭지 못하다. 그래서 돈의 창출과 대부업에 관한 사안들은 일반인들이 이해할 수 없는 전문용어에 가려져 처음부터 끝까지 배경으로만 머물러 있는 경향이 있다. 경제학자 존 케네스 갈브레이스(John Kenneth Galbraith)가 《돈, 그 역사와 전개 Money Whence it Came, Where it Went》에 적었듯이, "경제학의 다른 모든 분야보다 특히 돈에 관한 연구는 진실을 밝혀내기 위해서가 아니라 그것을 은폐하거나 회피하기 위해 복잡한 이론을 활용하는 분야"다.

그리하여 전세계 국가들은 빚에 이자가 붙는 상황을 경제활동의 당연한 현실로 받아들이게 되었다. 모순적인 명칭이라 할 수 있는 '부유한 국가들'의 대다수 국민들에게, 끊임없는 채무는 위험하거나 수치스러울 게 전혀 없는 일이 되었다. 원하는 인생을 살기 위해 저축하라는 부모세대의 조언은 이제 구시대적 발상으로 조롱당하고 있다. 소비 욕망이 지금 당장 충족될 수 있는데, 왜 저축을 한단 말인가? 물질주의 이데올로기들은 그런 태도들을 크게 강화시킨다. 사후세계가 없다면, 빚을 내서라도 이번 생에서 가능한 한 많은 것을 누려야 한다는 생각이 당연시되고 있는 것이다.

부채의 증가를 막아라

그러나 거침없이 계속되는 부채의 증가는 대부분의 인간에게 삶의 즐거움을 요원한 꿈으로 만들어버린다. 가난한 국가들의 경우 삶의 목표는 단지 생존이 되어버렸고, 필요할 경우 대외채무협약의 힘이라도 빌릴 수밖에 없게 되었다.

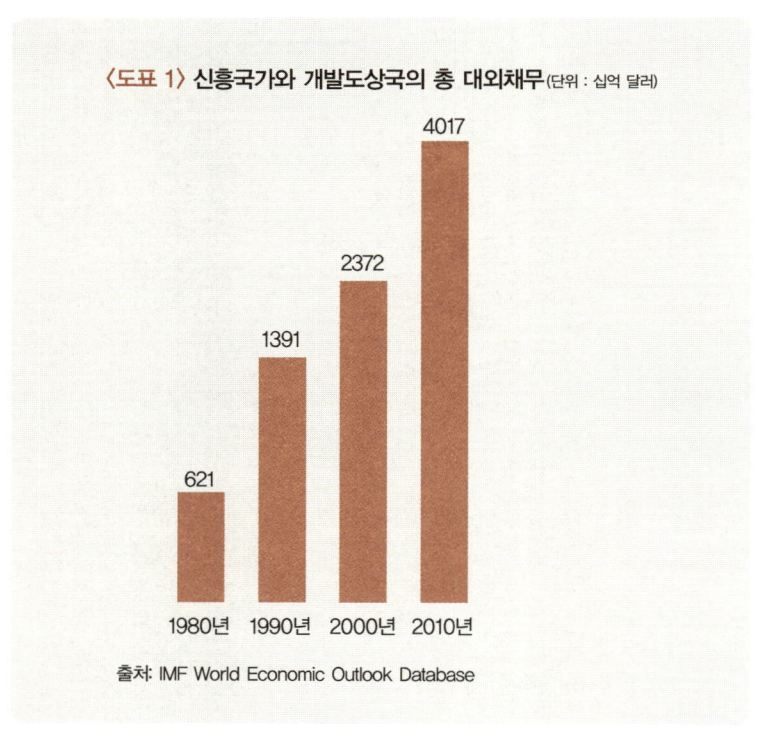

〈도표 1〉 신흥국가와 개발도상국의 총 대외채무 (단위: 십억 달러)

출처: IMF World Economic Outlook Database

1997년 유엔개발계획(United Nations Development Programme)이 추정한 바에 따르면, 아프리카에서는 채무원리금 상환이 국가 예산에 가하는 압박으로 인해 매년 500만 명에 이르는 어린이가 사망한다. 탄자니아와 우간다는 채무원리금 상환액이 의료보건을 위한 국가 총예산을 넘어서는 국가에 속해 있다.

개발도상국들의 대외채무가 낳는 결과들은 자연환경에도 역시 영향을 미친다. 예를 들어 세계에서 가장 빨리 삼림 황폐화가 진행되는 국가들은 대외부채도 가장 빨리 늘고 있는 나라들이다. 부유한 국가에 사는 채권자들에게 채무를 변제할 외환을 벌어들이기 위해, 열대 우림이 희생되고 있기 때문이다.

투자를 하고 수익을 올리기 위해 이자를 주고 자금을 빌리는 모델은 이런 문제를 다루는 데 있어 오랜 기간 실패해왔다. 개발도상국의 부채에 관한 IMF의 자료들을 잠깐 살펴보면, 지난 50년간 부채 수준이 꾸준히 증가하고 있음을 알 수 있다(〈도표 1〉 참고).

원조자금을 살펴보면, 선진국이 개발도상국에 제공한 전체 지원금은 개발도상국에서 선진국으로 유입된 채무원리금 상환액의 4분의 1에도 미치지 못한다. 1996년 IMF와 세계은행이 대대적으로 추진한 과대채무빈곤국(Heavily Indebt Poor Countries)의 외채경감 전략은, 서구 국가들에서는 거의 시행된 적 없는 정도의 전면적인 초긴축 재정정책을 조건으로 내걸었다. 하지만 그것을 10년 넘게 시행한 결과 그 대상이었던 42개 국가 중 오직 한 국가만이 과대채무빈곤국의 처지에서 벗어났다.

이 모든 문제의 기저에 놓여 있는 요인이 대부 관행이다. 이슬람에서는 금융가가 대출을 받아간 고객의 사업이 망해가는 와중에 그 고객에게서 수익을 취하는 행위는 근본적으로 잘못된 것으로 간주한다. 이슬람에서 금융가들은 대출된 자금의 수익과 손실을 함께 분담해야 한다. 현대의 주식투자자들이 그런 것처럼 말이다. 이런 단순한 요건은 이자에 기초한 대출활동이 절대 따라할 수 없는 방식으로, 금융가와 고객의 이해관계를 한데 묶어놓는다. 대출 고객이 수익을 올릴 경우에만 금융가도 수익을 챙길 수 있게 된다면 그 금융가는 자금을 대출해줄 대상 선정에 훨씬 더 신중해질 것이다. 이자를 기반으로 하는 금융의 경우, 대출자금을 확보할 가능성이 가장 높은 사람은 가장 훌륭한 사업계획을 지닌 사람이 아니라 제공할 담보물이 가장 많은 사람이 되곤 한다. 그래서 이자에 기반한 시스템 하에서는 좋은 사업계획을 갖고 있는 가난한 사람들이 단지 담보물이 부족하다는 이유로 사업자금을 끌어 모으지 못하는 경우가 많고, 그런 이유로 계속 가난을 면치 못하게 되는 경우가 발생한다.

이자에 기초한 금융이나 특권층에 의한 통화 창출 없이 살아가는 것이 가능한지에 관해서는 이슬람 제국의 역사를 통해 충분히 증명해보일 수 있다. 이곳에서는 수익의 공유와 무이자 신용거래, 자선 기부금과 자카트(zakat, 자선용 세금)가 협력해 사회가 필요로 하는 모든 것들을 충족시켰다. 오늘날의 화폐는 그 가치가 단 10년도 유지되지 못하는 반면, 이 모든 요소는 수세기에 걸쳐 구매력이 유지되는 실물화폐 시스템의 토대 위에 구축되었다. 이슬람 국가들의 여러 훌륭한 대학과 병원들은 기부금을 통해 재원을 마련했고, 교통 인프라의 대부분은 자카트 기금들로 충당했다. 현대의 민간 금융이 주도하는 방식은 이런 식의 자금 조달과 경쟁이 불가능하다. 이자 부과액이 일반적으로 프로젝트 사업비의 최소 3분의 1을 집어삼키고 있으며, 그 결과 오늘날의 인프라는 과거에 달성했던 것들에 한참 못 미치는 실정이다. 현대에 새롭게 확장된 런던의 세인트팽크라스(St. Pancras) 기차역과 존 베처먼(John Betjeman)이 남겨놓은 애초의 아름다운 역만 비교해보아도 그렇다.

무슬림 세계에서 한때 대안적 경제 패러다임이 확립되었다는 사실은 우리 시대에 중대한 교훈을 준다. 그런데 현대의 이슬람 금융가들이 그런 패러다임을 다시 구축하기는커녕 이자에 기초한 다양한 금융상품들과 제도적 구조를 마구 도입해왔다는 점이 많이 애석하다. 고객과 리스크를 공유하고 더불어 보상을 얻는 금융시스템을 주장했던 1960년대의 이슬람 경제학자들의 꿈은 이제 영원히 사라져버렸다. 그들이 있던 자리를 대신 차지한 것은, 이자에 기반을 둔 대출을 이슬람의 전문용어로 위장하고, 은행업과 금융이 대단히 중요해진 오늘날의 현실을 거론하면서 더 나은 미래를 제시하지 못하는 상황에 대해 변명만 해대는 산업이다.

이 애석한 이야기 속에서 이슬람 세계나 다른 지역의 은행 고객들은 일방적으로 당하기만 하는 수동적인 존재만은 아니다. 그들 대부분이 사업활동의 기초자금으로 이자에 기반한 레버리지를 활용해왔기 때문이다. 투자된 자금에 대해 20퍼센트의 수익을 내는 사업가가 5퍼센트의 이자가 붙는 대출을 활용해 스스로 자금을 조달할 수 있다면, 투자자들과 그 수익을 나누고 싶어할 리 있겠는가? 그리고 만일 어떤 기업이 5퍼센트 이자로 100달러를 빌려 20달러의 수익을 낼 수 있다면, 1억 달러를 빌려 2,000만 달러의 수익을 올리려 들지 않을 이유도 없을 것이다.

우리 세대가 감당해야 할 중대한 투쟁

이런 사고방식의 필연적인 결과는 기업들이 최대한 많은 자금을 빌리는 것이다. 그렇게 함으로써 기업들은 경쟁업체 대부분을 집어삼키고 해당 시장의 점유율을 장악할 수 있다. 이자에 기초한 레버리지는 오늘날 서구 세계의 대부분에서 나타나는 사업의 대규모화 경향을 대체적으로 설명해준다. 현재 영국 식료잡화업계의 75퍼센트 이상은 5개 대형 슈퍼마켓이 장악하고 있다. 50년 전만 해도 그 시장에서는 수천 개의 독립 소매업체들이 경쟁을 벌이고 있었다. 영국 의류부문의 경우, 많은 시내 중심가에서 도로시 퍼킨스(Dorothy Perkins), 버튼스(Burtons), BHS, 미스 셀프리지(Miss Selfridge), 탑 맨(Top Man), 탑 숍(Top Shop) 및 왈리스(Wallis)가 고객 경쟁을 벌이고 있긴 하지만, 이는 최우선 주자가 고객을 차지하는 자유시장 자본주의의 전원적인 풍경과는 꽤 거리가 멀다. 이 모든 상점을 전부 거느리는 인물은 소매업계의 한 거물인 필립 그린(Philip Green)으로, 그는 모나코에서 세금 한 푼 내지 않고 생활하고 있다. 건축부문의 경우 이자에 기초한 레버리지의 결과들이 훨씬 더 극명하게 드러난다. 지난날의 아름다운 도시와 마을들은 거대기업들과 은행의 모기지 담당부서들의 건축계획에서 양산된 특색 없는 주택개발단지로 변해가고 있다. 주택은 공동체를 형성하기 위한 것이 아니라 수익을 뽑아내기 위한 수단이 되었다. 그리하여 한때는 건물 미화 쪽으로 활용되던 금융자원이 지금은 소수 대기업들의 이자와 배당금 지불에 쓰이고 있다.

독립적인 개인사업체들의 중요성이 하락하는 반면, 최저임금 정도만 받고 일하는 수많은 근로자들은 급격히 증가하고 있다. 이런 특징만으로도 고객서비스와 일자리 만족도 측면에서 대단히 암울한 결과를 예측할 수 있다. 자기 사업체를 소유한 사람들은, 저임금을 받으며 일하고 성공의 열매를 공유하지 못하는 근로자들보다 고객서비스와 일자리 만족도에 대해 훨씬 더 많은 신경을 쓰는 경향이 있기 때문이다. 통상적으로 현대 금융자본주의의 승리를 선언하는 사람들 때문에, 영국의 수백만 노동자들 사이에서 나타난 도덕성의 하락은 경제성과를 나타내는 주요 통계수치 어디에도 드러나지 않는다.

위에서 거론한 일들은 이자에 기초한 금융시스템 하에서 나타나는 생활의 특징들 중 일부에 지나지 않는다. 우리는 굳이 이런 식으로 살아갈 필요가 없다. 하지만 내가 직장에서 경험한 사소한 사례 하나를 보면 우리가 왜 그렇게 살아가는지 어느 정도 이해할 수 있을 것이다. 몇 년 전 우리 회사는 영국에서 급진적이고 새로운 주택마련 계획을 구상해 출시하는 일을 도왔다. 그 계획은 주택마련 희망자와 금융회사가 파트너가 되어 부동산을 함께 구매하는 파트너십 방식에 기초한 것이다. 그렇게 하면 주택구매자는 임차인의 자격으로 직접 그곳에 들어가 살아도 되고, 아니면 제3자에게 부동산을 임대할 수도 있다. 양측 파트너들은 계약상의 비중에 맞게 임대수익과 자본이득(부동산 매각에 따른 수익) 혹은 부동산 가격 하락에 따른 손실을 나

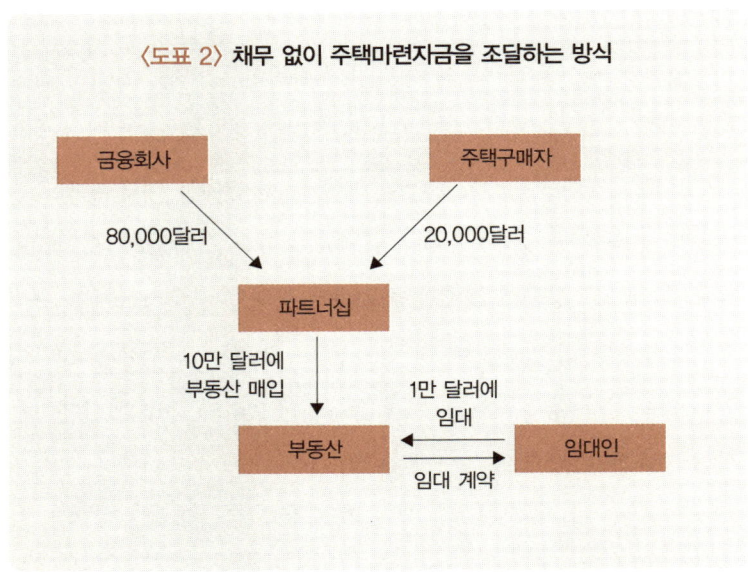

〈도표 2〉 채무 없이 주택마련자금을 조달하는 방식

뉘 갖고, 주택구매자는 파트너인 금융회사로부터 시장 가치에 맞춰 해당 부동산의 지분을 사들여도 된다. 이 방식대로라면, 주택구매자는 자금을 빌린 적이 없으므로 채무 상태에 놓일 일이 없으며, 금융회사의 부동산 지분을 굳이 매입할 필요도 없다. 이런 식의 주택자금 마련 방식 하에서는 '역자산'*과 압류, 잠 못 이루는 불안한 밤들은 그저 과거의 일에 지나지 않게 될 것이다.

2005년 한 해 동안 런던에서 이 상품을 출시하면서, 우리는 그것이 가계부채 축소를 위한 보다 광범위한 해결책의 일부가 될 수 있으

---

*역자산(Negative equity): 담보를 잡힌 주택의 가격이 갚아야 할 대출금 액수보다 낮은 상황.

리라는 희망을 품었다. 그런데 놀랍게도 영국 금융 관련 기관들의 침묵의 장벽에 맞닥뜨리고 말았다. 은행가, 법률가, 컨설턴트, 브로커, 부동산 중개인 모두 쉽게 확보할 수 있는 신용에만 관심을 보였고, 주택자금마련에 관한 대안적 모델을 도입하려는 낌새는 조금도 보이지 않았다. 부동산업계에서 수익은 부채 축소가 아니라 대출 확대에서 비롯되고 있었기 때문이다. 신용위기 발생에 가담한 사람들이 해결책을 모색하는 일을 맡아서는 안 되는 까닭이 바로 이것이다.

2009년 3월 말에 새롭게 창출된 수조 달러의 자금이 단 몇 개월 사이에 금융산업으로 쏟아져 들어갔다. 이렇게 확대된 유동성에서 자금을 회수하는 일은 결코 쉽지 않을 것이고, 결국 역사적인 초인플레이션이 뒤이어질 공산이 크다. 이 상황은 다시 서구 세계를 어딘가로 끌고갈 것이고, 그곳은 독재와 전쟁에서 그리 멀지 않은 지점일 것이다. 이자에 기초한 화폐시스템이 지속된다면 훨씬 더 심각한 위기가 초래되고, 다음 세대들이 엄청난 고통에 휩싸이는 결과를 낳게 될 것이다. 따라서 그 시스템을 새로운 것으로 대체하는 일은 우리 세대가 감당해야 할 중대한 투쟁이다. 현 시스템은 우리가 개혁할 수 있는 대상이 아니다. 그것은 타도해야 할 대상이다. 그러지 않으면 그것에게 우리가 타도 당하게 될 것이기 때문이다.

은행의 무능함

금융의 규제가 시급한 이유

'은행가들에게 맡겨두기에 돈은 너무나 중요하다. 그들의 탐욕과 무능은 스스로에게는 터무니없이 많은 소득을 안겨주고, 다른 모든 이들은 막대한 리스크에 노출시키는 금융시스템을 낳았다. 지금은 과거의 잘못을 깨닫고 다시 시작할 때이며, 다른 공공시설들처럼 금융도 철저히 규제받아야 한다.'

피터 스토커(Peter Stalker)

〈뉴 인터내셔널리스트〉의 전 공동 편집자였으며 프리랜서 작가이자 편집자이다. 국제 연합 자문위원으로 일한 바 있다. 1994년과 2000년에 국제노동기구에서 이주에 관한 두 권의 책 《이방인의 노동The work of strangers》과 《국경 없는 노동자Workers without frontiers》를 펴냈다.

은행의 존재 목적은 단순하다. 저축자와 대출자를 연결해주고 희소한 자원을 최적으로 이용하도록 해주는 것이다. 전통적 금융모델에도 내재적인 리스크가 있었다. 예금자들에게 언제든 원할 때 예금을 인출할 수 있다고 약속하는 동시에 대출자들에게 사업자금이나 주택마련자금으로 그 동일한 자금을 20년 이상 보유할 수 있다고 약속하는 데 따르는 리스크 말이다. 이 두 집단이 권리를 동시에 행사할 가능성이 항상 존재했고, 이 경우 투자자들을 불안하게 만들어 대량 예금인출 사태가 발생하게 될 터였다. 대체로 이 리스크는 관리가능한 것으로 입증되었다. 예금에 대한 충분한 보장과 최후의 대출기관으로 기능하는 중앙은행의 역량 덕택에 대량 예금인출 사태가 발생하는 일은 극히 드물었다. 영국의 노던록 위기는 90년 만에 처음 발생한 대규모 뱅크런(bank run)이었다.

그러나 지난 20년간 비교적 단순했던 금융모델이 대단히 복잡해졌다. 은행들과 여타 금융기관들이 훨씬 복잡하게 꼬인 형태의 투자와 대출 방식을 개발해냈기 때문이다. 그들은 시장 수요에 부응해 투자자들과 대출자들의 모든 요구를 충족시키기 위해 비용과 리스크의 서로 다른 조합을 제공하느라 그랬노라고 주장할 것이다. 그 결과 속에는 주식과 부동산 가격의 폭등도 포함된다. 이런 호황이 어쩌다 엄청난 붕괴로 이어졌는지 제대로 이해는 못하겠지만, 자산 가치의 폭등은 주식이나 주택을 소유한 사람들에게 아주 환영할 만한 일이었다.

일반인들보다 상황 파악을 더 잘 했어야 할 정부들은 대개 시장에서 물러나 있었고 금융부문에 대한 규제를 완화하는 정책을 택했으며, 이로써 은행가들에게 다양하고 새로운 술수들을 생각해낼 무제한의 자유가 주어졌다. 금융부문은 또한 정부 수입의 풍성한 원천이었다. 영국의 경우 정부는 조세를 통한 자금의 꾸준한 유입을 반기고 있었다. 일례로 2004년까지 국가 생산량(national output)의 고작 10분의 1을 차지했던 금융부문은 법인세 세수의 4분의 1 이상을 기여하고 있었다. 그리고 모든 고소득 트레이더들에게 징수한 소득세도 세수에 포함되었다. 1997년부터 2006년까지 소득 10만 달러 이상의, 대체로 런던 금융가에서 일하는 사람들의 수는 50만 명까지 증가했고, 동기간에 그들의 세금 기여도는 100억 달러에서 340억 달러로 높아졌다. 따라서 이들이 세금에서 차지하는 비율은 소득세 총세수 가운데 13퍼센트에서 25퍼센트로 증가했다.[1]

이는 금융가들이 새로운 부를 창출하고 있다는 그릇된 인식을 심어준다. 그러나 사실상 그들은 단지 타인의 돈을 가져가고 있을 뿐이다. 만일 당신이 금융주택조합이나 신용조합 혹은 다른 형태의 상호협력 금융기관을 통해 저축을 하거나 자금을 빌릴 경우, 당신은 대출자들에게 부과되는 이자보다 더 낮은 예금이자를 적용받게 될 것이다. 여기에는 항상 '스프레드(spread, 금리 차)'가 있게 마련이다. 이는 쉽게 납득할 수 있는 일이다. 저축자와 대출자를 한자리에 모으기 위해 금융업체도 운영비와 인건비를 지불해야 하기 때문이다. 금융서비스업은 전문적이고 복잡한 일로 여겨지지만, 중개업체와 직원 월급을 몇 배로 증가시킨 것을 제외하고는 궁극적으로 예나 다름없이 동일한 업무를 수행한다. 헤지펀드에서 투자은행에 이르는 모든 금융기관이 신용조합과 동일한 업무, 즉 자금을 빌리고 빌려주는 일을 하고 있지만, 그 기관들은 자금을 모으고 확산시키는 여러 새로운 방법들을 고안함으로써 스스로 더 많은 스프레드를 손에 쥘 수 있었다.

금융소득을 뒷받침하는 가치는 결국 제품과 서비스를 제공하는 사업을 운영하는 기업가들과 근로자들에 의해 좌우된다. 보다 장기에 걸쳐 이것은 주식시장에서 연간 약 5퍼센트의 '실질' 수익을 창출했다. 그러나 최근 몇 년 사이 금융서비스산업은 더 많은 몫을 가져가고 있었다. 이것은 '딜러의 몫(croupier's take)'이라고 불려왔다. 이는 투자은행들과 다양한 브로커, 트레이더, 뮤추얼펀드 매니저 및 금융자문가들이 차지하는 몫으로, 투자자들에게 돌아갔을 수익의 40에서 80퍼센트를 차지한다.[2]

이렇게 다수가 얽혀 있는 복잡한 매매가 정당화되는 주된 근거는, 이 방식이 대출자와 투자자들의 니즈를 아주 정교하게 정확히 충족시킨다는 데 있다. 마치 완벽한 금융시장이 수요와 공급상의 미묘한 변화에 적절히 반응하듯이 말이다. 하지만 금융시장은 결코 완벽하지 않다. 현재 시장에서 진행 중인 일들을 정확히 알고 있는 사람은 아무도 없다. 또한 대중적으로 거래되는 주식들에 관해서도 완벽히 알지는 못한다. 그러나 일부 시장참여자들은 금융시장의 내부자 정보를 확보한 후 이를 투자에 이용한다. 다시 말해 기업 경영자들과 내부 거래자들은 일반 투자자들보다 훨씬 더 많은 정보를 갖고 있고 자신의 이익을 위해 이 정보를 활용하는 것이다. 이것이 '정보의 비대칭'이라고 불리는 불균형이다.

이 모든 금융 혁신을 정당화시키는 또 다른 근거는, 충분히 감수할 수 있다고 여기는 리스크의 정도를 모든 사람이 자유롭게 추정할 수 있다는 것이다. 이 역시 사실 무근인 이야기다. 리스크를 정확히 평가할 수 있는 사람은 거의 없다. 심지어 투자자산운용사의 관리자들도 부하직원이 어떤 투자 결정을 내리는지 정확히 모르고 있으며, 한 달치 수익이 괜찮게 나오는 한 그들이 하는 일에 일일이 신경 쓰지 않는다. 정부들 역시 금융의 귀재들을 어느 정도는 경외의 대상으로 여겨왔고, 가장 위험한 투기 영역은 자신이 하는 일을 아주 잘 알고 있으며 보호가 거의 필요 없는 고도의 투자전문가들에게만 영향을 미친다고 주장했다. 따라서 가벼운 규제 조치만 취하는 것을 당당하게 여겼다. 하지만 적나라하게 드러났듯이, 거액을 운용하는 도박꾼들은 성공의 결실은 독점하려 드는 반면 실패의 결과에 대해서는 책임을 지지 않았다. 오히려 정부들이 총체적 붕괴를 모면하기 위해 구제 조치를 취하도록 압박을 가했다.

그 대부분이 현대 금융모델의 복잡성과 수법에서 나온 산물이다. 어쩌면 그들 나름의 기준으로 판단해보아도 그것들은 꽤나 복잡할 것이다. 하지만 사실 복잡성은 종종 무능의 표식이다. 컴퓨터 프로그래머들은 단 두세 개의 잘 알지 못하는 코드만으로도 예측 불가능한 결과물이 나오며 컴퓨터가 아예 작동을 멈출 수도 있다는 사실을 잘 안다. 마찬가지로 고양이에게 실뭉치를 주면 비교적 단순한 몸놀림만으로도 삽시간에 실타래가 완전히 꼬여버릴 것이다. 글로벌 금융시스템은 이에 못지않게 엉망진창인 상태이며, 은행가들의 손아귀에 있는 한 안전하지 못하다.

그렇다면 어떤 대안들이 있을까? 단 하나의 해답이 있을 수는 없으나 금융을 좀 더 생산적인 방향으로 이끌어갈 만한 최소 몇 가지 방책은 있다.

돈을 찍어내는 권한을 폐지하라

금융시스템의 놀라운 특징들 중 하나는 대부분의 돈이 은행에 의해 만들어진다는 점이다. 이는 단지 그 기관들이 막대한 수익을 올릴 수 있기 때문만이 아니라, 대부분의 돈을 정말로 새롭게 창출해내기 때문이다. 은행들이 예금액 중 10퍼센트만 보유하고 나머지를 빌려준다고 가정해보면, 예금된 각 100달러당 900달러의 추가 자금이 통화량에 추가된다. 글로벌 통화시스템의 근본적인 개조는 이 지점에서 시작해야 한다. 많은 이론가들은 은행들에게 통화를 창출하도록 허용하는 일이 근본적으로 옳지 않다고 지적해왔다. 그렇게 할 경우 공공부문에서 민간부문으로 엄청난 자원이 계속 이동되는 결과가 수반되기 때문이다.

본래 군주들과 통치자들은 주화 형태로 새로운 화폐를 발행하는 독점적 권한을 지녔었다. 이후 민간은행과 훗날 중앙은행들이 신규 동전과 지폐를 발생하면서 이 권한에 끼어들었다. 정부들은 군인들이나 공무원들에게 급료를 지불하는 방식으로 신규 자금을 시중에 유통시킬 수 있었다. 화폐를 주조해 지출할 수 있는 이 특혜는 '세뇨리지(seignorage, 화폐 발행에 따른 시세차익)'로 잘 알려져 있다.

오늘날에는 그러나 동전과 은행권은 발행된 신규 화폐의 고작 5퍼센트 정도밖에 차지하지 않는다. 그 나머지는 상업은행들이 고객에게 대출을 내줄 때 마치 마법처럼 갑자기 생겨난다. 금융기관들이 대출해줄 수 있는 금액을 제한하는 요소는 악성 부채를 충당하기 위해 보유해야 할 자기자본비율뿐이다. 과거에 금융기관들은 일반적으로 자기자본의 약 10배에 이르는 자금을 기꺼이 대출해주었지만, 요즘에는 이 비율이 7배에서 8배로 줄어들었다.[3]

통화를 창출하는 또 다른 주체는 중앙은행이다. 통화전문가 제임스 로버트슨(James Robertson)에 따르면, 영국의 경우 정부는 동전과 은행권으로 연간 약 60억 달러를 발행해 그 자금을 정부 재정지출로 사용한다. 하지만 은행에 의해 창출되고 사라지는 통화의 규모와 이 과정에서 그들이 벌어들이는 약 400억 달러의 연수익에 비하면 정부가 발행해 운용하는 화폐 규모는 오히려 빈약해보일 정도다. 그러나 만일 영국 금융시스템을 위한 신규 통화가 오직 잉글랜드 은행에 의해서만 창출되고 정부에 의해서만 시중에 유통될 수 있다면, 연간 900억 달러의 지출 자금이 추가로 정부에 제공될 것이다.4) 다른 국가들의 경우, 이와 유사한 시스템 하에서 미국은 1,140억 달러, 유로존은 1,600억 유로, 그리고 일본의 경우 17조 엔 이상의 자금을 더 얻을 수 있을 것이다. 이 금액은 각국 정부 세수의 5에서 15퍼센트에 해당하며, 이 정도 규모의 자금은 정부가 공공지출을 늘리거나, 세금을 낮추거나, 소득 지원의 형태로 모든 시민에게 자금을 배분하는 데 큰 도움이 될 것이다.

실현 가능성

이 시스템을 어떤 식으로 작동시킬 수 있을까? 우선적으로 일상적인 거래 용도의 당좌예금에 있는 돈과 저축계좌에 넣어두는 돈을 명확히 구분할 필요가 있을 것이다. 이 새로운 시스템에서 당좌예금(요구불예금)에 돈을 넣을 경우 이것은 일종의 금고 역할을 하게 될 테고 따라서 이자는 없을 것이다. 지금처럼 현금으로든 전자금융을 통해서든 각종 청구서나 대금을 지불하기 위해 그 돈을 사용할 수 있을 것이다. 그러나 이 돈은 은행들의 대차대조표상에는 나타나지 않을 것이다. 그 돈은 당장 지갑 안에 들어 있는 은행권들과 마찬가지로 당신이 소유한 자금일 테니 말이다.

    은행들은 계속 대출을 내줄 테지만, 그 방식은 훨씬 단순해질 것이다. 은행이 빌려주는 모든 자금은 저축자들이 그 은행에 예금한 돈이나 타 은행들, 은행 소유의 금고 혹은 중앙은행이 보유한 은행 명의의 계좌에서 빌려온 자금에서 비롯되어야 할 것이다. 전체적으로 이 시스템이 은행들의 기능을 크게 바꿔놓지는 않을 테지만, 이 방식은 은행들이 좀 더 투명한 방식으로 정부의 더 큰 통제 하에서 사업을 운영할 수밖에 없도록 만들 것이다. 또한 은행들은 적정한 수수료를 받고 기존 서비스를 계속 제공하고 대출을 내주겠지만, 통화를 창출함으로써 추가적인 수익을 발생시킬 수는 없을 것이다.

    이 개혁은 또한 경제의 안정성을 한층 더 높이는 결과를 낳을 것이다. 예를 들어 경기가 하강하는 동안 은행 고객들은 신규 대출을 자제하려는 경향을 보이거나, 기존 대출을 전액 상환하게 될 것이다. 현행 시스템에서는 신규 대출의 창출이 통화량을 증가시키는 원리와 마찬가지로, 기존 대출금의 전액 상환은 시중 통화량을 감소시킨다. 이렇게 유통되는 통화가 줄어드는 상황은 경기침체를 한층 더 악화시키는 경향이 있으며, 결국 경제를 급격한 디플레이션으로 몰고 갈 수도 있다.

    간단히 말해, 상업은행들은 자금을 빌려줌으로써 경기의 고점과 저점 모두를 증폭시키는 경향이 있다. 하지만 통화 공급이 중앙은행에 의해 사실상 고정되어 있는 경우, 사람들이 대출금을 모두 상환한다면 단순히 원래의 주인에게 돈을 되돌려주는 셈이므로 총 통화량에는 아무런 변화가 없게 될 것이다.

저축으로 돌아가라

은행의 사업 운영 방식에도 또 다른 변화가 있어야 할 것이다. 은행들은 끊임없이 수익을 추구하는 과정에서 단순히 저축자들에게서 자금을 모으는 모델로는 만족할 수 없게 되었고, 모기지와 다른 대출을 위한 자금을 빌리거나 모기지들을 증권화하기 위해 도매 금융시장 쪽으로 눈길을 돌렸다. 영국의 노던록 은행은 원할 때마다 금융시장에서 조달한 부채의 상환을 연장할 수 있으리라는 가정 하에, 무모할 정도로 가차 없이 이 전략을 구사했다. 그러다 금융시장의 대형 대출기관들이 대출 상환 연장을 거절하기 시작하자 모든 게 엉망이 되고 말았다.

은행들에게 예금을 통한 대출 비중을 훨씬 더 높이도록 할 필요가 있으며, 채권을 증권화하기보다 대차대조표에 그대로 기재하도록 함으로써 대출 고객과 예금자들 공히 그 은행의 자금상황을 충분히 알도록 해야 한다. 이는 발생시켜 배분하는(originate-to-distribute) 모델에서 발생시켜 보유하는(originate-to-hold) 모델로 되돌아가는 것을 의미할 것이다. 은행들은 또한 반드시 충분한 자금을 보유하도록 강제할 필요가 있다. 다시 말해, 호황기에 거액의 보너스나 배당금으로 자금을 모두 써버리기보다 불경기를 위한 보유금으로 자금을 축적해놓도록 할 필요가 있다.

2008년 금융붕괴는 은행 소유권에 대한 의문을 불러일으켰다. 유럽과 미국의 자유시장 경제체제에서 은행의 전면 국유화나 부분적 국유화는 충격적 사건으로 여겨졌을지도 모른다. 하지만 이 조치는 그저 암묵적이거나 노골적인 국가 보장을 받으며 사업을 운영함으로써, 은행들이 필연적으로 국가 재정의 보호막 아래 놓여 있을 수밖에 없다는 근본적인 진실을 드러냈을 뿐이다. 이에 대한 논리적 해결책은 은행들이 국유화 상태로 유지되거나 예금자들과 대출자들에게 서로 다른 선택권을 제공하기 위해 최소한 일부 은행만이라도 국가의 수중에 계속 보유되도록 하는 것이다. 국유화 이후 성공적으로 재기한 노던록 사례가 잘 보여주듯이, 이는 다른 은행들이 감히 경쟁에 뛰어드는 일을 좀 더 어렵게 만들 것이다. 이것이 한결 더 나은 상황이다.

규모가 문제다

또 다른 문제는 상업은행들의 규모다. 2008년 금융붕괴가 남긴 유산들 중 하나는 일단의 은행 인수합병이라는 결과였다. 어떻게든 살아남은 은행들이 망한 은행들의 문전에서 그 은행들을 집어삼킬 기회를 낚아챘기 때문이다. 영국 정부는 로이드TSB로 하여금 HBOS를 인수하도록 권고하면서 인수 경쟁에 대한 우려를 말끔히 씻어주었다. 은행 관련 문제들 중 일부는 은행의 규모가 망하도록 내버려두기에 너무 비대하게 성장했다는 점에서 기인했다. 그런 은행들은 분리시켜서 혹시 실수를 하더라도 경제 전반에 총체적인 리스크를 야기하지 않도록 규모를 줄여야 한다. 고객들의 예금은 필히 보장되어야 하지만 은행의 생존은 반드시 보장될 필요가 없다.

훨씬 더 위험한 조짐은 투자은행들이 소액거래은행과 차츰 더 많이 합병되면서 '국제 은행'이 되었다는 점이다. 미국의 경우, 일부 소액거래은행이 투자은행들을 인수하고 몇몇 투자은행들이 소액거래금융 사업허가를 신청한 경우도 있었다. 이는 그야말로 잘못된 방향이다. 이 두 가지 기능은 완벽히 분리된 상태로 유지되어야 한다. 투자부문이 곤란한 상황에 빠지거나 좀 더 그럴 법하게는 지친 납세자들에게 도움을 청해야 할 지경에 놓일 경우 소액 예금자들까지도 위험에 빠뜨리기 때문이다.

무엇보다도 은행 고객들은 안전이 가장 확실히 보장되는 국영은행이나 적당한 규모에 운영방식이 바람직한 상업은행, 또는 신용조합이나 혹은 하나나 그 이상의 방식이 혼합된 형태의 금융기관들 중에서 어떤 금융기관을 이용할지 선택할 권리를 확보해야 한다.

낯선 상품들을 정리하라

　　　　　　　　　　2008년의 금융붕괴와 거기에서 촉발된 경기침체는 복잡하게 얽히고 중복된 파생상품을 운용하는 그림자금융시스템(shadow financial system)을 만들어낸 은행과 헤지펀드 및 여타 금융기관들의 투기에도 커다란 영향을 미치게 될 것이다. 파생상품들을 이용하는 사람들조차 그것을 제대로 이해하지 못했을 뿐만 아니라, 그것들이 서로 작용하는 방식도 예측이 거의 불가능했다. 일부 파생상품들은 유용하지만 다른 것들은 대체로 투기를 위한 수단이다. 모든 파생상품은 금융당국의 점검을 받아야 하고, 괜찮다고 검증된 것들만 활용되어야 한다. 그리고 누가 무엇을 소유하고 있으며 어떤 기관이 무슨 리스크에 노출되어 있는지 모든 사람이 정확히 알 수 있도록 공개적으로 거래되어야 한다. 이런 사항들이 법적으로 강제될 수 없다면 검증되지 않은 파생상품들을 사고파는 행위를 억제시켜야 한다.

　신용부도스와프(credit default swaps)는 파생상품들 중 가장 위험한 것으로 현재 그 가치는 약 55조 달러에 이른다. 이것들은 여전히 더 많은 대출기관들을 망가뜨릴 수도 있는 간접적이며 이해하기 힘든 형태의 보험이다.5) 따라서 대출기관이 자사가 제공하는 신용에 대해 완벽히 책임지도록 강제하고, 투기꾼들이 특정 형태의 투자수법을 동원하지 못하도록 함으로써 신용부도스와프의 거래를 금지해야 한다.

또 다른 정리 대상은 헤지펀드들이다. 현재 이것들은 리스크의 적용범위가 스스로에게만 한정된다는 그릇된 가정 때문에 대체로 규제를 받지 않는다. 그 피해를 줄일 수 있는 한 가지 방법은 여타 금융기관들이 헤지펀드들에게 공매 용도의 주식을 빌려주지 못하도록 금지함으로써 공매를 막는 일일 것이다.

금융상품 매매에 세금을 부과하라

각종 왜곡과 버블을 더욱 부추기는 요인은 전자 거래다. 전자 거래를 통해 주식이나 통화, 채권이 빛의 속도로 끊임없이 매매되고 있다. 전자 거래는 자산의 내재 가치와 상관없이 다른 트레이더들이 다음 몇 초나 몇 분 사이에 어떤 투자결정을 내릴지와 관련된 '모멘텀(momentum)' 트레이딩을 부추긴다. 이것을 해결할 가장 유력한 한 가지 방안은 모든 금융 거래에 세금을 부과하는 조치일 것이나, 이 조치는 노벨경제학상 수상자 제임스 토빈(James Tobin)이 처음 제안한 이후 30년간 아직 한 번도 시도된 적이 없다. 현재 실제 무역과 연관된 외환 거래는 일간 약 3조 달러 정도인데, 이는 총 외환 거래액 중 고작 5퍼센트에 해당한다. 그 나머지는 특히 개발도상국의 국가 예산에 큰 피해를 입힐 수도 있는 투기자금이다.

각각의 금융 거래에 0.2퍼센트 정도의 판매세(sales tax)를 부과한다면 투기적 거품을 상당량 걷어내게 될 것이며, 더불어 꽤 많은 금액의 세수도 확보하게 될 것이다. 연간 금융 거래가 관리하기 적당한 수준인 100조 달러 정도로 줄어든다고 가정해보면, 정부는 이 조치를 통해 2,000억 달러의 세수를 마련하게 된다. 주식 거래에도 동일한 원리가 적용될 수 있을 것이다. 이 조치는 주식시장에서 트레이더들과 브로커들을 더 부유하게 해주는 역할 이외에 거의 무용지물이라 할 수 있는 헤지펀드들이, 끊임없이 주식시장을 휘젓는 행태를 어느 정도 억제시키는 효과를 보일 것이다.

리스크와 보상을 연계하라

2008년 금융위기의 가장 혐오스러운 측면은 심지어 망한 은행들의 불명예스러운 최고경영자들까지 실패에 대한 보상으로 거액의 보너스를 챙겨서 나갔다는 점이다. 일이 이렇게 된 원인은 금융업계의 무분별한 인센티브시스템이 직원들을 부추겨, 나중에 부실로 판명될 위험한 계약과 광적인 대출로 단기 수익을 내고자 시장에 도박을 걸도록 만들었기 때문이다. 이런 식의 행위는 트레이더들과 최고경영자가 수백만 달러를 끌어모을 때까지 계속되었다. 이는 룰렛게임에서 승리의 반대쪽에 베팅을 거는 행위와 흡사하다. 다시 말해 당신은 거덜날 때까지 꽤 많은 게임을 할 수 있지만, 자금이 바닥나는 순간 다른 게임으로 쫓겨갈 수밖에 없는 상황과 같다. 메릴린치의 최고경영자 스탠 오닐(Stan O'Neal)은 2007년 10월 회사에서 쫓겨날 때 1억 6,000만 달러의 퇴직금을 챙겨 편안한 마음으로 나갔는데, 이 액수는 부분적으로 그의 위험한 전략들이 아직 반영되지 않은 주가 상승을 근거로 책정된 것이었다. 따라서 은행가들과 금융업계에 종사하는 이들의 보수는 그들의 성과에 대한 지속적인 평가에 기초해야 하며, 가능하다면 그들의 활동이 갖는 함의를 최대한 반영해야 한다. 비록 그 의미가 몇 년이 지나도 확실히 드러나지 않을 수 있겠지만 말이다. 이는 곧 고용계약서를 새롭게 만들어내는 일을 의미할 것이며, 따라서 많은 금융가들이 일자리를 찾고 있으며 월급 이외의 특전에 그리 까다롭게 굴지 않는 지금이 그 일을 하기에 적기라 할 수 있다.

조세피난처를 폐쇄하라

전세계 조세피난처들은 평범한 납세자들을 희생시켜, 부유한 기업과 개인을 더 부유하게 해주는 역할 외에는 별다른 용도가 없다. 영국 정부는 이에 대해 상당한 책임감을 느껴야 한다. 영국은 자국 영토의 일부에 해당하는 조세피난처들에 대한 직접적인 통치 권한을 지니고 있다.[6] 그러니 마음만 먹었다면 조세피난처를 폐쇄할 수도 있었을 것이다. 하지만 그렇게 하지 않았다.

여러 기업과 개인이 미심쩍은 조세관할권 사이에서 자금을 이리

저리 옮기기 위해 이용하는 비밀의 베일을 벗길 수 있을 만한 다른 조치들도 있다. 예를 들어 전세계에 지사를 두고 있는 기업들에게, 수익과 손실 및 사업을 운영하는 모든 국가에서 납부한 세금 내역을 신고하도록 요구하는 것도 하나의 방법일 것이다. 이에 못지않게 중요한 조치는 비밀 계좌를 폐쇄하고 각국 세금당국들이 서로 필요한 정보를 주고받을 수 있도록 하는 일일 것이다.

새로운 금융시스템의 시작

2008년의 금융붕괴는 부유한 국가들의 납세자들은 물론, 글로벌 경제위기로 고통을 겪고 있는 개발도상국의 수백만 인구에게 막대한 대가를 치르게 했다. 하지만 그 사태는 완전히 새로운 출발, 즉 금융시스템의 작동 방식 저변에 깔려 있는 가장 기본적인 가정들을 다시 살펴보는 일을 시도할 기회도 제공해주었다.

물론 기업 로비스트들은 금융시장의 창의력을 억누르는 식으로, 예컨대 규제를 강화하는 식으로 최근의 사태에 대응하려는 조치가 위험한 발상이 될 수밖에 없는 이유 등을 준비하느라 분주하다.

그들은 최근의 위기가 다윈이론의 한 과정인 창조적 파괴의 일환에 지나지 않으므로, 이 사건을 계기로 가장 튼실한 금융 모델이 생존하고 쓸모없거나 위험하다고 입증된 모델들은 일거에 소탕될 것이라고 주장한다.

하지만 우리는 이제 이런 무한경쟁의 진짜 대가를 잘 안다. 금융시장은 믿을 만한 곳이 못된다. 금융시장은 태양이 환하게 비추는 동안에는 막대한 수익을 올릴 무제한의 자유가 주어지길 기대하고, 하늘이 어두워지면 국가의 피신처로 황급히 달아난다. 다시는 이런 금융 위기가 재현되어서는 안 된다. 우리는 이제 좀 더 많은 것을 알게 되었다. 새로운 금융 구조를 궁리해야 할 시점이다.

세금을
회피하는
부자괴물들

조세피난처에 메스를 대라

'현재 전세계 부의 대부분은 조세피난처에 대거 안착해 있다. 그 결과는 끔찍했고 곳곳에서 변화의 요구가 빗발치고 있다. 이번 금융위기의 폭풍이 결국 조세피난처들을 싹 쓸어버릴 날이 멀지 않은 듯하다.'

존 크리스텐슨(John Christensen)

조세피난처가 어떻게 운영되는지 밝혀내기 위해 저지 섬의 금융회사에 위장 잠입했던 경제학자로, 주된 연구 분야는 경제발전론이다. 1987년부터 1998년까지 그는 대표적 조세피난처인 저지 섬에서 금융자문가로 일했다. 1998년에 저지 섬을 떠나 조세정의네트워크의 설립을 도왔고, 현재 런던에서 그 단체의 국제사무국(International Secretariat)을 이끌고 있다.

　　　　　　1995년 8월, 바람 한 점 없이 무더운 오후였다. 저지 섬 세인트 헬리어(Saint Helier)에 있는 내 사무실은 숨이 턱턱 막힐 정도로 열기가 가득했다. 나는 런던 금융중심지의 채널 제도(Channel Islands) 조세피난처에서 경제 자문을 해주는 일을 하고 있었다. 그날 오후 한 갑부와 그의 아내 그리고 그들이 고용한 여섯 명의 재무 및 법률 상담가가 내 사무실에 앉아 있었다. 나는 갑부에게 5년간 세금을 한 푼도 내지 않은 이유를 물었다. 그의 답변은 이러했다. "내 부자 친구들도 세금을 일절 내지 않습니다. 그리고 내 재무상담가들도 세금을 낼 필요가 없다고 말했고요. 그런데 왜 내가 세금을 내야 합니까?" 그의 답변은 마치 전세계 갑부들을 위한 일종의 성명서로 삼아도 될 법했다. "우리는 부자고 일반인들과는 다르다. 세금은 힘없는 소시민에게나 해당되는 얘기다. 이런 뜻인가요?"

　갑부 측 사람들은 내 공격적인 태도에 어리둥절해했다. 내 태도는 저지 섬의 금융전문가들이 늘 보이던 모습이 아니었기 때문이다. 나는 다시 그에게 질문을 던졌다. "상담가들 중에서 어떤 사람이 세금을 낼 필요가 없다고 말하던가요?" 그 순간 한 은행가가 움찔하더니 손으로 얼굴을 만졌다. 바로 그 사람이었다.

얼마 뒤에 나는 그냥 호기심으로 저지 섬의 갑부들에 관해 그 은행가가 주장한 바를 확인해보았다. 그가 한 말은 대체로 사실이었다. 자료를 찾아보니 많은 이들이 충격적일 정도로 적은 세금을 내고 있었고, 내가 조사해본 사람들 중 절반 이상이 세금을 아예 납부하지 않고 있었다.

세계의 초갑부들은 사회의 나머지 구성원들과 일부러 멀찍이 떨어져서는 규제와 세금의 굴레에서 벗어날 수 있는 방대한 역외 경제를 만들어냈고, 우리는 그대로 남아 모든 세금고지서를 받아들고 있다. 이것이 내가 1980년대에 연구에 착수한 주제로, 우주의 신비에 '버금가는' 세상의 비밀이었다. 내가 저지 섬에 거주한다는 사실은 내 정체를 완벽히 숨길 수 있는 가면이 되어주었다.

몇 가지 수치들만 보아도 그 썩어빠진 실상을 제대로 파악하는 데 도움이 된다. 1980년대의 금융시장 규제완화 조치 이래로 조세피난처의 수는 3배 이상 증가했다. 오늘날 대외채무액의 거의 3배에 이르는 금액인 6,000억 달러 이상의 자금이 1975년 이래로 아프리카 대륙 사하라 이남 지역에서 자금도피 형태로 흘러나왔고, 거의 전액이 저지 섬과 룩셈부르크, 스위스, 런던 등에 위치한 해외 기업들과 부자들의 비밀계좌로 사라져버렸다.

세금 속에 숨은 오랜 유착의 악취

　　　　　　　　　세금 탈루 규모는 믿기 어려울 정도로 어머어마하다. 세계에서 가장 부유한 개인들이 해외에 유치해놓은 자금은 적게 잡아도 11조 5,000억 달러에 육박하고, 이 수법으로 그들은 매년 2,500억 달러가 넘는 세금을 포탈할 수 있다고 한다. 이 수치 하나만 해도 UN이 빈곤 퇴치 계획을 추진하기 위한 밀레니엄 프로젝트 시행 비용으로 요청한 액수를 한참 초과한다.

　그러나 이것은 빙산의 일각일 뿐이다. 기업들의 탈세 규모는 훨씬 더 대단하다. 세계은행이 발표한 자료에 의하면 범죄행위와 부정부패, 탈세에서 비롯되어 국경을 넘나드는 자금 규모가 연간 1조에서 1조 6,000억 달러에 이르며, 이 중 절반에 해당하는 5,000억에서 8,000억 달러가 제3세계 국가들에서 흘러나온다. 반면 부유한 국가들이 현재 빈국에 대한 원조 자금으로 지출하는 돈은 약 1,000억 달러 정도밖에 되지 않는다. 따라서 원조 자금으로 유입된 1달러당 5달러에서 8달러가 협상 테이블 아래에서 새나가고 있는 셈이다. 7,000억 달러에서 1조 달러에 이르는 영리 목적의 탈세를 포함해 전 세계적으로 자행되는 탈세 총액은 단연 역대 최고 수준이다. 역사상 부자와 빈자 사이에 이렇게 큰 격차가 벌어진 적은 지금껏 한 번도 없었다.

　제3세계 국가들에서 일해본 적이 있다면, 대중 사이에 팽배한 지배층에 대한 불신을 느꼈을 것이다. 그곳 국민들은 부패한 정치권과 사업가들이, 특히 광물과 목재 같은 천연자원에서 나온 국부와 개발 지원 자금 및 대외채무에서 비롯된 자금을 스위스와 모나코, 캐이먼 제도와 저지 섬 등 조세피난처의 역외 은행계좌와 금고로 빼돌렸다는 믿음을 갖고 있다. 때문에 이 국가들에서는 사회를 좀먹는 거대한 불평등과 사회적 배제 현상이 맞물려, 심각한 긴장감이 계속 고조되고 있다. 그중에서도 가장 악명 높은 석유수출국들의 경우 소수의 지배층이 어마어마한 부를 축적해온 반면, 국민의 절대다수는 실업과 참담한 빈곤에 허덕이고 있다. 이런 빈곤은 폭력을 부추기고 테러리즘의 유혹을 증가시켜 범죄행위를 조장한다. 이 관점에서 생각해보면, 해외 비밀계좌들로 유입되는 부정한 돈과 여러 빈곤국들에 팽배한 서구에 대한 분노의 상관관계가 더 쉽게 납득이 간다.

나이지리아에서 끊임없이 자산 약탈이 자행되는 현상과 그 정부가 점점 폭력적이고 악마적인 수법으로 국민들을 길들이려고 하는 현상은 문제의 심각성을 생생하게 드러내 보여준다. 〈이코노미스트〉에 따르면, 1990년대 말 사니 아바차(Sani Abacha)가 나이지리아의 독재자로 군림하고 있을 때, 나이지리아의 중앙은행은 스위스 은행계좌로 매일 1,500만 달러 정도의 자금을 자동 이체하고 있었다. 범죄행위와 주류 금융시스템 사이의 가교 역할을 통해 수익을 얻는 금융전문가들과 역외 정부 관료들의 방대한 인프라 없이는 이 정도 규모의 자금 횡령이 불가능하다. 시티그룹과 HSBC, BNP 파리바스(BNP Paribas), 크레딧 스위스(Credit Suisse), 스탠다드 차타드(Standard Chartered), 도이체 모건 그렌펠(Deutsche Morgan Grenfell),

코메르츠은행(Commerzbank), 인도 은행(Bank of India)과 같은 주요 은행들을 비롯해 세계 각지의 은행 100여 개가 아바차의 횡령에 연루되어 있었다. 워싱턴 소재 국제정책센터(Center for International Policy)에서 돈세탁 문제를 전문적으로 연구하는 레이몬드 베이커 (Raymond Baker)에 따르면 30억에서 50억 달러로 추정되는 거금을 두고, 은행들이 서로 아바차의 재산을 숨겨주고 관리해주겠다며 미친 듯이 우르르 몰려들었다.1)

아바차가 부정하게 횡령한 자금 중 약 3억 달러는 저지 섬에 본사를 둔 은행들에서 은신처를 찾았다. 그 은행들은 이 자금의 출처를 틀림없이 알고 있었을 테고, '정치적 주요 인물(politically exposed person)'의 자금을 관리해주는 대가로 거액의 수수료를 청구했을 것이다. 아바차 정권의 몰락 이후 국제사회의 압박으로 결국 이 횡령자금을 본국인 나이지리아로 송환할 수밖에 없게 되었을 때, 말할 필요도 없이 은행들은 그간 확보한 수수료 수입을 한 푼도 내놓지 않았다. 게다가 많은 이들이 역사상 가장 명백한 범죄를 돕고 사주했음에도, 화이트칼라 범죄로 죗값을 치르거나 기소된 사람은 단 한 명도 없었다. 오히려 저지 당국은 그 자금을 나아지리아 본국에 송금하면서 자국의 도덕성을 대대적으로 떠벌렸다.

저지 섬을 비롯한 여타 조세피난처들은 규제지역과 비규제 지역 그리고 합법과 불법을 연결해주는 역외 접점을 제공한다. 외관상 역외 금융계는 역내의 것과 유사해 보이지만, 전자가 투명성과 책임의식이 결여되어 있다는 점은 역외에서 운영되는 기업들이 회계감사의 대상이 아니며, 기업의 실소유주와 이익을 얻는 주체 및 사업의 목적을 정확히 알 수 있는 방법이 없음을 의미한다. 이는 범죄행위와 부정부패를 주류 경제와 구분할 수 없도록 만드는 이상적인 무대를 제공해준다. 기업들은 사업 활동에 경제적 가치를 추가하기 위해서가 아니라 경제적 '무임승차(free riding)'나 금융사기를 수행할 수단으로 조세피난처를 이용한다. 조세피난처에서의 기업 운영은 사기행각과 부정부패, 돈세탁, 탈세, 무기 매매, 마피아 활동, 내부 거래 및 각종 형태의 시장 왜곡이 보편화된 경제에 참여하도록 하는 것이며, 이런 시장 왜곡은 그 경쟁의 장을 성실하고 공정한 기업육성과 부의 창출에서 먼 쪽으로 기울어지도록 만든다.

간단히 말해, 남반구 후진국의 연간 수천억 달러에 이르는 부정부패는 부유한 국가들의 금융기관이 공모하지 않는다면 있을 수 없는 일이다. 나이지리아는 국제투명성기구(Transparency International)가 발표하는 국가별 부패지수에서 계속 최상위를 차지해왔다. 그러나 2005년 나이지리아의 전 교육부장관 알리야 파푼와(Aliya Fafunwa)는 스위스야말로 부패 국가 명단의 최상위에 올라야 한다고 주장했는데, 이 말에 감히 이의를 제기하기란 쉽지 않다. 그는 그 이유로, "스위스는 그 더러운 계좌에 횡령 자금을 안전하게 보관할 수 있도록 해줌으로써, 세계 곳곳에서 공적자금을 훔친 자들을 숨겨주고 부추기고 유인하기 때문이다."라고 말했다.[2]

각국 지배층의 세금 포탈과 부정부패 및 자금횡령 못지않게 국제무역과 투자 자금 흐름도 탈세 목적으로 조세피난처를 활용하는 현상을 확대시키는 데 한몫했다는 점은 명백한 사실이다. 예를 들어 저지 섬은 유럽으로 들어오는 바나나와 커피 같은 1차상품 수입에 수년간 활용되었다. 물론 서늘하고 바람이 많이 부는 영국 해협에서 실제로 이런 열대작물은 자랄 수 없지만, 이 무역거래가 서류상 저지 섬을 통해 이뤄지는 부분적인 목적은 따로 있다. 무역으로 벌어들인 수익을 역외로 이전하기 위한 목적은 물론, 이 거래에 개입된 기업들의 실소유주를 숨기고 소수 독점기업들이 어느 정도까지 이 시장을 장악하고 있는지 드러나지 않도록 하기 위한 목적도 있다. 영국 정부는 서류상 세계 총 무역량의 최소 절반 정도가 조세피난처를 통해 이뤄지고 있다고 추정한 바 있으며, 따라서 무역 수익의 세탁 규모는 어마어마할 것이다.

합법적인 세금 탈루, 그 아이러니

세금 탈루 행위가 이렇게 오랫동안 난무할 수 있었던 이유는 무엇일까? 조세피난처들은 글로벌 금융시장의 중심부에 놓여 있다. 매일 2조 달러가 넘는 자금이 그곳을 경유해 흘러간다. 하지만 조세피난처들이 규제 기반을 약화시키고 국가의 조세체계를 망가뜨리는 역할은 거의 알려져 있지 않다. 2009년 4월 런던에서 개최된 G20 정상회담을 지켜본 사람들은 분명히 깨달을 수 있었듯이, 조세피난처 문제를 타개하려는 노력들은 부실했고, 바로 그런 이유로 격렬한 반대에 부딪혔다.

갑부들을 위해 일하는 법률가와 회계사, 은행가들은 새로운 법적·금융적 구조를 발전시키는 일을 도왔고 힘 있는 정부들로 하여금 해이한 규제와 세금 프레임워크를 구축하게끔 해왔다. 한편 오스트리아와 룩셈부르크, 스위스, 영국 및 미국을 비롯한 OECD 주요 국가들은 개혁을 적극 방해해왔고 시민사회는 조세피난처의 복잡성 때문에 대체로 그 사안을 회피해왔다.

런던은 역외의 최대 금융센터가 되었다. 1950년대 탈식민지화 시절에 영국의 경쟁력과 투자 역량은 차츰 위축되었고 런던 금융가도 침체되었다. 탈식민자화의 시대상황에 부응해 영국은 자본 흐름을 런던으로 향하게 할 목적으로 자치국가에 준하는 영국령 영토 네트워크를 구축했다. 영국령 캐이먼 제도와 채널 제도, 버진 제도 및 버뮤다를 비롯해 전세계 조세피난처들 중 거의 절반이 영국과 정치적으로 긴밀히 연관되어 있으며, 그곳들은 대체로 런던 금융가 출신의 전문가들을 직원으로 둔 최대 규모의 역외 금융센터 일부를 유치하고 있다. 하지만 영국은 이 금융센터가 조세피난처라는 점을 부인한다.

영국 정부는 해외 영토와 영국령 자치국가로 하여금 조세피난처가 되도록 부추기는 방식을 통해, 문어 형태의 글로벌 금융을 작동시킨다. 이 문어의 머리와 심장, 입의 역할은 런던 금융가가 맡고 있으며, 촉수 역할을 하는 위성 조세피난처들은 세계 도처에서 막대한 자금을 빨아들여 런던을 살찌운다.

가장 최근 여기에 합류한 구성원은 한때 영국의 식민지였던 가나(Ghana)다. 가나는 영국의 거대 은행 바클레이스의 설득으로 2007년 수도인 아크라(Accra)를 조세피난처로 변모시킬 계획을 발표했다. 아프리카 서부 지역의 엉성한 국경들과 석유, 다이아몬드 및 그 지역의 여타 광물에서 발생하는 막대한 불법 자금을 감안해볼 때, 이 조세피난처가 지역 발전에 얼마나 해로운 역할을 할지는 깊게 생각해볼 필요도 없이 자명하다.

물론 영국과 그 은행들이 유일한 범인은 아니다. 2008년 초 이후 리히텐슈타인을 발칵 뒤집어놓았던 막대한 탈세 스캔들*은 익히 알려진 사건이다. 스위스의 거대 민영은행 UBS를 둘러싸고도 이와 유사한 스캔들이 발생했다. 당시 미국 법정은 탈세 목적으로 UBS를 이용한 혐의가 있는 5만 2,000명의 계좌 관련 정보를 제공해달라고 해당 은행에 요청했다.

싱가포르도 아시아와 유럽으로부터 부정한 돈을 적극 끌어들이고 있다. 델라웨어와 마이애미 같은 미국의 일부 주들도 조세피난처의 특징을 보이는데, 이 주들은 특히 라틴아메리카의 부자들을 비롯한 부유한 사람들이 신원을 숨기고 미국 국채에 투자할 수 있도록 도와준다. 이후 더 많은 국가들이 그 일에 가담하고 각국이 자유분방한 자본에 대한 인센티브 경쟁을 벌이게 되면서, 조세관할권들 사이에

---

*유럽 중부에 위치한 조세피난처인 리히텐슈타인 은행의 비밀계좌를 이용한 탈세 행위가 드러나면서 독일을 중심으로 전세계를 떠들썩하게 만든 사건.

'국제조세경쟁'* 현상이 나타났다. 주된 유인책으로 활용되는 것은 비밀 보장과 느슨한 규제 조치다. 예를 들어 2008년 4월 저지 섬은 제1호 비규제 헤지펀드를 출범시켰다. 다른 국가들도 그 뒤를 따를 것이다. 1990년대에 경제협력개발기구는 '불공정한 조세경쟁' 관련 스캔들을 파헤치고자 노력했으나, 금융계의 로비와 조지 W. 부시 대통령이 새롭게 구성한 행정부에 의해 무산되었다.

금융기관들의 기반을 활용하는 힘 있는 기업들과 갑부들은 세계 각국의 이와 같은 경쟁 상황을 철저히 이용해왔다. 가장 강력한 국가들조차 그들의 압박을 이겨낼 수 없었다. 기업 총수들은 세금을 삭감하지 않는다면 아일랜드나 스위스로 회사를 이전하겠다고 으름장을 놓고, 사모펀드의 큰손들은 자본 이득에 관한 특권을 주지 않는다면 우리 재산을 다른 국가에 투자하겠다며 경고를 해댄다. 국가 정부들은 이런 협박에 굴복해 그들의 요구를 들어준다. 그리고 그 경쟁은 계속된다.

그 결과는 끔찍했다. 조세피난처들은 2008년 금융위기 발생에 주요한 역할을 했다. 조세피난처는 아래와 같은 용도를 포함해 다양한 목적으로 활용되었다.

- 세계 곳곳에 무차별적으로 팔려나간 리스크들을 마구잡이로 뒤

---

*국제조세경쟁(tax competition): 해외 생산요소를 자국으로 유입하기 위한 수단으로 각종 세제 혜택을 경쟁적으로 도입하는 상황.

섞기 위한 복잡한 증권화 수단의 구축.
- 투자자와 규제자, 신용평가기관, 언론 및 다른 이들에게 민감하고 구체적인 정보를 숨기기 위해 활용된 '대차대조표에 드러나지 않는' 사업체 설립.
- 다른 국가들의 규제 체제 교란.
- 탈세를 적발하려는 규제당국의 노력을 무산시키고 세무조사에 혼란을 야기하기 위해 여러 조세 관할권들을 넘나드는 복잡하고 불투명한 구조의 구축.

다시 말해 조세피난처는 금융가들이 '세금 부과 대상에서 제외되고' '규제 대상에서 벗어나도록' 돕는 이중 목적을 제공해줌으로써 금융시장을 교란시키는 엔진이 되었다.

국제적인 은행들과 24시간 가동되는 금융시장의 세계에서, 규제는 그 사슬의 가장 약한 고리가 갖는 강도만큼의 효력밖에 발휘하지 못하며, 조세피난처가 바로 가장 약한 고리에 해당한다. 이는 지난 20년간 이뤄진 수많은 '금융 혁신'을 조세피난처들에서 추적해낼 수 있는 이유를 설명해준다. 대다수 헤지펀드들은 런던과 캐이먼 제도 및 채널 제도에 근거지를 두고 있다. 사모펀드 산업과 증권화된 부채의 발행, 재보험 산업과 그림자금융시스템의 핵심을 차지하는 구조화투자회사(structured investment vehicles)들도 마찬가지다.

2008년 금융위기의 근원은 미국 서브프라임 모기지 시장의 붕괴에만 있었던 게 아니다. 금융가들이 일종의 그림자경제를 만들어냈기 때문에 그런 사태가 발생했던 것이다. 그림자경제는 작동 원리를 이해하기가 너무 어렵고 구조가 무척 복잡하며 민주주의와 규제 및 조세에 지나치게 적대적이어서, 그 활동을 신뢰할 수 없거나 신뢰해서는 안 되는 대상이다.

1980년대 금융시장의 탈규제 조치는 세금 감면과 규제 완화 경쟁을 위한 문을 활짝 열어놓았다. 국제조세경쟁은 자본 수익을 높이는 데 이용되었고, 정부의 세수를 하락시킴으로써 국가의 전략 자산*을 민영화하도록 압박하는 용도로 활용되기도 했다. 탈규제 조치는 기업의 수익성을 크게 높여주었지만, 노동자와 소비자 그리고 환경에 막대한 비용을 치르게 했다. 조세피난처들은 이 두 가지 과정 모두를 촉진시키는 메커니즘으로 이용되었다. 그것들은 약탈적 관행들로부터 사회를 보호하기 위해 장착해놓은 구조물에 구멍을 내는 흰개미들과 같은 존재였다.

모든 의도와 목적을 감안해볼 때 조세피난처는 법규의 제재가 없어 범죄가 난무하는 금융 세계의 전형이라 할 수 있다. 저지 섬에서 일하며 내가 직접 경험한 일들에 비추어보면, 조세피난처가 제공하는 비밀 보장은 탈세를 용이하게 할 뿐만 아니라, 부당 내부 거래와 시장 조작, 불법 정치후원금 제공, 이익충돌**의 은폐, 뇌물 수수 및 각종 부패 행위를 쉽게 저지를 수 있도록 해준다. 그리고 이런 일은

---

*전략 자산: 시장에서 지속적인 경쟁 우위의 원천으로 활용되는 자산.
**이익충돌: 공직자의 사적 이익과 공익을 수호해야 할 공직자의 책무가 서로 부딪치는 상황.

하나의 산업 규모에 이를 정도로 빈번하게 발생한다.

　세계 곳곳에서 세금은 힘 있는 기업들과 부유한 사람들처럼 세금을 거뜬히 감당할 수 있는 대상들로부터 떨어져나와 노동자와 소비자들에게 전가되었다. 이에 따른 불가피한 결과는 더 적은 일자리 창출과 더 큰 불평등 그리고 증가하는 빈곤율이었다. 이는 가난한 국가들에게 특히 골칫거리인 게 사실이지만, 그들만 그런 것도 아니다. 미국의 전 재무장관 로렌스 서머스가 최근 발표한 자료에 따르면, 오늘날 미국의 소득 분배가 1979년 수준과 동일했다면 미국인 중 가장 빈곤한 80퍼센트는 약 6,700억 달러 정도 혹은 가구당 약 8,000달러 더 많은 소득을 확보했을 것이다. 반면 소득 최상위 1퍼센트에 해당하는 사람들은 약 6,700억 달러 더 적은 소득, 즉 가구당 약 50만 달러 적은 소득을 얻었을 것이다.

　경제전문가들과 해외원조 사업의 추진을 담당하는 사람들은 이런 방대한 역외 경제를 대체로 무시해왔다. 대부분의 정통 경제학자들은 세계 무역의 절반 이상이 서류상 조세피난처들을 경유하는 이유에 대해 의문을 제기하는 일은 고사하고, 역외 경제를 정치적 혹은 경제적 현상으로 인정조차 하지 않는다. 세계은행과 IMF는 조세피난처들이 복잡한 역외 구조물에 리스크를 숨길 수 있도록 함으로써, 금융시장을 불안정하게 만드는 경위를 분석해내지 못했다. 또한 조세피난처들이 불평등과 빈곤을 조장하는 역할을 총체적으로 파악해내는 데 실패했다. 이 기구들은 조세피난처가 사기범과 탈세자, 횡령자들에게 비밀 보장 수단을 제공함으로써, 수많은 국가들에 심각한 타격을 가한 대형 부정부패 사건의 공범이자 범죄를 부추기는 기능을 한다는 사실을 무시하고 넘어갔다.

　세계화된 금융시스템의 이런 중대한 결함들을 직시하고 타개하지 못한 그들의 처사는, 법을 무시하는 태도와 비도덕적 행위를 양산했다. 결국 이런 태도는 온전한 시장체제와 민주주의의 이상을 공격하는 암세포 역할을 한다. 올바른 경영철학과 윤리적 운영정책에 전념해온 기업 총수들은, 최대한도까지 탈세를 저지를 준비가 되어 있는 부도덕한 기업들을 상대로 불공정한 무대에서 경쟁을 벌이고 있음을 깨닫고 있다. 세계 곳곳에서 조세 부담은 차츰 더 부자들에게서 중간 소득층과 그 이하 계층에게로 전가되고 있다.

　아무도 모르는 사이에 세계 경제는 갑부들의 이해관계를 최우선적으로 충족시켜주는 쪽으로 변모해왔다. 그들은 특히 세금 문제에 있어 아주 특별한 종족이 되었다. 그들의 절대다수는 저지 섬이나 스위스, 캐이먼 제도 같은 역외 조세피난처에 재산을 보유한다. 그들은 대개 자신이 택한 곳에서 생활하고, 주로 몰두하는 일은 계속 부유하게 살아가는 것이다. 그들의 자산은 이동이 자유로우며, 대체로 세금을 납부할 곳과 세금 납부 여부를 마음대로 결정할 수 있다. 부동산 갑부 레오나 헬름스레이(Leona Helmsley)가 말했듯이, 세금은 '힘없는 소시민들'에게나 해당되는 얘기다. 1980년대에 그녀가 이렇게 말했을 때 많은 이들이 큰 충격을 받았다. 하지만 지금은 대부분의 사람들이 부자들의 탈세 행위를 쉽게 예상할 정도로 상황이 더 악화되었다.

조세피난처를 없애라

반세기 동안 조세피난처라는 암적인 존재는 세계 경제 전체에 전이되어 혼란을 야기하고 불평등과 불안을 증가시키며 민주주의와 국가의 통치권을 약화시켰다. 이런 종양을 제거하는 일은 국제사회가 지금 당장 시급히 처리해야 할 우선사항이 되어야 한다.

다행히도 세계 분위기가 변하고 있는 조짐이 보인다. 오바마 대통령이 제안한 '조세피난처 이용 금지법(Stop Tax Haven Abuse Act)'이 2009년 상원에 다시 제출되었고, 많은 미국인들이 이에 큰 공감을 표하고 있다. 리히텐슈타인과 같은 곳에서 발생한 스캔들은 조세피난처에 대한 태도를 더욱 확고히 다지는 계기가 되어주었고, 2008년 금융위기는 역외 경제에 너무 많은 바람을 불어넣었던 금융 탈규제화 현상에 돌연 제동을 걸었다. 2009년 4월 런던에서 만난 G20 정상들은 글로벌 위기와 빈곤을 야기하는 데 일조하는 조세피난처의 해악을 확실히 인식했다. 이를 계기로 저지 섬과 오스트리아, 스위스 같은 곳들은 조세피난처로서 블랙리스트에 이름이 오르는 불명예를 피하기로 결단하고, 국제적 제재에 동참하려는 발 빠른 움직임을 보이고 있다.

조세정의네트워크(Tax Justice Network)도 경고의 목소리를 내고 있으며, 비정부 단체들도 각성하고 그 시위에 합류하고 있다. 2009년 3월 G20 정상회담 준비기간 중에, 저지 섬에는 시위대가 몰려와

북새통을 이뤘다. 제3세계 국가에서 흘러나와 유럽의 주요 자본시장들로 유입된 도피 자본의 도관 역할을 한 저지 섬을 규탄하기 위해, 유럽 전역에서 사람들이 모여든 것이다. 이처럼 역외 기지를 이용하는 갑부들과 평범한 나머지 사람들 사이에 대대적인 전투가 이제 막 시작되고 있는 참이다.

저지 섬으로 다시 돌아와 생각해보면, 그곳에 먹구름이 몰려들고 있음을 알 수 있다. 섬의 젊은이들은 높은 생활비를 감당하지 못해 일자리를 찾아 다른 곳으로 떠나고 있다. 세계 최고의 1인당 GDP에 육박하는 경제 치고는 빈곤율이 믿기 힘들 정도로 높다. 현재 저지 섬의 경제는 조세피난처로서의 역할에 거의 전적으로 의존하고 있으며, 조세피난처와 한바탕 전쟁을 치르기 위한 조치들은 저지 섬의 대규모 경제 붕괴를 야기할 것이다. 세계를 빈곤으로 몰아넣는 데 일조한 저지 섬의 역할에 관해 더 많이 알게 된 거주자들은 갈수록 더 큰 수치심을 느끼고 있다.

일자리가 최우선이다

노동을 통한 발전의 재분배

'일자리와 무역 그리고 금융의 적절한 위치를 지정하기 위해 우리는 무엇을 생각해야 하는가?'

야시 탄돈(Yash Tandon)

우간다 출신으로 사우스센터(South Centre)의 전 상임이사다. 현재는 남동부 아프리카 무역 정보 및 협상 기관(Southern and Eastern African Trade Information and Negotiations Institute, SEATINI)의 의장을 맡고 있다.

260여 년 전 애덤 스미스가 자본주의를 합리화하는 유명 이론서를 집필한 이래 자본주의는 여러 차례 위기를 맞았다. 그때마다 자본주의는 간혹 심각한 상처를 입기는 했지만 항상 어떻게든 다시 부상했다. 글로벌 시스템답게 그것은 스스로 회복하고 쇄신하는 일에 능숙한 면모를 보인다. 우세한 경제 계층들은 그들의 목적에 부합하는 국가 권력을 지닌 사람이라면 누구든 항상 성공적으로 영입해왔다. 그 정치 리더들의 배경이 보수주의든 민주주의든 사민주의(social democracy)든 상관없이 항상 그래왔다. 그들이 귀족 계층인지 노동 계층인지도 상관없었다.

반면 세계 노동자들의 여건은 아주 조금밖에 향상되지 않았다. 물론 그들도 전반적인 발전에 따른 혜택의 일부를 얻긴 했지만, 과학과 기술 및 생산과 분배 구조의 엄청난 발전을 감안해볼 때 생활 여건은 납득할 수 있을 정도의 향상을 이루지는 못했다. 거주지와 소비하는 식료품의 질 그리고 의료와 교육, 에너지 및 여타 기본적인 생활편의시설의 이용 측면에서, 특히 남반구에 있는 수많은 사람들의 처지는 사실상 더 악화되었다고 볼 수 있을 것이다.

2008년의 경제위기는 몇 가지 새로운 의문을 제기한다. 예를 들어 이번 위기는 과거의 모든 위기들과 본질적으로 다른가? 실질 가치가 아니라 허상적인 버블에 기초해 증권화된 투기 자본이 이제 회복할 기력이 거의 없을 정도로 자본주의의 본질을 크게 변화시켰나?

이번 사태는 또한 G20과 그 리더들에 관한 의문도 불러일으킨다. G20의 몇몇 리더들은 특권층 출신이 아니다. 그들이 이 시대 자본주의의 발전에 어떤 중대한 변화를 일으킬 수 있을까? 브라질의 노동자 집안에서 태어난 룰라 대통령은 공장에서 선반공으로 일했다. 오바마 대통령은 아프리카와 미국이 혼합된 별 볼일 없는 환경에서 태어났고, 미국 정치 및 금융시스템의 주변부에서 성장해 세계에서 가장 자본주의적인 국가의 대통령이 되었다. G20을 구성하는 이 두 명의 핵심 리더들이 금융자본의 중심부 출신이 아니라는 사실이, 글로벌 시스템을 노동자들에게 더욱 유리한 쪽으로 변모시키는 데 있어 좀 더 열린 자세를 갖도록 해줄까?

노동자들을 위한 시스템의 확립

이것은 중대한 문제다. 전세계적으로 금융부문뿐만 아니라 실물경제까지도 2008년 금융위기가 촉발시킨 대규모 실업 사태에 직면해 있기 때문이다. 증가하는 실업 관련

수치들은 제각각 다른 숫자를 하고 있지만, 중국만 살펴보아도 2009년에 2,500만 개의 일자리가 감소되었다. 국제노동기구(International Labour Organization)에 따르면, 전세계적으로 감소된 일자리 수는 5,000만 내지 1억 개에 육박할 것이다. 과거에 세계는 '고용 없는 성장(jobless growth)'을 경험한 적이 있었다. 그러나 오늘날 우리가 목격하고 있는 것은 세계적 규모로 발생 중인 유례없는 일자리 축소 현상이다.

이 위기의 근원은 세계화가 안고 있는 가장 큰 논리적 결함에 있다. 즉 산업보다 무역에 더 큰 특권을 부여하고, 생산보다 금융에 더 큰 혜택을 부여한 데 그 원인이 있다. 그 대표적 징후는 유엔공업개발기구(United Nations Industrial and Development Organization)에 비해 제네바의 세계무역기구가 세계와 미디어의 주목을 훨씬 더 많이 받아왔다는 점을 들 수 있다. 오히려 반대였어야 했다. 산업이 무역보다 앞이다. 생산이 없으면 무역도 없다. 최근 결렬된 도하라운드 무역협상이 낳을 좀 더 희망적인 부산물은 정부들과 그 자문관들이 무역보다 생산과 공업화를 우선순위에 둘 수도 있다는 점이다.

분명 도하라운드의 결과물인 '도하개발어젠다', 즉 개발도상국의 개발과 성장 문제도 중요하게 다루는 의제의 상정은 분명 좋은 일일 것이다. 하지만 그것이 교착상태에 빠져들었다는 사실은 시스템에 존재하는 더 심각한 문제를 드러낸다. 글로벌 금융시스템의 붕괴와 동시에 도하개발어젠다가 교착상태에 빠질 수밖에 없었다는 점은 우연이 아니다. 세계무역기구와 브레튼우즈 체제의 기구들(세계은행과 IMF)이 동시에 사망 직전에 이르렀다는 점 혹은 최소한 정당성에 치명적 문제가 발생했다는 점은 글로벌 경제시스템의 이중적인 취약성과 관련이 있다.

산업을 지배하는 무역과 생산을 장악하는 금융, 이 둘 중에서 후자는 좀 더 심각한 문제다. 생산의 금융화(financialization)는, 당연히 역점을 두었어야 할 생산 자체가 아니라 가상의 자금이나 신용에서 발생하곤 하는 투기 수익에 프리미엄을 얹어주었다. 버나드 매도프 식의 폰지사기는 수백만 명을 속여 그들이 실물경제에 투자하고 있다고 믿도록 만들었지만, 사실상 깊은 블랙홀 속에 투자 자금을 들이붓고 있었을 뿐이다. 심지어 서구 국가들의 명망 있는 은행들조차 이 수법에 속았다.

무역에 관해 말하자면, 모든 금융 거래 중 겨우 2퍼센트 이하의 자금만 실제로 실물을 거래하는 데 쓰이고 통화 매매가 98퍼센트를 차지한다. 이것이 우리가 살고 있는 앞뒤가 바뀐 세상이다. 현행 글로벌 시스템의 무역과 금융 구조는 사기꾼의 조작이나 속임수에 그 시스템을 노출시키는 심각한 결함을 지니고 있다.

금융이나 무역의 중요성을 과소평가하려는 것은 아니다. 당연히 생산된 것은 금융을 통해 자금을 융통시키고 거래되어야 한다. 하지만 금융은 생산을 위한 수단일 뿐이며, 마땅히 그래야 한다. 자본주의의 현재 모습처럼, 금융이 생산 없이 자산만을 축적하기 위한 수단이 되어서는 안 된다.

생산에는 최소한 세 가지 다른 요소들이 있다는 점을 기억해야 한다. 노동력과 천연자원 그리고 기업가의 능력이 그것이다. 현재의 글로벌 생산시스템에서는 은행과 기업이 노동자와 천연자원에 비해 과도하게 많은 혜택을 받는다. 다국적 대기업의 최고경영자는 한 달에 100만 달러가 넘는 월급을 벌 수 있는 반면에, 노동자는 이에 한참 못 미치는 월급을 받는다. 게다가 그나 그녀가(특히 그녀일 경우) 남반구 개도국에 거주하는 경우에는 더욱 그렇다. 이것이 바로 부국들이 더욱 부유해지고 빈국들은 가난한 상태를 벗어나지 못하는 근본적인 원인들 중 하나다.

무역도 중요하다. 제품들은 생산된 이후 소비되어야 한다. 물론 생산된 모든 것들이 꼭 거래되는 것은 아니다. 일례로 남반구에 있는 대부분의 자급자족형 영세 농민들은 시장을 거치지 않고 자기가 생산한 것을 소비한다. 그렇지만 시장은 생산된 제품을 유통시키고 생산 사이클이 다시 시작될 수 있도록 제품에 담긴 가치를 실현하는 데 있어 중요한 역할을 한다.

그러나 글로벌 무역시스템은 역사적·구조적 이유 탓에 남반구 국가들에게 너무 무거운 짐을 지운다. 남반구 개도국의 천연자원들은 글로벌 시장에서 심하게 과소평가된다. 만일 남반구에 있는 노동력의 실제 가치를 감안하고 여기에 자원 착취의 환경 비용을 추가한다면, 남반구 개도국들은 현재보다 최소 4배 내지 5배 더 높은 가치를 받아야 마땅하다.

생산시스템에도 변칙이 존재한다. 남반구 개도국들의 노동력과 천연자원의 가치에 대한 과소평가 이외에, 생산 요소들의 조합도 자본과 특허 기술 공급자들에게 유리한 쪽으로 지나치게 편향되어 있다. 그리고 '기술 이전'도 극히 적은 실정이다.

2007년 유엔무역개발회의(United Nations Conference on Trade and Development)가 진행한 최빈국(Least Development countries)에 관한 한 연구에 따르면, 그 국가들 대부분이 글로벌 무역에 경제를 개방하고 글로벌 경제에 고도로 통합되었지만, 경제적·기술적 사다리를 오르지 못하고 있다.

이 연구는 2004년부터 2006년까지 2년에 걸쳐 아프리카 6개국과 아시아 4개국, 카리브해의 1개국으로 구성된 11개 최빈국을 대상으로 진행되었다. 여기에서 밝혀진 바에 따르면 최빈국들은 가치가 높은 기계류와 장비를 계속 수입하고 있으며, 생산 사슬상의 저가치 수출품들과 무역 조건상의 장기적 위축을 그 대가로 치르고 있다. 최빈국들의 기업과 농장의 기술력 수준은 무척 낮다.

최빈국들이 수출하는 제품의 24단계 가치사슬(value chain) 중에서 1990년대 이후 겨우 9단계에서만 향상이 이뤄졌고, 최빈국 수출의 52퍼센트를 차지하는 12단계는 격하되었다. 일례로 방글라데시의 155개 기업들을 대상으로 한 연구에서는 농산물 가공과 섬유, 의류, 제약부문의 기술력이 전혀 향상되지 않은 것으로 나타났다. 해외직접투자(FDI)가 기술 노하우를 이전하는 하나의 수단이라는 널리 알려진 신화에 관해서는, 해외직접투자가 최빈국들에게 그리 큰 도움이 되지 않았다는 점을 밝혔다.

문제는 해외 투자자들에 대한 개방이 부족한 데 있는 게 아니라,

다국적 기업들이 현지 국가의 경제에 통합되는 질적 수준이 어떠한가에 있다. 대부분의 해외직접투자는 광물자원 채굴에 집중되어 있었으며 이 과정에서 해당 국가의 경제 속으로 흘러들어가는 이득은 거의 없었다.

유엔무역개발회의의 연구는 이 모든 일의 원인을 '학습 없는 경제 자유화(economic liberalization without learning)', 즉 혁신 없는 글로벌 통합의 탓으로 보았다. 이는 최빈국에 있는 7억 6,700만 인구를 점점 더 하찮은 존재로 만드는 결과를 낳았다. 이 국가들은 부가가치가 낮은 상품 생산과 비숙련 제조업 속에 갇혀버렸다. 이런 모습은 산업화 초기 단계에 기술 학습을 장려했던 일본과 한국, 타이완 같은 동아시아 국가들과 급격한 대조를 이룬다.

아프리카의 경우를 생각해보자. 지난 30년 동안 IMF와 세계은행이 자금 대출의 일부 조건으로 강요한 자유무역 신조는 아프리카 대륙의 산업이 크게 파괴되는 결과를 초래했다. 외부의 강요에 못 이겨 시행된 관세 인하 조치로 인해 아프리카의 경제는 경쟁력이 강하고 많은 보조금을 받은 제품들에게 활짝 개방되었고, 이 제품들은 아프리카의 산업을 초토화시켰다. 일례로 우간다와 탄자니아에서는 식민 통치에서 벗어난 이후 다수의 섬유제조업체들이 많은 일자리를 창출했고, 내수와 지역 시장들을 발전시키는 역할을 했다. 하지만 관세 인하의 희생양이 되고 말았고, 1990년대에 이르자 대부분 사라졌다. 결국 이 국가들은 의류 수입에 전적으로 의존하는 신세가 되었다. 마찬가지로 최고로 좋은 것들을 죄다 수출하는 광풍에 휩쓸린 우간다인들은 최상급 어류를 마구 수출했고, 어업 종사자를 포함해 그 국민들은 생선뼈나 먹어야 할 처지로 전락했다. 아프리카는 식품과 공산품의 순 수입국이 되었고, 그 여파로 해당 부문에서 대규모 실업이 발생했으며, 선진국들로 숙련자들을 포함한 노동인력을 수출하는 상황에 처했다.

개발도상국의 적극적 참여 창구가 필요하다

그렇다면 개발도상국들은 어떤 행동을 취해야 할까? 자본주의 세계화의 현 단계와 역사에서 도출해볼 수 있는 하나의 중요한 교훈은 개발도상국들이 나름의 경제 로드맵을 설계하기 위한 정책을 논할 공간을 확보해야 한다는 것이다. 여기가 신자유주의의 세계화를 독단적으로 추구하는 정책과 진지한 타협이 이루어지는 곳이다. 시장근본주의는 상식을 대체했다. 이제는 상식을 되찾아야 한다. 다시 말해 생산이 무역보다 우선되어야 하며 금융보다는 일자리에 중점을 두어야 한다.

예를 들어 아프리카의 경우, 지난 30년 동안 세계은행과 IMF, 경제협력개발기구 같은 국제 기구의 직원들이 최고의 전문가라고 믿고 있었다. 하지만 이 전문가들은 완전히 실패했다. 아프리카를 비롯한 모든 개발도상국들은 자신의 문제를 스스로 처리하기 위해, 국제 기구의 힘이 약화된 이 시기를 기회로 확실히 붙잡아야 한다. 지금은 그들 스스로의 손과 천연자원을 이용해, 황폐화된 경제를 복구할 수 있는 절호의 기회다.

2009년 4월 초 G20 정상회의가 개최되었다. 대대적인 홍보와 현실의 괴리를 제대로 분간할 수 있는 이들이라면 예상했겠지만, 그 회의가 이뤄낸 성과는 보잘 것 없었다.

앞서 거론했던 의문, 즉 금융자본의 중심부 출신이 아닌 정치 리더들이 글로벌 시스템을 전세계 노동자들에게 더욱 유리한 쪽으로 변모시키는 데 있어 좀 더 열린 입장을 취할 것인가에 대한 답은 '아니오'인 듯하다. G20의 선언문에 의거해 판단해볼 때, 그들은 이 시스템에 어떤 근본적인 변화를 꾀할 능력이 없다. 이것은 그들의 출신 배경과 아무런 관련이 없는 문제다. 이 문제와 더 많은 연관성을 갖는 것은 그 리더들이 부응하는 글로벌 및 국가 시스템의 본성이다. 과거와의 근본적인 단절을 위한 아래로부터의 압박이 급증하지 않는 한 G20의 현 리더들은 기껏해야 그 시스템을 약간 손보는 정도에 그치고 말 것이다.

결국 G20은 일자리를 창출하는 중소기업들과 일반인들을 직접 돕는 대신에 2008년 금융위기의 원흉이었던 은행들에게 구제자금을 모조리 쏟아부었다. 게다가 애초의 계획보다 크게 증가한 구제자금 1조 1,000억 달러도 대개는 재활용된 자금이라는 사실이 밝혀졌다. 그 최대 후원자는 5,000억 달러의 경기부양 자금을 조달해준 IMF다. 그리고 중요한 사실은 G20이 채무국들이 '경기조정형' 정책을 도입하도록 하는 쪽으로 대출 조건을 다시 검토해 달라고 IMF

에 요청했지만, 막상 IMF는 파키스탄과 몇몇 동유럽 국가들에게 제공한 대출 사례에서 알 수 있듯이 대출 조건을 조금도 변경하지 않았다는 점이다. 이 국가들은 긴축적인 재정 및 통화정책을 비롯해 경기순응적 조치들을 따를 것으로 예상된다. G20 정상회의에서 '개방적인 글로벌 경제'를 지속시키는 것에 관한 논의가 이뤄졌지만, 실제로는 회의에 참석한 거의 모든 국가(특히 미국)는 다른 국가들에게 자유무역에 문호를 개방하라고 요구하면서도 자국의 산업과 일자리는 철저하게 보호하는 조치를 취했다. G20 리더들의 공개된 국제적 입장과 국가 차원의 행동 사이에 얄팍한 위선이 존재하는 것이다.

이런 상황에서 개발도상국들은 무엇을 해야 할까? 가까운 시일 내에 최소한 다음과 같은 일들을 실행해야 한다.

- 쌍무적·다국적 '기부자'들에게 모든 부채에 대한 채무 불이행을 선언해야 한다. 이는 채무 이행 약속을 지키지 않기 위해서가 아니라 부채의 본질을 파악하고 합당한 것과 그렇지 않은 것을 분별할 시간을 벌기 위함이다.
- 자국의 정책 선택권을 위협하는 문제가 될 만한 조항들을 삭제하기 위해 자금지원에 따른 합의 사항들을 다시 검토해야 한다. 예를 들어 IMF와 세계은행, 국제개발처(USAID), 유럽위원회 등과의 합의 사항 등을 말이다. 그 검토 과정에는 북반구 선진국 출신의 소위 전문가들을 배제한 모든 이해당사자, 즉 정부, 시민

사회, 노동조합 및 민간부문이 포함되어야 한다.
- 지역 통합을 통해 향후 나아가야 할 단계들을 자세히 고찰할 지역위원회를 꾸려야 한다. 이 위원회들은 각 지역의 제조업과 농업, 의료, 에너지, 물과 같은 공공재와 식량안보를 지켜내기 위해 즉각 도입해야 할 정책의 수립과 지역 통화, 지역을 위한 예비금, 지역 은행들의 모집과 설립에 초점을 맞춰야 할 것이다.
- 해당 지역의 공동시장과 내수시장 그리고 국민을 위한 일자리를 창출하기 위해 적절한 인센티브와 지원을 제공해야 한다. 이 조치들에는 다음과 같은 것들이 포함될 것이다. 농업을 위한 계절별 신용 제공, 농산물을 위한 저장과 마케팅 및 가격 책정 정책, 최후의 보루로 삼을 만한 정부구매 시설, 국민의 저축이 국외로 이탈하지 않고 국가 내 기업들로 전달되도록 하는 금융시스템의 구축, 적절한 임금을 지급함으로써 노동자들이 타국으로 이주하는 대신 고향에 머물며 이런 필수 서비스들을 제공하도록 만드는 일 등이다.
- 과학과 기술의 발전을 촉진하고 식품 생산부터 광업과 제조업, 의료 및 복지시설에 이르는 방대한 영역의 혁신을 장려하기 위한 제도적 구조를 마련해야 한다. 지식은 전세계의 생산과 경쟁력에서 핵심을 차지하는 요소다. 경제의 세계화 추세는 물리적 자산보다는 지적 자산의 개발을 향해 나아갈 것이다. 바로 여기에서 최빈국들은 물론이고 대부분의 개발도상국들은 지식의 독점에 여전히 발이 묶여 있다. 부국과 빈국 사이의 지식 격차는

계속 확대되어왔고, 특히 세계화가 진행된 지난 30년간 더욱 그래왔다. 현재의 지적재산권(intellectual property) 제도는 개발도상국들이 특허 받은 기술을 이용하지 못하게 만든다. 따라서 개발도상국들은 지역에서 자체 개발한 지식의 활용, 보관, 등록, 전파를 자극하기 위해 필요한 인센티브와 구조를 만들어야 한다. 또한 자체 생산이 불가능한 기술을 외부에서 빌리거나 사들임으로써 선택권을 닫아놓을 게 아니라, 자국에서 육성한 지식을 기반으로 산업과 농업 역량을 키워나가야 한다.

기후변화와 관련된 기술 이전에 관한 무성한 논쟁도 간과해서는 안 된다. 틀림없이 세계는 저탄소 경제 쪽으로 이동해갈 것이다. 하지만 이것을 어떻게 이뤄나가느냐는 하나의 도전과제다. 북반구 선진국에서 남반구 개도국으로의 온실가스 감축과 대응을 위한 기술 이전에 의해 많은 것이 좌우된다. 북반구 선진국들은 이것을 공적개발원조(Official Development Assistance)의 일환으로 규정짓고 싶을 것이다. 하지만 그렇게 되어서는 안 된다. 환경 관련 기술 이전은 UN기후변화협약(United Nations Framework Convention on Climate Change)에서 부국이 빈국에게 약속한 것의 일부에 해당한다. 그런데 더 큰 문제는 돈이나 기술이 아니라, 해당 기술의 지적재산권이다. 기술을 확보한 북반구 기업들이 온실가스 조절과 대응에 필수적인 프로세스를 통제하기 위해 지적재산권 제도를 이용할 것이기 때문이다.

금융보다 생산을 강화하라

기술의 핵심에는 혁신이 있고, 혁신의 중심에는 지식의 생산과 전파에 관한 경제학이 존재한다. 기업들의 지원과 사주를 받는 북반구 선진국 정부들은 위조방지무역협약(Anti-Counterfeit Trade Agreement), 의약품 위조방지 대책위원회(International Medicinal Products Anti-Counterfeit Taskforce, 이하 IMPACT), 글로벌 IP 센터(Global IP Center) 및 획일적 권리집행에 관한 통관표준(Standards Employed by Customs for Uniform Rights Enforcement, 이하 SECURE)과 같은 감당하기 힘들 정도로 많은 국가적·국제적 구조물을 만들어냈다. 북반구 선진국들은 이것들 중 일부를 국제 조직들의 하부 구조에 살며시 끼워 넣었다. 예컨대 세계관세기구(World Customs Organization) 내부의 SECURE와 세계보건기구(World Health Organization) 소속 IMPACT 등이 그렇다. 그 결과 생겨난 머리가 여러 개 달린 괴물은 중국인들의 상상 속에 존재하는 용보다 더 많은 불과 열기를 내뿜고 있다.

산업을 무역보다 앞세우고 은행 구제작업보다 생산을 우선시하는 정책을 펴는 일은 발전과 고용 창출을 위해 시급히 시행해야 할 조치다. 무역과 금융도 물론 중요하지만, 그것들은 목적이 아니라 수단이다. 농장과 공장, 어업의 생산 현장에서 일하는 전세계 노동자들이 던진 도전장에 G20을 구성하는 세계 정치 리더들이 적극적으로 반응할 가능성은 거의 없어 보인다. 출신 배경에 상관없이 그들은 대체로 지배적 권한을 행사하는 글로벌 금융집권층의 이해관계에 부응하고 있다. 만일 그 과정에서 그들이 약간의 일자리를 창출하고 아래로부터 끓어오르는 불만의 파도를 어느 정도 잠재운다면, 스스로는 나름의 미션을 잘 완수했다고 생각할 것이다.

노조와 협동조합 소속 농민, 여성과 청년단체, 인권과 환경단체, 활동가 및 학생운동을 포함하는 전세계 모든 시민운동이 그 도전장을 집어 들어야 한다. 이때 두 가지 전략을 갖고 행동하는 게 좋을 것이다. 첫째 민중과 협력하고 네트워크를 계속 형성해 나가면서, 생산과 무역과 자원 배분을 조직하는 현재의 지배적 모델에 대한 대안을 제시하는 모든 아이디어와 활동을 북돋고 지원하는 것이다. 둘째 일자리 확보와 식량 안보 및 제3세계 시민들에게 기본 생필품을 제공하는 문제들을 진정성 있게 해소할 방안을 강구하도록, 자국의 정치 리더들에게 계속 요구하는 일이다. 비록 그 리더들이 이런 요구를 실현할 능력이 없더라도 말이다.

전세계 시민운동단체들은 '제대로 할 때까지' 자국의 정치적 리더들에게 집요하게 변화를 요구해야 한다. 그게 어렵다면 정치권이 국민의 요구를 이해하고 해결할 수 있는 사람들로 모두 물갈이될 때까지 계속해서 요구해야 한다.

People First Economics

제2부

시장경제가
외면한,
다수를 위한
새로운 경제

공정한 경쟁과 기회의 평등,
분배의 정의를 실현할 합리적 대안

위기의 진짜 원인은 은행들의 차입 경영을 비롯한 민간 부문의 과도한 부채에 있다. 빚더미 위에서 굴러가던 거품경제가 붕괴했고 이는 생산 감소와 정부 세수 감소를 초래하고 있다. 또한 지금 당장 해결해야 할 가장 시급한 문제는 실업률을 떨어뜨리는 것이다. 전세계적으로 실업률을 낮추지 못한다면, 이 문제가 세계 경제를 낭떠러지로 몰고 가게 될 것이다.

— 폴 크루그먼(Paul Krugman) · 프린스턴대학교 교수, 노벨경제학상 수상자

모든 위기에서 세계를 구하는 방법

자본주의의 파괴적 습성을 버려라

'이제 거친 남성성을 드러내는 경제학에 안녕을 고하고, 좀 더 민주적이고 환경과 여성에 친화적인 미래를 위한 대안을 찾아야 할 때다.'

니콜라 불러드(Nicola Bullard)

오스트리아 태생으로 방콕에 본부를 두고 있는 '포커스 온 글로벌 사우스(Focus on the Global South)'의 연구원이자, 홍보인이자, 작가로 활동하고 있다. 월간 전자매체인 〈포커스 온 트레이드 Focus on Trade〉의 편집을 맡고 있고, 전세계 시민운동을 지원하기 위한 활동을 꾸준히 전개하고 있다.

요즘은 모든 게 '위기' 상황이다. 금융위기, 경제위기, 신용위기, 식량위기, 기후위기 혹은 잡다한 글로벌 위기 등등. 2009년이 시작되고 처음 석 달간 〈파이낸셜 타임스〉는 위기라는 단어를 6,465번 사용했다. 부시 정권 시절의 '테러'처럼, 위기도 이 시대를 규정하는 단어가 되었다. 하지만 테러와 마찬가지로 위기라는 단어도 맥락을 크게 벗어나 지나치게 서구 중심적인 관점으로 사용되다 보니, 위기를 야기한 보다 근본적인 원인과 각 위기들 사이의 연관성이 호도되곤 한다.

다른 무엇보다도 이는 제3세계가 매일같이 위기 상황에서 생활하고 있다는 쓰라린 현실을 간과하게 만든다. 주요 도시들에서 식료품 가격이 치솟거나 월스트리트나 런던 금융시장이 붕괴할 경우에만 비로소 글로벌 정상들은 자세를 바로잡고 관심을 기울이기 시작한다. 그러나 글로벌 정상들이 그들만의 '위기'에 수십억, 심지어 수조 달러를 선뜻 쏟아 붓는 동안, 흩어진 점들을 연결해 이 모든 위기 사태를 연관 짓는 선을 살펴볼 수 있을 것 같지는 않다.

2008년의 금융위기는 충분히 피부에 와 닿을 만한 실질적인 사건이었지만, 그것은 단순히 과잉생산이나 소비 부족 또는 부실대출이나 심지어 규제의 결여가 낳은 결과만은 아니다. 그 위기는 생태적, 사회적 재생산*이라는 문제에 닥친 근본적 위기다.

언론매체가 이런 견해를 다룰 리 만무하지만, 신학자와 페미니스트, 마르크스주의자 모두가 하나같이 동의하는 견해가 있다. 자본주의는 자연을 파괴하고 사회를 고립시킨다는 것이다. 그리고 특히 지난 30년간 득세한 수단과 방법을 가리지 않는 자유시장 자본주의는 자연 파괴와 사회적 고립 현상에 무섭도록 큰 영향력을 발휘했다.

마르크스주의 성향의 생태운동가 존 벨라미 포스터(John Bellamy Foster)는 이렇게 설명한다. "이 새로운 시스템(자본주의)을 작동시킨 것은 주기를 반복하며 끊임없이 축적되는 자본이었으며, 자본 축적의 각 새로운 국면은 끝나는 지점을 그 시작점으로 간주한다. 이 말은 곧 인류와 자연 사이의 더 파괴적인 물질대사와 훨씬 더 분열되고 고립된 인간의 탄생을 의미한다."1)

고인이 된 페미니스트 철학자 테레사 브레넌(Teresa Brennan)도 자본주의의 파괴적 특성에 관해 이야기한다. "단기적으로 수익은 장기

---

*사회적 재생산이란 사람, 특히 노동력을 유지하고 재생산하는 데 참여하는 과정을 말한다. 그것은 의식주를 제공하고 건강을 관리해주는 일은 물론 지식과 사회·문화적 가치, 그리고 집단과 개인적 정체성을 전수하는 일도 포함한다. 사회적 재생산에 대한 비판이 사회주의 페미니즘의 핵심이다. 민영화와 유료 서비스, 임금 정체, 의료와 사회적 예산 하락, 불안한 일자리 등 신자유주의적 자본주의가 안고 있는 고질적인 모든 문제들은 사회적 재생산의 위기를 야기하는 요인이며 특히 여성에게 엄청난 압박을 가한다.

수익의 원천인 자연과 노동을 자생가능한 속도보다 더 빠르게 소모하는 데서 생겨난다. 다시 말하자면, 인간의 욕구를 충족시키거나 환경을 보호하는 데 소모되는 시간보다 더 빠르게 인간과 환경을 소진시킴으로써 단기 수익이 발생하는 것이다."[2]

그리고 경제학자 울리히 두흐로(Ulrich Duchrow)와 신학자 프란츠 힌켈라메르트(Franz Hinkelammert)는 이렇게 주장한다. "지금까지 자본주의가 보여준 여러 변형 중에서 가장 탐욕스러운 버전인 세계화의 유일한 목표는 사회적·생태적인 모든 장벽으로부터 자본 축적을 자유롭게 해방시켜주는 것이다. 그 결과 생겨난 것이 시장으로, 이것은 지구상의 생명체를 말살하는 것은 물론 이와 더불어 자신의 토대까지도 파괴하고 있다."[3]

이렇게 금융자본주의가 자연과 사회를 '공격하고' 있는 와중에도 G20이 중점을 두는 목표는 금융자본주의를 원상 복구시키고 금융의 엔진에 시동을 걸며 경제를 다시 성장시키는 것이다. 그러나 성장은 오히려 문제의 근원이다. 사회와 자연이 정상적인 속도로 회복되고 재생될 수 있는 한계를 뛰어넘어, 무서운 속도와 강도로 그것들을 탐욕스럽게 소진시키는 일에 의존하는 식의 경제성장이야말로 진정한 문제다.

끝없이 팽창 일로를 걷는 세계화의 논리에서는, 어떤 한 지역의 천연자원이 완전히 고갈될 경우 자본은 간단히 다른 지역으로 이동한다. 어느 한 국가의 노동력이 너무 비싸지면 공장들은 임금수준이 더 낮은 곳으로 이전한다. 노인이나 어린이를 돌보기에 감당이 안 될 정도로 인구의 연령이 너무 높아지면, 자본은 이민 형태로 저렴한 노동력을 수입한다. 그 저렴한 노동력의 대부분은 젊은 여성이다. 로마나 로스앤젤레스, 베이루트의 교외지역은 필리핀 출신 여성들로 붐빈다. 그 여성들은 좀 더 부유한 국가에 있는 중산층 노동자들의 나이 든 부모를 돌보기 위해, 자신의 아이들은 지구 반대편 고향 마을에 남겨두고 왔을 것이다. 이 중산층 노동자들 자신도 향후 똑같은 미래에 직면하게 될 것이다.

두호로와 힌켈라메르트가 주장하듯이, 이 모든 일들은 사회와 자연의 한계나 제약과 연결된 고리를 완전히 끊어버린 채 수익을 추구해온 결과다. 이 연결고리가 처음으로 단절된 곳은 18세기 산업혁명기의 영국이었다. 그 이후 제품과 생산자, 자연과 사회 사이의 단절은 좀 더 추상적인 개념으로 희석되었다. 생산 사슬이 지구 전체로 확대되면서, 사회와 생태계의 천연자원들과 노동이 수익으로 전환되는 과정도 소비자들의 눈에 훨씬 덜 띄게 되었기 때문이다. 이런 형태의 경제적 생산은 이른바 가부장제라는 사회적 재생산의 특정 형태와 맞물려 작동된다. 가부장제는 근본적으로 남성과 여성 사이의 제도화된 불평등이며, 자유시장의 소비자선택이 아무리 보편화된다고 해고 이 제도는 없어지지 않을 것이다.

상황이 이렇게 나쁜 형국이니 우리가 해야 할 일이 많다. 거의 모든 사람들, 그중에서도 특히 여성의 생활 수준을 향상시켜야 하고, 극히 부유하고 탐욕스러운 사람들(주로 남성)에게는 약간 불리한 쪽으로 세상을 바꿔야 한다. 나는 이 일을 다음의 중요한 세 가지 사안을 먼저 해결하는 데서 시작했으면 한다.

그 세 가지 사안을 간단히 언급하자면, 첫째 공익을 확대할 필요가 있고, 둘째 지구의 온도를 낮출 필요가 있으며, 셋째 부를 공동으로 분배할 필요가 있다.

오픈 소스, 공익 확대하기

공익이란 무엇일까? 두흐로와 힌켈라메르트가 윤리적이고 인간적이며 정의로운 출발점을 제시해준다. "…… 공익에 대한 관점은 근본적으로 공동체에서 가장 취약하고 제일 큰 위협에 처한 구성원들의 입장에서 비롯되어야 한다. 그들이 살 수 있다면 모두가 살 수 있다."4) 이 말이 가리키는 구성원은 분명 어린이와 환자, 장애인, 실업자, 노인을 의미한다. 그렇지만 '공동체'라는 개념을 세계 차원으로 확대시켜보면 이 말은 또한 농지를 소유하지 못한 농민, 지역 토착민, 도시 빈민, 저임금 비정규직 노동자, 여러 힘겨운 상황에 처한 여성, 유색인종과 이주민을 의미한다. 목록을 나열하자면 한참 길어지겠지만 결국에는 절대다수의 인류가 여기에 포함된다. 환경 역시 공익에 해당한다. 환경은 그 자체로 생명의 원천을 지니고 있으므로 명백히 궁극적인 공익이다. 따라서 환경의 보호는 다른 무엇보다도 중요한 일이다.

가장 약한 존재가 살아남을 수 있도록 보장해주고 미래 세대를 위해 환경을 보호해야 한다는 이 윤리적이고 실용적인 근거를 감안해 보면, 수익의 논리에서 사회와 자연을 구출하고 공익을 확대하는 일은 반드시 해내야 할 필수 항목이다.

물과 토지, 식량, 의료, 교육, 사회보장 및 연금, 대중교통, 주택, 병원, 학교, 종자(seeds), 문화, 지식 그리고 민주주의 자체는 상품화의 대상에서 제외되어야 하며, 시장에서 배제시켜 모든 사회의 모든 사람들에게 확대되어야 한다.

인터넷과 정보, 통신도 모든 이들이 이용할 수 있어야 한다. 고작 수천 개의 공공 도서관에 마련된 컴퓨터 센터와 무료 와이파이가 보편화되어야 하며 모든 이들의 손에 휴대전화가 쥐어져야 한다. 우리는 인간이기에 대화하고 싶어하고, 정보기술의 발전 덕분에 가능해진 풍성한 의견교환과 접촉, 학습, 창조와 정보 공유는 모두가 누려야 할 훌륭한 발전들 중 하나다. 물론 컴퓨터 관련 기술 폐기에 따르는 환경적 영향에 대처할 필요도 있다는 점은 기억해야 할 것이다. '오픈 소스(open-source)'는 자본주의적 재산권에 이의를 제기하는 근본적인 움직임이며, 이는 지적재산권 보호의 요새들 중 하나인 제약업계를 비롯해 더 많은 분야로 확대되어야 한다.

공익의 확대는 마땅히 실현가능한 일이어야 한다. 그것은 경제의 문제가 아니라 윤리의 문제이기 때문이다. 또한 그것은 정치적 전략에 해당하는 사안이기도 하다. 기업과 기관, 브랜드와 소비자 지상주의가 지배하는 공간을 줄이고 '공익'을 공유하기 위한 공간을 확대하는 일이기 때문이다. 공익이 꼭 국가에 의해 관리될 필요는 없다.

공동체나 협동적이고 민주적인 방식으로 공공재를 생산하고 이용하는 사람들, 또는 타고난 재능을 발휘하는 개인의 활동에 의해 관리될 수 있고 또 그래야만 하는 공익도 실제로 많이 있다. 어쩌면 공익의 확대는 무엇보다도 지금껏 아무 힘도 행사하지 못해왔던 사람들이 참여하고 조정할 새로운 기회를 창출하기 위한 일종의 해방 전략이라고 볼 수 있을 것이다.

지구의 온도 낮추기

우리는 지나치게 많은 이산화탄소와 온실가스를 공기 중에 뿜어내고 있다. 이 가스들은 지구의 온도를 높이고, 이는 다시 기후와 날씨 체계에 문제를 일으켜 홍수와 가뭄, 폭염과 폭풍을 야기하며, 이런 재해는 종종 스스로를 지켜낼 재원이 가장 적은 사람들에게 큰 타격을 입힌다. 온실가스의 대부분은 화석연료에서 비롯된다. 그리고 화석연료는 우리가 소비하고 버리는 모든 것들을 만들고 운반하기 위한 에너지를 제공함과 동시에 글로벌 자본주의의 확대를 주도한다.

우리는 온실가스 배출을 중단해야 하고, 이는 화석연료의 사용을 줄여야 할 필요가 있음을 의미한다. 그런 한편, 대체로 맹목적인 수익 추구 속에서 파괴되어버린 생태계를 회생시켜야 할 필요도 있다.

지금 당장 이뤄야 할 다른 것들도 많이 있다. 우선적으로, 농경이

산업화되는 현상은 온실가스 배출의 주된 요인으로 작용한다. 유기적 농경으로 전환하고, 푸드 마일*을 단축시키고, 소작농들에게 토지를 보장해준다면, 토지 불법 점유와 산업화된 대규모 농경으로 인해 야기되는 환경의 대대적인 파괴를 막고 배기가스 배출을 줄이는 데 큰 도움이 될 것이다.

국제농민운동조직 비아 캄페시나가 제안하는 농업에 대한 대안 모델은 '식량 주권(food sovereignty)'이다. "식량 주권은 생태계를 손상시키지 않고 지속가능한 방식을 통해 생산된 건강하고 문화적으로 적절한 음식에 대한 사람들의 권리이며, 자신이 먹을 음식과 농업 시스템을 규명할 권리를 말한다. 이것은 시장과 기업의 요구보다는 식품을 생산하고 유통하고 소비하는 사람들의 바람과 니즈를 식품 시스템과 정책의 핵심으로 삼는다." 5)

농경의 산업화와 마찬가지로 농작물을 이용한 바이오 연료(agro-fuels)도 환경에 악영향을 끼치는 요소다. 식량 생산 부지를 빼앗고 막대한 양의 수자원을 소진시키기 때문이다. 따라서 산업 규모로 이뤄지는 농작물 연료 생산도 금지되어야 한다.

삼림파괴는 이산화탄소 증가의 근원이므로, 삼림을 다시 조성하는 일도 중요하다. 그러나 이 일이 시장을 통해 이뤄져서는 안 된다. 브라질 열대우림에서 '탄소를 포집'한다는 다소 개념적인 논리에 기초해 오염을 유발하는 산업들이 금융시장에서 '탄소배출권(carbon

---

*푸드 마일(food mile): 식료품이 생산자의 손을 떠나 소비자 식탁에 이르기까지의 이동 거리.

credits)'을 구매하는 방식은 말도 안 되는 일이다. 우선 2008년 금융위기 때 구제자금으로 이미 우리에게 엄청난 빚을 지고 있는 금융시장이 왜 탄소배출권으로 훨씬 더 큰돈을 벌어야 하는가? 또한 오염유발 산업에서 오염 물질을 대폭 축소하는 게 훨씬 더 간단한 방법이다. 그러면 공장 근처에 사는 사람들에게도 좋은 일이 될 테고, 삼림 재건 작업도 다른 곳에서 발생하는 오염행위에 좌우될 일이 없을 것이다. 더군다나 삼림이 파괴되는 대부분의 원인은 목재와 종이에 대한 수요와 숲속으로 침범해 들어오는 산업화된 농경과 농작물 연료 생산 탓이다. 생물의 다양성과 숲을 보호하는 일은 공익의 일환이기도 하지만, 지구의 온도를 낮추는 데에도 도움이 되는 일이다.

도시들도 중요하다. 현재 세계 인구의 절반 이상이 도시에 몰려 있기 때문에, 데이비드 하비(David Harvey)가 말한 '분열과 갈등이 발생하기 쉬운' 도시들에 살고 있다.[6] 하비에 따르면, "오늘날 도시들의 공간적 형태 속에서는 계급 관계가 뚜렷이 드러난다. 이런 도시 속에 차츰 더 많아지는 구성요소들은, 높은 담을 둘러 요새화한 공간들과 특정 부류에게만 입장이 허용되는 공동체들 그리고 민영화된 공공장소들이다." 여성들이 이용하는 공간의 측면과 모든 연령대 여성들에게 도시를 너무 위험한 곳으로 만든 폭력 차원에서 생각해볼 때, 데이비드 하비는 도시에 성별관계도 역력히 드러난다고 말할 수 있었을 것이다. 잃어버린 공간과 교통, 주거지와 문화를 되찾고 민영화를 반대하는 일도 중요하다. 그러나 그보다 먼저 반드시 해야 할 일은 도시를 공공재로 다시 규정하고 도시가 공익을 위해 창출해낸

부의 가치를 다시 따져보는 일이다. 저탄소 생활방식을 가능하게 하고, 여성 친화적이며, 다양성이 존재하고, 시민이 힘을 발휘하는 도시들을 창출하기 위해 도시의 지형도를 다시 그려보길 희망한다. 특히 교외지역의 에너지 과소비 생활방식을 바꾸는 일은 우리 세대에게 주어진 가장 흥미진진한 기회들 중 하나다.

부의 공정한 분배

2008년 금융위기 당시 구제금융이 시행되는 동안 느낀 것은, 우리 주위에 돈이 굉장히 많다는 것이다. 이 돈이 근본적으로 불공정하고 지속불가능한 금융과 경제 시스템을 지원하는 데 쓰이고 있는데도, 정부들은 거의 아무런 조건을 내걸지 않고 돈을 은행에 건네준다. 이와 동시에 자유시장이 30년 동안 세뇌시킨 신조들 탓에, 대부분의 국가와 국민들은 적절한 의료 및 연금시스템을 제공하거나 임금을 높이기 위해 공공서비스에 자금을 지원하거나 공익을 확대하는 일이 불가능하다고 생각하게 되었다. 그러나 북반구든 남반구든 공히 부자들은 나날이 재산을 더욱 불려나가면서도 훨씬 적은 세금을 내고 있다.

정책연구협회(Institute of Policy Studies, 이하 IPS)가 발표한 한 보고서에 따르면, 1955년 미국에서 소득세를 가장 많이 내는 400명이 납부한 세금은 2006년의 최상위 400명보다 3배 더 많았다. IPS가

계산하기로는, 만일 2006년에 가장 부유한 400명이 1955년도 소득세 최상위 400명이 납부한 만큼의 소득세를 냈더라면, 2006년에 미 재무부는 400명의 갑부들에게서만 359억 달러나 더 많은 세수를 거둬들였을 것이다.71)

그렇지만 남반구 개도국들의 상황에 비하면 다른 산업국들에서는 이 경향이 그다지 심각하지 않은 편이다. 남반구 국가들의 경우 세수가 주로 부가가치세(VAT)와 같은 직접적인 세원에서 발생하는데, 이것은 부자에게 아주 유리하고 가난한 사람들에게는 굉장히 불리한 과세제도다. 이런 세제에서는 국가의 세수 기반이 협소해지고, 결과적으로 민간부문의 투자와 대외채무 및 개발원조에 대한 국가 의존도가 높아지며, 공익과 부의 재분배 확대에 쏟아부을 역량이 줄어든다. 남반구와 북반구 모두 누진세 개혁이 반드시 필요하며, 조세피난처를 모두 폐쇄하고 기업들이 공정한 몫의 세금을 내도록 만드는 일도 시급하다.

제대로 확립된 누진세 과세기준 이외에, 공익의 확대와 지구 온도 낮추기에 쓸 수 있을 만한 정부 수입의 다른 원천도 있다. 바로 군비다. 거의 모든 국가에서 군비 지출은 지나치게 많고 너무 비밀리에 이뤄진다. 따라서 비군사화 조치도 공익사업에 정부 예산의 할당량을 높일 수 있는 확실한 방법이다.

이 시대의 자본주의가 지닌 또 다른 놀라운 특징은 노동과 자본 사이의 수익 분배가 역대 최악이라는 점이다. 노동자들의 임금 인상은 부의 재분배를 위한 중대한 출발점이고, 더 높은 임금은 의료와 교육 및 안전한 노동 환경에 대한 더 많은 투자를 유인하는 인센티브이다. 충분한 임금을 받고 제대로 조화(여성과 남성으로)를 이룬 조직의 노동자들은, 일자리가 불안정하고 혹사당하는 노동자보다 '일회적 소모품'이 될 확률이 낮다. 이러한 노동과 자본 사이의 역학관계에 큰 변화가 일어나야 한다. 노동자 측이 소수 엘리트보다는 모든 노동자들의 복지와 공익을 확대하는 보다 광범위한 비전을 갖고 이 투쟁에 참여한다면, 힘의 균형점이 바뀔 수 있을 것이다.

누군가는 기후 문제를 바로잡고 저탄소 경제로 이행하는 비용을 치러야 한다. 유엔기후변화협약에 따르면, 온실가스 배출에 대한 역사적 책임이 있는 산업국들은 자금 조달과 기술 측면에서 행동을 취해야 할 의무적 책임이 있다. 그러나 '생태 부채(ecological debt)'의 개념은 여기서 한 단계 더 나아가 남반구와 북반구 그리고 자본주의와 사회 및 자연 사이의 역사적 상관관계에 존재하는 여러 가지 윤리적 문제들도 담고 있다.

남반구의 선도적 환경단체들 중 하나인 생태주의 행동(Acción Ecológica)은 생태 부채를 다음과 같이 규정한다. "……온실가스 같은 쓰레기를 폐기하기 위해 환경 공간을 공짜로 점유하고 자원을 강탈하며 환경을 파괴한 데 대해, 북반구 산업국들이 제3세계 국가들에게 갚아야 할 누적된 부채를 말한다. 생물권을 함부로 다루고 생태계의 한계를 초과해 개발을 추진하고 각종 천연자원을 마구 뽑아 쓰는 식의 지속 불가능한 패턴을 강요하는 자들은 이 생태 부채를 부담하기 시작해야 한다."[8]

이 부채는 꼭 금전적인 빚이라고만 볼 수는 없다. 금전적 측면보다 더 중요한 것은 이것이 수세기에 걸쳐 자행된 식민지 자원 채굴과 착취 그리고 자본주의적 공업화가 남긴 환경적·사회적 결과들을 인정하는 윤리적, 도덕적 부채라는 점이다. 그렇지만 생태 부채라는 개념은 북반구와 남반구의 관계를 재조정하고 경제적·생태적 정의 쪽으로 사회가 나아가도록 만들 강력한 도구를 제공해준다. 여기에는 수익이나 시장 혹은 '원조'의 논리에서 벗어나 북반구에서 남반구로 자원을 이전시키는 조치가 필요하며, 그것을 과거의 잘못에 대한 단순한 보상으로 여기는 프레임은 다시 만들어져야 마땅하다.

서서히 속도를 높여 확대하기

자본과 사회와 자연 사이의 왜곡된 관계를 바로잡아야 한다는 주장은 다양한 관점에서 제기된다. 안데스의 토착민단체(Indigenous People of the Andes)는 궁극적 위기, 즉 '문명화의 위기'에 관해 거론하는데, 이는 우리로 하여금 '잘산다는 것'이 무슨 의미인지 다시 생각해보게끔 한다. 볼리비아 대통령 에보 모랄레스는 잘사는 것을 "1인당 소득의 측면뿐만 아니라 문화적 정체성, 공동체, 인류 사이 그리고 지구와의 조화 측면에서도 생각하는 것"이라고 설명한다.[9]

사회주의자 벨라미 포스터는 자본주의가 인간과 자연 사이의 '물질대사'를 파괴한다고 말한다. 벨라미 포스터의 견해로는 이 물질대사가 이루어지는 관계를 다시 확립하는 것이 진정한 사회주의의 핵심이다. 사회주의의 기계론적이고 생산주의적 시도가 궁극적으로 실패한 이유는 몇 가지 중요한 진리를 간과했기 때문이다. 그중 하나가, 정치와 제도의 개혁은 사람들의 실생활에서부터 시작되어야 하며 자연과의 지속적인 조화를 유지해야 한다는 점이다. 여기에 내가 몇 마디 덧붙인다면, 사회를 개혁한다는 것은 단지 계층 간의 사회적 관계를 변화시키는 것만이 아니라 개인과 집단의 자유를 확대하는 가운데 남성과 여성 사이의 사회적 관계도 변혁하는 것을 의미한다.

그리고 페미니스트인 테레사 브레넌은 다음과 같은 말로 '지역'을 강조한다. "에너지와 원료가 본거지에 더 가까울수록, 그만큼 재생산의 비용도 더 높게 유지된다. 국내의 유급 노동자는 착취를 덜 당하고, 환경도 덜 고갈된다."10) 브레넌은 또한 "개인의 생산성은 확대되어야 하고 이동이 자유로워야 하지만, 경제의 생산성은 제한적이고 자족적이어야 한다."고 믿는다.11)

이런 의식은 세상을 완전히 거꾸로 뒤집어놓으며, 세상이 갖는 근본적인 함의도 자유롭게 생각해볼 수 있도록 한다. 이는 우리의 창의적, 지적, 감성적, 사회적 자아는 한껏 확장될 수 있으며 그렇게 되어야 하는 반면에, 경제적 자아는 억제된다는 의미다. 이 견해는 경제적인 것이 모든 사회적 관계를 규정하고 우리 각자의 자아, 특히 여성들이 상품화의 대상이 되거나 단순 소비자들로 뒤바뀌는 자본주의적 견해와는 정반대의 견해다.

노동운동과 페미니스트운동의 개념을 토대로 나름의 견해를 정립한 프리가 하우크(Frigga Haug)는 자기 해방(self-liberation)에 이르는 현대적 방법에 관해 이야기한다. 그녀는 이를 '한 명의 사람 속에 있는 네 가지 측면(four-in-one)'이라고 부른다. 언뜻 칼 마르크스의 공산주의 사회에 대한 저명한 비전을 상기시키는 측면이 있다. 마르크스가 제시한 비전에서 "누구도 하나의 활동 영역을 온전히 독차지할 수는 없지만 각 개인은 자신이 원하는 어떤 부분에서는 극히 뛰어난 기량을 발휘할 수 있다. 사회는…… 내가 오늘 어떤 일을 하고 내일은 다른 일을 하는 것을 가능하게 해준다. 아침에는 사냥을 하고 오후에는 물고기를 낚고 저녁에는 가축을 돌보고 저녁식사 후에는 비평할 수 있게 해준다……." [12]

한 사람 속에 있는 네 가지 측면이라는 것은 온전한 인간이 되고 자유로워지기 위해 네 가지 측면으로 자신을 표출할 필요가 있다는 개념이다. 네 가지 측면이란 임금 노동을 하고, 재생산을 하며, 개인적 발전을 꾀하고, 정치에 참여하는 것이다. 하우크가 제시하는 비전은 구체적으로 다음과 같다.

모든 사람이 이 네 가지 측면 모두에 전념할 능력을 가지고 있음이 틀림없지만, 이를 위해서는 임금 노동 시간의 더 나은 분배(하루에 4시간)와 요리나 먹거리 재배, 가족 돌보기와 같은 재생산 활동을 좀 더 평등하게 분담할(4시간) 필요가 있다는 것이다. 다음으로 교육, 음악, 문화, 스포츠 등 무엇을 통해서든 평생에 걸쳐 개인적 발전을 꾀할 기회를 가져야 하며(4시간), 마지막으로 사회는 우리가 정치에 관심을 갖도록(마지막 4시간) 할 필요가 있다. 그 이후에는 잠을 자면 된다. 하우크는 이렇게 말한다. "이 네 가지 중에서 다른 것들을 모두 배제하고 어느 하나의 활동만 계속해나갈 수는 없다. 인생이 필요로 하는 것은 생활의 정치적 구조, 즉 실행했을 때 진정으로 의욕이 생기고 유의미하며, 몰두할 수 있고, 즐거워지는 일이기 때문이다." [13] 그녀는 이것이 우리의 정치적 요구와 전략들을 위한 나침반 역할을 할 수 있는 '구체적인 유토피아'라고 말한다.

경제적 생산과 소비의 시스템 안에서 규정되고 성별에 따라 결정되는 역할을 뛰어넘어, 우리 자신을 확장하고 해방시킬 수 있다는 개념은 가슴을 뛰게 만든다. 소수의 특권층에게는 이미 그 일이 가능하지만, 최소한 내가 상상하는 세계에서는 그 일이 모든 이들에게 가능해지려면 많은 노력이 필요하다. 내가 상상하는 세계는 만인을 아우를 수 있을 정도로 공익이 확대되고, 자연과 사회 간, 생산과 재생산 간, 남성과 여성 간의 관계가 바람직한 균형을 이루며, 모든 이들이 부를 공유하지만 누구도 소유하지는 않는 그런 세상이다.

토착민 대통령의 호소

다양성이 존재하는 통합을 위하여

'볼리비아 대통령 에보 모랄레스가 2008년 11월 13일 모잠비크의 수도 마푸토에서 개최된 비아 캄페시나 제5차 총회에 보낸 공개서한'

에보 모랄레스(Evo Morales)
에보 모랄레스는 2006년부터 볼리비아의 대통령이다. 그는 스페인 정복 이래 토착민으로는 처음으로 볼리비아 대통령에 당선되었다.

형제자매 여러분.

볼리비아 대통령으로서 해야 할 일이 산적해 있어, 늘 함께하고픈 마음과 달리 여러분과 함께하지 못하게 되었습니다. 여러분의 활동에 관한 소식을 들을 때마다 저는 추억에 젖어들곤 합니다. 비아 캄페시나*의 설립 멤버로서 여러분과 함께 있는 자리에서 당면 과제들을 의논하고 싶은 마음이 간절하기 때문입니다.

그래도 볼리비아에서 파견된 대표단이 마푸토에 참석해 있을 것입니다. 그들은 현재 나를 도와 인종차별주의나 국민 간에 아무 차별이 없는 통합된 볼리비아를 구현하기 위해 투쟁을 벌이고 있는 형제자매들입니다. 우리는 시민을 일류나 이류로 구분하지 않고, 모두가 똑같은 권리와 의무를 지니며, 학업과 의료 혜택의 동등한 기회가 보

---

*비아 캄페시나(La Via Campesina) : 비아 캄페시나는 '아시아와 아프리카, 아메리카 및 유럽 대륙의 토착민 공동체와 농촌 여성, 농업 종사자, 중소 농장주의 농민단체들로 조직화된 국제 운동'이다. 유럽과 라틴아메리카의 농민단체들에 의해 1992년에 설립되었고 벨기에에 첫 본부를 두었다. 이후 온두라스의 테구시갈파로 본부를 옮겼다가 현재는 인도네시아 자카르타에 기반을 두고 있다. 69개국에 회원들을 갖고 있다. www.viacampesina.org

장되고, 기초 생활서비스가 민영이 아닌 인간의 권리가 되는 국가를 만들고자 투쟁 중입니다.

 그런 의미에서 제가 유엔에 보낸 제안서를 여러분도 심사숙고해 볼 수 있도록 전달해드리고자 합니다. 이 제안서는 세계와 생명과 인류를 구원할 10가지 항목으로 구성되어 있습니다. '대외' 채무를 생태 부채로 바꾸고, 농작물을 이용한 연료 이용을 중단시키고, 물과 전기, 교육, 의료, 통신, 교통의 민영화를 막고, '다양성이 존재하는 통합'의 문화를 조성할 방안에 관한 아이디어를 모으기 위한 제안입니다.

하나
'기후변화'는 사실상 인류의 산물이 아니라, 무제한적인 산업 발전에 기초해 지금도 진행 중인 자본주의체제의 산물이다. 우리는 인간 착취와 천연자원 약탈을 완전히 몰아내야 한다. 대외채무를 상환하고 있는 국가들이 아니라, 북반구 선진국들이야말로 생태 부채를 갚아야 할 필요가 있다.

둘
'전쟁'은 제국화된 국가들과 다국적 기업 혹은 이와 관련된 집단에게는 이익을 안겨주지만, 국민들에게는 죽음과 파괴 그리고 빈곤을 안긴다. 수조 달러에 이르는 전쟁 준비자금은 자원 남용과 과도한 개발로 상처 입은 지구에 투자해야 마땅하다.

셋

제국주의나 식민주의에서 완전히 벗어나 전세계 국가들 간에 굴복이 아닌 '공존의 관계'가 구축되어야 할 필요가 있다. 우리는 대화가 오고가는 명랑한 사회 문화를 지지하므로 쌍무적이고 다각적인 관계들이 필요하다.

넷

'물'은 인간의 권리이자 지구상에 존재하는 모든 생명체의 권리다. 전기 없이는 살 수 있지만 물 없이는 살 수 없다. 물은 생명이다. 수자원의 민영화를 허용하는 정책들을 그대로 둘 수는 없다. 수자원을 인간의 권리로 보호하고 민영화를 저지하기 위해 물에 관한 협의체를 구성할 필요가 있다.

다섯

자연 친화적인 '청정에너지의 개발'은 에너지 위기를 중단시켜줄 것이다. 100년 동안 우리는 수백만 년에 걸쳐 생성된 화석 에너지들을 마구 사용해왔다. 농작물을 이용한 연료에 대한 주장을 철회하라. 인간을 위한 식량 생산 이외에 호화 자동차를 굴리기 위해 사용할 만한 땅은 없다.

여섯

'어머니 대지(Mother Earth)'에 관한 한 어떤 전문가나 학자들도 토착민 리더들의 논쟁 상대가 될 수 없다. 토착민운동은 지구가 우리의 모태라는 점을 사회의 다른 부문들에 납득시킬 수 있을 것이다.

일곱
수도, 전기, 교육, 의료, 통신 및 교통과 같은 '기초생활서비스'는 모든 인간이 누려야 할 기본 권리로 간주되어야 한다. 그것들은 공공서비스이기 때문에 민간사업의 대상이 될 수 없다.

여덟
'필요한 것을 소비하고', 생산 물품에 우선순위를 매기고, 해당 지역 내에서 소비하라. 소비지상주의와 퇴폐, 사치를 종식시켜라. 인간다운 생활을 박탈당한 수백만의 희생을 밟고 소수가 사치를 즐긴다는 점은 납득할 수 없는 일이다. 매년 수백만 명이 기아로 죽어나가는 동안, 세계의 다른 부분에서는 비만과의 전쟁에 수백만 달러가 쓰이고 있다.

아홉
문화와 경제의 '다양성을 육성하라.' 항상 배제만 당해왔던 토착민운동은 다양성이 존재하는 통합에 대한 확신을 갖고 있다. 일례로 한 국가 안에 백인, 황색인, 흑인, 인디언이 두루 포함된 '다민족 국가'를 들 수 있다.

열

'잘산다는 것은 새로운 개념이 아니다.' 우리 선조들의 생활방식을 되돌리고 이기주의와 사치품에 대한 욕구를 부추기는 사고방식에 종말을 고하는 식의 단순한 문제다. 잘산다는 것은 다른 이들의 희생을 대가로 더 잘살게 되는 것을 의미하지 않는다. '어머니 대지'와 조화를 이루는 공동체 중심의 사회주의를 구현할 필요가 있다.

강대국만의
자본주의에
대항하다

개방형 반자본주의를 통한 자원의 사회적 공유

'나는 공동소유를 통해 우리가 더 큰 자유를 얻을 수 있으리라고 생각한다.'

데렉 월(Derek Wall)

에코소셜리스트 인터내셔널 앤드 그린 레프트(Ecosocialist International and Green Left)의 설립자이며 영국 녹색당(Green Party)의 전 대변인이었고 친환경 정치에 관한 다수의 책을 집필했다. 토착민들의 투쟁을 독려하는 잡지 《루카 인디지나 Luca Indigena》를 발행 중인 페루의 환경운동가 유고 블랑코(Hugo Blanco)와 긴밀히 연대하고 있다.

　　　　　　　　　　　　　　　자본주의는 그 과도한 성향과 현재 드러나는 문제점들에도 불구하고 일반적으로 식탁에 빵을 올려놓는 효과적인 수단인 것처럼 여겨진다. 특히 1989년 베를린 장벽의 붕괴와 소비에트 연방의 몰락 이후에는 제품과 서비스를 생산하고 유통하는 또 다른 시스템을 상상하기 어려울 정도가 되었다.

　자본주의는 생산을 유도하고 체계화한다. 그래서 생산과 유통, 소비를 체계화할 대안 시스템을 아예 새롭게 만들어내는 것보다는 기존의 자본주의가 더 잘 작동하도록 개조할 방법을 구상하는 것이 한결 수월해 보인다. 종종 제기되는 주장처럼, 과거부터 자본주의에는 왜곡 현상이 발생해왔고 그때마다 정부 개입 조치로 상황을 바로잡을 수 있었다.

　그러나 1930년대 이후 자본주의에 닥친 최악의 위기인 최근의 경기침체는 해결하기 힘든 문제가 되었다. 따라서 더 철저한 규제시스템에 대한 요구의 목소리가 높아지고 있다.

자본주의의 근본적인 결함

자본주의는 몇 가지 근본적인 결함에 시달리고 있다. 아마도 가장 근본적인 결함은 자본주의가 내재적으로 성장의 의무를 지니고 있는데 그 방법을 생태 측면에서 찾아내기가 어렵다는 점일 것이다. 2008년 경제위기가 보여주듯이 자본주의는 우리가 점점 더 많이 소비하는 경우에만 제 기능을 발휘할 수 있다. 하지만 소비의 증가는 자원의 급격한 고갈과 망가진 생태계, 기후변화 등 심각한 환경 문제를 가중시키는 근원이 되고 있다. 자본주의는 소비가 증가하고 있을 경우에만 비로소 실제로 제 기능을 한다. 작금의 세계 경제침체는 이 점을 분명히 보여준다. 소비자 구매는 더 줄어들고 있고, 생산자들은 폐업 위기에 처해 있다. 이는 다시 실업률 증가로 이어진다. 해결책은 소비자 지출을 증가시키는 것이지만 그런 소비는 생태적 비용을 지니며, 이것을 지불하는 일은 더욱 더 어려워질 것이다.

자본주의는 또한 울타리 치기를 기본으로 삼는다. 자원들에 울타리를 두르고 우리가 대가를 치르고 자원을 이용하게끔 만든다. 자본가들이 우리로 하여금 깨끗한 공기를 이용하기 위해 대가를 지불하도록 만들 수 있었다면, 그들은 그렇게 했을 것이다. 자본주의는 제품과 서비스의 생산을 보장하는 단순한 시장 기반 시스템으로 기능하기보다는 우리 생활의 모든 측면을 장악하는 경향이 있다. 자본주의는 인간의 활동을 기초로 하고 있으면서도, 우리가 하는 일을 통제하고 그 위에 군림하면서 갈수록 더욱 비인간적인 결과를 낳는다. 정부 정책들은 인류와 자연에 유익한 것이 무엇인지가 아니라, 자본주의 경제 기능에 효과적인 것이 무엇일지에 초점을 맞춰 움직이고 있다. 결국 자본주의가, 생산 수단을 소유한 소수를 위해 일하는 다수의 땀으로 가동된다는 점은 오래 전부터 확인된 사실이다.

경제시스템들은 재산권을 기반으로 삼는다. 다른 형태의 재산권 체계가 있다면, 지금과 다르며 지속가능한 경제가 가능할 것이다. 자본주의에서는 사유재산이 기본적인 요소이고 재산은 차츰 더 소수에게 집중되는 경향이 있다. 재산이 없는 사람들은 생존을 위해 더욱더 열심히 일해야 한다. 일반적으로 사유재산에 대한 대안으로 자원의 국가 관리를 떠올리는데, 이것은 소비에트 연방과 동유럽에서 관료주의적이고 비효율적이며 생태적으로도 해로운 것으로 입증되었다.

'사회적 공유'의 효과

그러나 자본주의와 국가 관리 모두에 대한 하나의 대안이 있다. 이것은 사회적 공유(social sharing) 또는 오픈 소스(open source) 혹은 공공재(commons) 등으로 다양하게 표현된다. 그것이 기초로 삼는 것은 자원에 대한 자유로운 접근이다. 해변을 거닐어보거나 인터넷을 사용해본 적이 있다면, 당신도 공공재에 한몫 낀 셈이다. 경제학자 엘리노어 오스트롬(Elinor Ostrom)은 세계 곳곳의 삼림과 강과 바다와 목초지를 보존하는 데 있어 공공재가 어떻게 활용되었는지 연구하기도 했다. 1992년 〈더 에콜로지스트 The Ecologist〉는 '누구의 공통된 미래인가?'라는 글을 게재했는데, 이 글의 논지는 국가 관리나 민영화보다 공공재가 생태를 보호하는 가장 좋은 방법이라는 것이었다. 최근 몇 년 동안 이어진 범세계통신망과 인터넷, 무료 소프트웨어의 탄생은 공공재에 기반한 시스템의 중요성을 드높여주었다. 법이론학자 요차이 벤클러(Yochai Benkler)는 '사회적 공유'로 널리 알려진 공공재 기반의 경제시스템을 개발한 바 있다.

공공재는 장구한 역사를 지니고 있다. 유대교와 이슬람교의 전통에서도 찾아볼 수 있고, 5대륙 전역의 토착민들도 공공재를 보편적으로 활용한다. 로마법에서도 공공재를 인정했으며, 좌파 진영이 종종 까먹을 때도 있긴 하지만 공공재는 마르크스의 자본주의에 대한 비판의 많은 근거들 중 하나이고, 공산주의에 대한 그의 갈망을 고취시킨 요소였다. 마르크스의 정치적 집필활동 중 초기작들 중 하나인 《도벌법에 관한 논쟁 Debates on the Law on Thefts of Wood》은 힘 있는 지주에 의한 공공재 시스템의 파괴를 고찰한다.

삼림과 목초지, 바다 등 생명 유지에 필수적인 환경을 보호하는 기능을 하는 공공재의 다양한 사례들은 얼마든지 제시할 수 있다. 그러나 또 한편으로 공공재는 다른 종류의 자원들에도 적용 가능하다. 〈이코노미스트〉는 지식경제에서 공동소유가 증가하는 추세라고 적고 있다. "컴퓨터를 사용하는 대부분의 사람들은 '오픈 소스' 운동이 무엇인지 확실히는 모르더라도 이 말을 한 번쯤은 들어봤을 것이다. 그것은 소프트웨어를 만드는 하나의 방식으로, 프로그래머 수천 명의 개인적 기여를 필요로 한다. 그 결과물로 나온 프로그램들에 대한 소유권은 아무에게도 귀속되지 않으며 누구나 무료로 이용할 수 있다. 그 소프트웨어에 대한 저작권에는 무료 사용과 성능 향상을 보장한다는 내용밖에 없다. 따라서 본질적으로 오픈 소스에는 두 가지 요소가 포함된다. 여분의 능력(컴퓨터광들의 잉여 시간과 기술)을 경제적 생산에 보태는 것과 공유하는 것이다."

공공재를 이용하는 방식은 많은 장점이 있다. 그것은 공동소유 형태를 확산시키기 때문에 자원 이용을 감소시키면서도 보다 풍요로운 생활, 노골적으로 정의하자면 물적 자원에 대한 접근권을 누릴 가능성을 지닌다. 자본주의에서 개별화된 소유권은 낭비를 야기하는 과잉소비가 그 체제의 일부라는 점을 의미한다. 사회적 공유 방식의 경우 굳이 소유하지 않고도 제품들을 이용할 권리를 확보할 수 있다.

도서관은 공공재를 활용하는 방식으로 풍요로운 생활을 누릴 수 있다는 점을 잘 보여주는 사례다. 읽고 싶은 모든 책을 구매하기 위해 책장을 메우고 벌목을 하는 대신, 도서관에서 책을 빌려서 읽은 후 반납할 수 있다. 도서관들은 책 구매를 방해하는 역할이 아니라 더 많은 사람들이 더 많은 책을 읽을 수 있도록 해주는 한편, 우리 모두가 개인 서고를 가지고 있을 경우보다 훨씬 더 적은 자원을 소모하도록 해준다. 카풀링(Car pooling)도 사회적 공유의 사례다. '승용차 함께 타기 모임'은 모두가 승용차를 구매하지 않고도 이따금 차가 필요한 개인들이 승용차를 이용할 수 있도록 해준다. 사회적 공유는 모든 형태의 제품과 서비스로 확대될 수 있을 것이다. 사회적 공유는 개인의 소유권을 완전히 폐지하는 것이 아니라, 제품에 대한 더 많은 이용권을 누리면서도 더 적은 자원을 소모할 수 있음을 의미한다. 인터넷과 웹의 세계에도 익숙한 사례들이 무수히 많다.

사회적 공유는 '용익권(用益權, usufruct)'에 기초한 개념이다. 간단히 말해 용익권은 처음과 거의 똑같은 상태로 남겨둔다는 조건 하에 개인이 자원에 대한 접근권을 지녀도 좋다는 의미다. 로마법에서도 찾아볼 수 있으며 거의 모든 공공재의 이면에 놓여 있는 원리이다. 또한 용익권은 본래 생태계의 원리다. 우리는 카풀을 통해 승용차를 빌릴 수는 있지만 다음 운전자를 위해 온전한 상태로 그것을 남겨두어야 한다. 지구의 자원도 다음 세대를 위해 온전한 상태로 남겨둘 경우에만 그것을 이용할 수 있다. 광물과 금속 자원에 용익권을 적용한다면, 채굴업자가 광산이 있던 자리를 처음 발견된 상태 거의 그대로 남겨둔다는 점을 분명히 할 경우에만 채굴이 허용될 것이다. 용익권은 생태적 지속가능성의 법적 근거를 제공해준다. 반면 개인 소유주들은 다음 세대들을 거의 고려하지 않은 채 단기 이익을 위해 무엇이든 최대한 이용하려는 경향을 보인다.

역사를 통틀어 공공재는 필요한 곳에서 생태계의 원리를 보장하기 위해 활용되었다. 스틴팅*은 공공재가 과도한 사용으로 고갈되지

---

*스틴팅(Stinting): 유럽 중세시대에 주로 공유지에 적용하던 정량 준수를 위한 제도.

않도록 공공재에 대한 접근권을 돌아가며 이용하기 위해 활용된다. 유럽의 경우 공유지는 무한경쟁의 대상이 아니라 해당 지역의 위원회에 의해 관리되었다. 이 지역위원회들은 자손 대대로 땅이 비옥하게 유지되도록 하기 위해 목초지 이용권을 할당해주는 역할을 했다. 위키(WiKi)에 허튼소리를 올리면 당신은 유저 커뮤니티에서 제명당할 위험에 처할 것이다.

공공재에 기초한 시스템들은 분권화되는 경향이 있는데, 이는 효율적인 경제시스템을 운영하기 위해 필요한 대량의 정보를 처리할 수 있음을 의미한다. 분권화는 또한 생태적 미덕이기도 하다. 지역민들은 자원을 친환경적으로 유지하려는 동기와 수단을 모두 지니고 있기 때문이다. 그들은 자원을 훼손한다면 향후 생활수준을 그대로 유지하기 힘들다는 점을 깨닫게 될 것이다. 그리고 생태계는 복잡한 것이고 지역민들은 그곳에서 멀리 떨어져 있는 정책 책임자들보다 그 지역의 생태계를 더 잘 관리할 방법을 알고 있을 확률이 높다. 중앙집권적인 관리는 유연성이 부족하다. 자유시장주의자들은 자본주의가 분권화된 유연한 시스템이라고 대대적으로 주장했지만, 막상 그것은 중앙집권적이며 계획에 따라 움직이는 기업 형태로 진화했다. 오픈 소스 시스템들은 각 개인들에게 자원에 대한 접근권을 제공해주는 민주적인 형태다. 자본주의는 자원들을 극소수의 사람들에게 집중시키는 경향이 있지만, 부가 언젠가는 나머지 사람들에게도 흘러내려 가리라고 상정한다.

개인 간의 직접적인 연결에 기초하는 무료 소프트웨어 개발은 집단의 창의력이 얼핏 다루기 힘들어 보이는 문제를 해결하는 데 활용될 수도 있음을 보여준다. 어떤 소프트웨어 개발자가 자유로운 이용과 성능 향상을 전제로 제품을 만들어 사이버공간에 올려놓으면, 다른 이들은 그것의 디자인에 기여할 수 있다. 그 외 여러 사람들은 버그를 제거하는 일을 돕는다. 무료 범세계통신망의 탄생은 이 원리를 잘 보여주며, 새로운 공공재들이 빠른 속도로 부상하도록 해주었다.

요약하자면, 공공재는 공동소유를 촉진시킴으로써 생태계의 피해와 빈곤을 모두 축소시킨다. 그것은 생태계의 원리, 즉 자원에 대한 접근권이 돈이나 권력이 아니라 자원을 보존할 수 있는 능력에 의해 좌우되는 원리에 토대를 둔다. 공공재는 분권화되어 있고 민주적이며 창의적이다. 인류 역사의 상당 부분에서도 공공재가 시도되고 검증되었다. 전통적으로도 그것은 토지 소유의 가장 중요한 형태였다. 사이버공간의 탄생은 공공재가 지식경제의 독보적인 특징이라는 사실을 의미한다.

공공재의 확장과 함께 시장은 위축될 테지만, 시장에서 제품과 서비스가 판매되는 곳에서도 기업의 과두제를 경제 민주주의로 대체하는 대안적 소유권 관계를 통해 자본주의를 능가할 수 있을 것이다. 민주주의는 종종 '중우정치'라는 비난을 받곤 하지만, 아무리 불완전하더라도 그것은 현재 정치가 지향하는 보편적 목표다. 각각의 시민이 각자 하나씩 투표권을 갖는 원리와 마찬가지로, 경제 민주주의에서도 부에 대한 동일한 접근권을 가져야 한다. 유한회사는 지분 소유를 기초로 하지만 민주적 경제시스템에서는 노동자들이 기업을 소유할 수 있을 것이다. 영국의 경우 웨이트로즈(Waitrose) 슈퍼마켓으로 가장 유명한 존 루이스 그룹(John Lewis)의 소유자는 수익을 직접 공유하는 근로자들이다. 이 업체가 완벽한 모델이라고 할 수는 없지만, 자본주의 안에서 전통적 자본주의의 재산권에 도전을 제기하는 하나의 단체로서 나름의 역할을 하고 있다.

자본주의에서는 당연히 수익이 모든 것을 좌우하지만, 민주적인 경제에서는 환경적·사회적으로 바람직한 목표들이 생산을 인도할 수 있을 것이다. 단순히 생계를 이어나가기 위해 무기나 각종 반사회적 제품을 만드는 업체에서 일하는 것을 정말로 좋아할 사람이 어디 있겠는가? 자본주의에서는 경제적 불안감에 이끌려 기업을 소유한 소수를 위해, 불필요하고 위험하며 혐오스러운 제품을 생산하는 경우가 많다. 사회주의 작가이자 디자이너인 윌리엄 모리스(William Morris)는 아름답거나 유용한 것 이외에는 집에 두지 말라고 주장했다. 그의 말대로만 된다면, 우리는 유용하거나 미적인 것을 생산하기 위해서만 일하는 경제를 만들어낼 수 있을 것이다.

10가지 정책 계획

지금까지 간략한 설명이긴 했지만, 자본주의에 대한 대안이 있다는 점만큼은 내 설명을 통해 제대로 전달되었기를 바란다. 자본주의의 대안을 꿈꾸는 일은 반드시 필요하며 실현가능한 일이기도 하다. 현재 우리가 급속히 힘을 잃어가는 악몽 속에서 살고 있기 때문에 더욱 그렇다. 제품의 생산, 소비, 유통은 차츰 공공재·사회적 공유·오픈 소스 메커니즘에 의해 대체될 수 있을 것이다. 많은 경제활동이 상품화에서 벗어나게 될 것이고, 이런 일이 힘든 곳에서는 노동을 직접 담당한 사람에게 보상이 주어지는 상호소유 시스템으로 생산이 이뤄질 수 있을 것이다.

이런 협동조합 형태의 생산은 생태적·사회적으로 바람직한 목표들을 기본으로 삼을 것이다. 기존의 경제는 위축될 것이고 노동 분담이 장려될 것이다.

자본주의 이후의 경제가 역사의 종말을 의미하지는 않을 것이다. 갈등이 발생하고 자원 쟁탈전도 완전히 사라지지는 않을 것이며, '생태', '사회적으로 필수적인', '민주적인', '유용한', '아름다운' 등의 표현이 진정으로 의미하는 것에 대해 분노에 찬 주장들도 계속 맹위를 떨칠 것이다. 힘 있는 사람들은 당연히 지금껏 내내 그래왔듯 공공재를 없애려 들거나 소수의 이해관계에 맞춰 방향을 전환하려고 애쓸 것이다. 자원에 대한 접근권이 계급에 의거한다고 간주한다면 계급투쟁도 계속될 것이다. 우편서비스와 전력사업, 복지시스템과 그 외에 다른 많은 것들을 운영하는 데 있어 국가 개입도 필수적일 것이다.

당연히 시장들도 형태는 달라지겠지만 지속될 것이다. 모순점들이 완전히 제거될 수는 없다. 그러나 어쨌든 공공재에 대한 대안으로서 자본주의 경제가 존재하는 일은 불가능할 것이다. 무한정한 성장을 필요로 하는 경제시스템은 끝내 몰락하게 되어 있다. 공공재는 생태계의 순환을 존중함으로써 자손 대대로 존속할 잠재력을 지니고 있다. 자본주의에는 이런 능력이 없다.

　자본주의 경제시스템이 계속 가동된다면 다른 모든 것들도 뒤따라오는 경향을 보일 것이다. 그 시스템이 환경을 파괴하고 부당성을 증폭시키고 인간의 창의력을 억누르는 쪽으로 작동한다면, 제아무리 많은 부분을 고친다 해도 지속가능하고 공정한 시스템이 되지는 않을 것이다. 예를 들어 기후에 관한 국제협약들은 필요한 것이지만, 지구상의 경제시스템이 무제한적인 자원 이용에 기초해 돌아간다면 그 국제협약이 효력을 발할 가능성은 거의 없을 것이다.

　공공재에 기초한 대안을 촉진시키는 일을 돕기 위해 정책들이 조정될 수 있을 것이고 마땅히 그래야만 한다. 내가 제안하는 10가지 정책 계획은 다음과 같다.

- 열대우림과 생명 유지에 필수적인 여타 생태계에 대한 토착민들의 관리권 보장.
- 노동자들이 파산한 기업들의 경영권을 확보하도록 허용.
- 자원을 공동으로 이용하기 위한 정부자금 활용.
- SUV 차량으로 갈아타는 현상과 무기 관련 문제를 그린 뉴딜의 핵심 현안에 포함시키는 일.
- 오픈소스로 저작권 등록.
- 토지 개혁.

- 도서관과 각종 사회적 공유에 대한 자금 지원.
- 세금과 복지시스템이 공공재를 지원하도록 만드는 일.
- 소유권의 변화를 위한 경쟁체제 개혁.
- 제약과 의료의 사회적 소유.

   20개든 100개든 더 적어나갈 수 있겠지만, 무엇보다 이 10가지 제안은 우리가 대안시스템 쪽으로 더 가까이 다가가도록 도와줄 것이다. 첫 번째 항목은 단연코 가장 시급한 일이다. 광물채굴과 석유개발, 그리고 바이오연료를 얻고자 불도저를 동원해 열대우림을 비롯한 여타 필수 생태계를 파괴시키는 행위는 기후변화라는 심각한 위협을 한층 더 가중시킨다. 토착민의 관리 하에 열대우림에 대한 접근과 이용이 허용된다면, 기후변화를 늦추고 결국엔 상황을 역전시키는 데 있어 막대하고 즉각적인 효과를 얻게 될 것이다. 현재 토착민들은 기후변화에 관한 공식적 정책을 수립하는 과정에 아무런 역할도 하지 못한다. 이런 상황을 바꿔야 한다. 토착민을 배제한 채 이뤄지는 모든 기후변화 대처 노력은 충분한 효과를 발휘할 수 없기 때문이다.

   나오미 클라인(Naomi Klein)과 에이비 루이스(Avi Lewis)의 DVD 발행물 〈더 테이크The Take〉에서 시간 순으로 잘 정리해서 보여주었듯, 노동자들이 파산한 기업의 경영권을 확보하도록 허용하는 아르헨티나의 법규는 노동자의 기업 경영 참여를 증가시켰고, 라틴아메리카의 다른 국가들에도 유사한 정책이 도입되도록 영감을 제공해주었다. 다른 국가들에서 이뤄지는 유사한 입법활동들도 상호협동적인 경제를 구축하는 데 있어 필수 요소가 될 것이다. 은행들과 여타 기업들을 구제하기 위해 사용된 거금의 상당 부분은 소유 패턴을 변화시키는 쪽으로 유용될 수도 있을 것이다.

실제로 2008년 금융위기에서 살아남은 금융기관들은 영국의 협동조합은행(Cooperative Bank)처럼 상호금고나 협동조합들로 전환되는 경향을 보였다. 그리고 이미 공개형(open source) 은행도 존재한다. 일례로 공개형 은행인 조파(Zopa)의 경우, 개인 간 직접 연결 방식에 기초해 대출금리와 예금금리를 그들끼리 '직접' 합의한다. 한편 자동차회사들도 정부의 구제자금을 요구하고 있고 우리는 새 차를 구매하라는 설득을 당하고 있다. 1980년대로 거슬러 올라가보면, 지금과 유사한 상황에서 루카스항공(Lucas Aerospace)의 노조 대표였던 마이크 쿨리(Mike Cooley)는 지역사회 주민 및 대학과 협력해 사회에 유용한 제품들을 생산하려는 대안적 생산 계획을 내놓은 적이 있다. 이처럼 그린 뉴딜은 파괴적이고 구시대적인 제품들을 노동자들의 관리 하에 사회에 유익한 것으로 전향하는 일을 기본으로 삼아야 할 것이다.

토지 개혁은 새로운 공공재를 창출하기 위해 필수적으로 시행되어야 할 조치다. 용익권의 원리가 적용된 토지에 대한 접근권은 빈곤을 퇴치하는 데 꼭 필요한 요소다. 1066년 노르망디를 침입한 윌리엄 1세(William I) 이래로 제국시대의 약탈자들은 영국의 공공재들을 도둑질해왔지만, 지금은 그 국민들에게 땅을 되돌려줄 시점이다. 세계 전역에는 윌리엄 못지않은 다른 많은 이들이 존재해왔다. 영화 〈대부The Godfather〉가 상기시켜주듯이, 모든 엄청난 재산 뒤에는 엄청난 범죄가 있다.

모든 형태의 도서관과 사회적 공유 프로젝트들에 대한 지원은 큰 가치를 지닐 것이다. 시민들의 소득을 도입함으로써 복지의 개념을 완전히 뒤바꾸는 일은 새로운 경제의 창출을 가속화할 것이다. 이미 경이로운 성장을 거듭하고 있는 자유로운 지식경제를 확대하기 위해 특허와 저작권 관련 법규도 바뀔 수 있을 것이다. 환자들의 희생을 대가로 가당찮은 독점적 수익을 얻기 위해 특허를 이용하는 일은 용납할 수 없는 일이다. 특허 개혁은 전세계적인 저렴한 의료서비스를 창출할 수 있을 것이다.

나는 기득권 세력이 순순히 물러나리란 기대는 하지 않는다. 또한 기득권 세력이 떠난다 해도 수많은 과도기적 요구들에 기초한 자본주의가 이후의 경제를 합리적으로 구축할 수 있으리라는 확신이 도무지 들지 않는다. 따라서 실생활 속에서 실제로 투쟁에 합류하는 일이 중요하다. 내가 말하는 개념만 제대로 인식한다면, 공공재를 확보하고 울타리 치기에 맞서는 투쟁들을 곳곳에서 찾아볼 수 있을 것이다.

2008년 페루 정부가 미국과의 자유무역협정 일환으로 토착 공유지 매입을 기업에게 좀 더 용이하게 해주는 법규를 도입하자 한 차례 대대적인 투쟁이 발생했다. 그 법규는 아마존의 파괴를 가속화하게 될 것이고, 이는 벌목과 광물 채굴, 석유 개발로 인한 기후변화를 증가시킬 터였다. 50개 이상의 서로 다른 토착민 단체는 이 법을 받아들이지 않기로 결의했다. 그들은 도시에 전력 공급을 중단하는 등의 직접적인 비폭력 행동에 돌입했고, 정부의 무력 개입에 위협을 당하면서도 끝까지 뜻을 굽히지 않고 그 법을 폐지하도록 페루 의회를 밀어붙였다. 현재 페루의 토착민들은 그 공유지를 수호하고 있으며 그럼으로써 전세계 생태계를 보존하는 데 일조하고 있다.

  자본주의에 대한 대안은 가능하며 필요한 일이다. 그것이 이미 꽤 무르익기는 했지만 충분히 성장하기 위해서는 정치적 투쟁이 필요할 것이다. 아르헨티나의 노동자들과 페루의 토착민들 그리고 곳곳에서 무료 프로그램을 개발하는 컴퓨터광들은 그 투쟁의 시발점이 되었다. 공공재의 개념은 생태계를 파괴하지 않고도 풍요로운 삶을 누릴 수 있는 생생한 대안을 제시해준다. 당신의 피켓에 이 문구를 써넣어라. "공공재를 지키고 확대하고 개발하라."

환경보호를 가장한 꼼수

국제기후협상의 불합리함

'기후에 관한 국제협의를 통해 과연 기후정의를 달성할 수 있을까?'

대니 치버스(Danny Chivers)

기후변화와 관련된 모든 것을 주제로 글을 쓰고, 연구하고, 활동을 전개하는 운동가이다. 기후변화에 관한 민중의 조약에 대한 전망은 〈뉴인터내셔널리스트〉 2010년 1월호에 게재된 그의 글, '바다보다 빨리 일어서기(Rising Faster Than The Oceans)' 라는 기사에서 좀 더 자세히 고찰하고 있다.[1]

토끼 열 마리가 거대한 당근을 깎아 만든 배를 타고 바다에서 길을 잃었다고 가정해보자. 배의 원료인 당근이 유일한 식량으로 남게 되자, 모든 토끼들이 그것을 계속 갉아먹고 있다. 배는 빠른 속도로 물속에 가라앉는 중이다. 그러나 아무도 배를 갉아먹는 일을 먼저 중단할 마음이 없다. 그렇게 한다면 가장 먼저 굶어죽게 될 것이기 때문이다. 모든 토끼가 배를 갉아먹는 일을 멈추지 않는 한, 그들 중 몇몇이 그 일을 멈춘다고 해도 아무 소용이 없다. 단 한 마리의 토끼라도 계속해서 배를 갉아먹는다면 배는 결국 가라앉고 말 것이기 때문이다.

같은 배를 탄 처지

간단히 말해, 세계 기후위기가 바로 이런 상황이다. 우리 모두가 기후변화에 대처하기 위한 노력에 동참하지 않는 한, 개별 국가들의 활동으로는 달성할 수 있는 것이 거의 없다. 물론 현실은 조금 더 복잡하다. 앞의 토끼들의 경우, 배를 갉아먹는 대신에 해초를 건져낼 방법을 알게 되면 간단히 합의에 이를 수 있을 것이다. 반면 우리 인간의 경우에는 전세계적으로 엄청난 불평등과 책임 부담의 정도, 자원 착취 및 국제협상 결렬의 역사가 개입해 들어올 것이다. 그러니 어쩌면 국제기후협상들이 실행 가능한 글로벌 해법을 아직 찾아내지 못한 것도 그리 놀랄 만한 일은 아닐 것이다.

우리가 지금까지 이룬 최대 성과는 1997년에 만들어진 교토의정서(Kyoto Protocol)였다. 그 의정서에 따라 부유한 산업국들, 즉 '부속서1(Annex 1)'에 규정된 의무를 지켜야 하는 국가들은 2012년까지 이산화탄소 배출량을 5.2퍼센트씩 감축하기로 약속했다. 익히 알려져 있듯이 미국은 이 의정서에서 탈퇴했고, 계속 남아 있는 대부분의 국가들도 이렇게 적은 감축량 목표조차 달성할 수 있을 것 같지는 않다. 2009년 12월에 개최된 코펜하겐 기후변화회의도 이 목표치를 쇄신하는 일에 실패하고 말았다.

공정한 지점

한편, 가난한 국가들이 기후 친화적인 개발 노선으로 갈아타도록 하기 위한 확실한 계획이 합의된 적은 한 번도 없었다. 미국은 '공정성'이라는 명분을 내세워, '부속서1'의 의무규정에 해당되지 않는 국가들이 온실가스 감축 목표를 받아들이지 않는 한 미국도 참여하지 않겠다고 말한다. 그러나 남반구 정부들은 자신들이 화석연료 잔치에 너무 늦게 합류하게 되었음을 지적한다. 그들은 산업국들이 지난 200년 동안 온실가스를 배출한 탓에 우리가 이 지경에 이르렀으며, 그 가스들이 현재 지구의 대기를 달구고 있다고 주장한다. 북반구 선진국들이 스스로 합의한 교토의정서의 목표치도 대체로 지키지 못하는 마당에, '부속서1' 국가들이 어떻게 남반구 후진국에게 이산화탄소 감축이라는 부당한 목표를 내세워 개발을 제한하라고 요구할 수 있느냐는 불만이다.

게다가 저탄소 개발을 지원하고 기후변화의 영향에 대처하며 저탄소 기술로 전환하기 위한 자금 협약이 체결되기는 했지만, 유엔기후변화협약을 통해 북반구에서 남반구로 이동한 실질적인 자금은 결함이 매우 많은 청정개발체제(Clean Development Mechanism, 이하 CDM)를 경유했다. CDM은 부유한 국가가 도시의 쓰레기 매립지와 어쨌든 건축될 예정이었던 대규모 댐, 약간 더 효율적인 철강정련소 같은 '청정개발' 프로젝트들을 이용해 자국의 온실가스 배출량을 상쇄할 수 있도록 허용해주었다. 현재 거의 모든 이들은 CDM을 수정하거나 완전히 폐지하고 보다 공정한 체제로 대체해야 한다고 주장한다.

교토의정서가 효력을 다할 때까지 파행을 거듭하는 가운데 정부들은 2012년부터 2020년까지 적용할 온실가스 감축 목표에 대한 새로운 타협안을 이끌어내고자 열심히 노력 중이다. 이것이 2009년 12월 코펜하겐에서 열린 제15차 기후변화협약 당사국총회의 확정 목표였다.

교토의정서가 채택된 이후 기후협약 관련 노력들은, 현재 전세계 이산화탄소 배출량의 30퍼센트를 차지하는 미국이 어떤 것에든 서명하도록 만드는 일에 초점을 맞춰왔다. 하지만 세계 인구들의 실질적 니즈보다 부유한 국가들의 이해관계에 더 치우친 타협은 두 가지 결정적인 실패를 낳을 것이다. 우선 미국과 유럽연합이 주장한 탄소 시장의 확대는 남반구의 생명과 생계를 희생시키는 대가로 민영 중개업체들의 배만 불려줄 것이다. 다른 한편으로 매우 불공정한 거래는 남반구의 여러 정부들에 의해 분명히 거부당할 것이다.

가난한 국가들은 교토의정서 안에 '개발에 대한 권리'와 '공동의 차별화된 책임'을 확실히 명시하기 위해 치열하게 투쟁해왔고, 이는 부국들이 먼저 행동에 나서기를 기대한다는 의미다. '부속서1' 국가들이 자국 내 온실가스 감축, 조건 없는 자금 지원, 기술 이전 및 경제개발 허용을 통해 이런 원칙들에 대한 실질적인 헌신을 보여주지 않는 한, 남반구 국가들이 2012년 이후의 타협안을 순순히 받아들일 가능성은 아주 낮을 것이다.[2]

계속 이어나가기

안타깝게도 지금까지 상황은 정반대 방향으로 흘러왔다. 토론토(1988년)에서부터 교토(1997년)와 발리(2007년)에 이르기까지 기후에 관한 협의가 계속되어왔지만 부국들의 이산화탄소 감축 목표는 약 19억 톤이나 줄어들었고, 탄소 배출권거래시장의 역할은 꾸준히 증가해왔다.3)

예를 들어 국제기후회의들에서 요즘 주로 논의되는 주제는 레드 계획안(Reduced Emissions from Deforestation and Degradation, REDD)이다. 여기에서 주장하는 바는 전세계 숲에 저장된 탄소를 탄소시장에 추가시켜야 한다는 것이다.4) 그렇게 되면 수천 년 동안 사람들이 살아온 삼림지들이 일거에 상품화되어 판매될 것이고, 북반구의 부자들이 계속 차를 몰고 쇼핑을 다닐 수 있는 권리가 생겨날 것이다. 그렇지만 새로운 연구가 밝혀낸 바에 따르면, 토착 삼림 원주민들의 토지에 대한 권리를 인정해주는 방식이 탄소시장을 활용하는 것보다 비용이 덜 들고 더 효과적이다.5)

현재 오명을 떨치고 있는 코펜하겐 기후변화회의의 협상안 도출 실패는 이런 해결되지 않은 공정성 문제들과 관련이 있을 것이다. 탄소 감축 목표나 세계기후기금에 있어 실질적인 양보를 거부하는 산업국들과 이런 필수 항목들이 빠진 협상안에 서명할 의사가 없는 남반구 여러 국가들의 대치는 어떤 유의미한 합의도 이룰 수 없음을 의미했다. 협상 자리에서 그 국가들은 이런 유감스러운 상황이 발생하는 데 있어 중국이 수행한 역할에 대해 크게 화내며 흥분하는 모습을 보이기도 했다. 하지만 사실 그 국가들도 공정하고 효과적인 글로벌 기후협약에 대한 필요성보다는 자국의 이익을 앞세우는 '부속서1' 국가들과 전혀 다를 바 없이 행동했다. 코펜하겐 기후변화회의의 실패는 결국 기후정의라는 핵심 사안을 해결하는 데 실패한 협상국들 모두의 책임이다.

협상 테이블에서 무엇이 논의되었나

코펜하겐 기후변화회의에서 무슨 일이 있었는지, 그리고 그 회의들이 어디로 가고 있는지 이해하려면 이런 국제회의들에서 거론된 몇 가지 제안과 전문용어를 좀 더 자세히 살펴보는 게 유익할 것이다. 지금부터 협상 자리에서 논의된 주제들을 간략히 살펴보고, 기후정의 측면에서 어떤 평가(10점 만점 기준)를 내릴 수 있는지 생각해보기로 하자.

국제적 측면에서

교토의정서의 '그랜드파더링(grandfathering)'
유엔기후변화협약을 통해 산업국들의 온실가스 배출권을 할당하는 방식. 모든 국가는 1990년의 온실가스 배출량을 기준으로 정해진 비율까지 가스 배출을 감축해야 한다.

공정성(2점/10점) : 1990년에 많은 오염을 일으켰던 국가들이 당시보다 온실가스 배출량을 약간 더 줄이는 조건으로 계속 오염의 주범들로 남게 된다. 이것보다 더 공정한 시스템은 인류공동자산협회(Global Commons Institute)가 주장하는 '축소와 수렴(Contraction and Convergence)' 방식과 같은 1인당 배출량과 온실가스 배출에 따른 역사적 책임 및 재정적 여력에 기초하는 방식일 것이다.

효율성(2점/10점) : 할당받는 배출권의 기준이 되는 1990년도는 기후과학과 아무런 관련 없이 완전히 임의적으로 정해진 해다.

지지 현황(10점/10점) : 유럽연합은 '부속서1' 국가들에 대한 새로운 감축 목표를 제시하고 있는데, 2020년까지 30퍼센트의 온실가스를 감축하겠다는 것이다. 최빈국연대는 그 목표치가 45~50퍼센트면 더 좋겠다고 말했다. 이 목표들 모두 기준 연도인 1990년과 배치된다. 그리고 지금은 그것이 당연한 것으로 받아들여진다. '축소와 수렴'과 같은 대안적 방안이 때때로 논의되지만 한 번도 채택된 적은 없다.

비유할 만한 상황 : 부유한 관광객들과 극빈한 난민들이 비행기 추락 사고에서 간신히 살아남아 산 속에 고립되었다. 그들은 사고가 발생하기 전 일주일간 먹은 음식의 양을 기준으로 식량을 배급하기로 결정한다. 일주일 전 하루 동안 먹은 음식의 양이 많을수록 지금 얻게 되는 식량도 더 많아지는 셈이다.

온실 개발권(Greenhouse Development Rights, GDRs)

온실가스 감축 목표를 정하기 위한 대안적 방안. 이 방식은 특정 소득한계선 이하의 모든 이들이 우선적으로 빈곤에서 스스로 벗어날 권리를 지녀야 하며, 그러므로 배출량 목표 대상에서 제외될 것을 상정한다. 따라서 소득한계선 이상에 해당하는 시민이 어느 정도인지, 그들이 한계선을 초과하는 정도가 어떠한지, 그 국가가 배출하는 온실가스가 어느 정도인지에 근거해 기후변화 대처 활동에 대한 책임 총량이 할당된다.

공정성(8점/10점) : 남반구 부유한 지배층의 책임을 감면시키지 않는 가운데, 전세계 빈곤 인구(북반구와 남반구)를 위한 명확한 '개발에 대한 권리'가 포함되어 있다. 그러나 부유한 국가들에 의한 온실가스 배출의 '해외 이전'이나 역사적 책임은 인정하지 않으며, 세부적으로는 잠재적 악령이 많이 도사리고 있다. 소득한계선을 어떻게 정할 것인가 등도 풀어야 할 과제다.

효율성(9점/10점) : 이 틀 안에서 결정되는 목표들은 최신 기후과학에 근거를 두고 있고, 그 목표가 달성된다면 최악의 상황은 모면할 수 있을 것이다.

지지 현황(4점/10점) : 130여 개국에 이르는 개발도상국들의 모임인 G77의 일부 국가들이 이 방안에 대해 논의한 바 있고, 크리스천 에이드(Christian Aid)와 옥스팜(Oxfam)의 후원을 받고 있지만, 유엔기후변화협정 내에서는 아직 공식적 입지를 확보하지 못하고 있다.

온실가스 배출권을 할당하고 목표를 정하기 위한 다른 방법

역사적 책임

세계 기후변화에 대한 개별 국가들의 책임이 어느 정도인지 가늠하는 척도로 산업혁명 이후의 탄소배출 총량이 활용되어야 한다는 개념. 역사를 통틀어 그 국가가 어느 정도의 기후변화를 실제로 야기했는지에 대한 훌륭한 인식을 제공해준다. 남반구 정부들이 빈번히 제기하는 방안이나, 수많은 추정과 복잡한 계산을 활용하지 않고는 미래 배출 목표의 근거로 이용되기는 매우 어렵다. 브라질이 한 번 시도해보았지만, 사실상 전혀 주목을 받지 못했다.

탄소배출강도

GDP 1달러당 배출되는 이산화탄소의 양. 관심을 끄는 기준이기는 하나 유의미한 목표치를 정하는 데는 무용지물이다. 그것이 온실가스 배출 총량과 직접적인 연관성이 없기 때문이다. 그렇지만 미국은 2002년에 교토의정서에서 탈퇴하는 대신 미국의 탄소 배출 강도를 10년 이내에 18퍼센트 감축하겠다고 말했다. 미국이 이 말을 대략적으로 이행하고 있는 중으로 보이긴 하지만, 그 국가의 GDP가 증가하는 동시에 탄소배출 총량도 꾸준히 증가해왔다. 그러니 당시에는 그것이 큰 역할을 했다. 2009년 중국이 2020년까지 탄소 배출 강도를 40퍼센트 감축하겠다고 스스로 목표를 정했을 때, 대대적인 자축 분위기가 감돌았다.

비유할 만한 상황 : 한 도시가 외국의 침략으로 인해 초토화된다. 그 외국인들에게서 훔친 돈으로(이것이 공격의 원인이다) 튼튼한 집을 지어 살고 있었던 덕분에 무사히 탈출한 사람들은, 건물 재건축 작업의 대부분을 맡게 될 예정이다. 그 외국인들에게 아무런 해를 끼치지 않았으며, 늘 가난했고, 공격을 받는 동안 붕괴되어버린 부실한 집에서 살고 있던 사람들은 재건 작업에 합류하기 전에 먼저 병원에서 회복할 시간을 가져야 한다. 죽지 않았다면 말이다.

배출권 거래(Emissions Trading)
부유한 산업국들이 온실가스 감축 목표를 달성하기 위해 준비 중인 주요 방안이다. 하지만 '탄소배출권'을 다국 국가들과 거래하는 방식으로 마련된 방안이라 부유하지 않는 국가들에는 불리할 가능성이 매우 농후하다. 삼림은 그 계획에 추가될 수도 있고 아닐 수도 있다.

공정성(1점/10점) : 이 시스템은 오염을 일으키는 산업과 정부들로 하여금 북반구 경제학자들이 정한 복잡한 거래 규칙을 이용해 온실가스 감축 의무에서 벗어날 방법을 돈으로 살 수 있도록 허용해준다. 민영 중개업체들은 다른 사람들의 숲과 들판에 있는 탄소에 대한 권리를 사고파는 방식으로 돈을 벌어 효력이 미심쩍은 미봉책들에 투자하고 오염을 유발하는 산업들을 지원한다.

효율성(2점/10점) : 유럽연합의 탄소배출권거래제도(EU Emission Trading Scheme)는 탄소 감축에 대한 입증된 효과를 아직 확보하지 못했다. 부유한 정부들과 기업들은 다른 곳으로부터 탄소 감축량을 구매함으로써 자국의 온실가스 감축의무를 회피할 수 있다. 또한 정치권은 남반구의 보다 효율적인 저탄소 개발에 절실히 필요한 자금을 내놓지 않는 이유에 대한 변명거리를 확보한다.

미친, 나쁜, 위험한 영향들(8점/10점) : 유전자를 조작해서 만든 '탄소 먹는 미생물'을 방출하거나, 기아를 야기하는 농작물 연료 농장을 만들거나, 삼림을 민영화하거나 혹은 원자력발전소를 몇 대 더 짓고 싶은가? 그렇다면 탄소시장은 당신을 위한 곳이다!

지지 현황(9.5/10) : 우리가 그것을 중단하기로 결심하지 않는 한, 지지 현황은 9.5점에 이른다.

비유할 만한 상황 : 낄낄대며 웃고 있는 월스트리트 트레이더들에게 지구의 생태계에 대한 통제권을 건네주는 상황. 아니, 이 말은 비유가 아니라 완전한 현실이다.

레드(Reduced Emissions from Deforestation and Degradation)
2009년 회의의 주요 논제. 가장 최근의 제안에는 삼림에 저장된 탄소를 탄소시장에 추가하는 방안도 포함되었다. 이것은 자국 내 삼림을 벌채하지 '않음'으로써 온실가스 배출 허가권을 확보하는 방식이다.

공정성(2점/10점) : 사람들이 수천 년에 걸쳐 살아온 산림지가 단번에 상품으로 둔갑해 판매되고, 북반구의 부자들이 계속 차를 몰고 쇼핑을 다닐 수 있는 권리가 생겨난다.

효율성(4점/10점) : 삼림 보호는 기후 재앙 방지에 꼭 필요한 일이다. 전세계 탄소 배출량의 약 20퍼센트는 삼림 파괴로 인한 것이기 때문이다. 그러나 삼림을 탄소시장에 포함시키는 것은 곧 삼림이 포집하는 탄소가 다른 곳에서 추가로 발생하는 탄소배출에 의해 상쇄되리라는 점을 의미한다. 한편 세계은행의 자금 지원으로 수행된 최근의 한 연구에 따르면, 현지 삼림지를 주거지로 삼는 토착민들의 토지에 대한 권리를 인정해주는 방식이 탄소시장을 활용하는 것보다 비용이 덜 들고 더 효과적이다.

미친, 나쁜, 위험한 영향들(6점/10점) : 삼림 속의 탄소를 계량화하는 작업은 상상도 못할 만큼 어렵다. 정글 한 평의 탄소 가치를 얼마로 책정하든 과학적으로 입증될 리 만무하겠지만, 어쨌든 그런 식으로 도출된 가치는 다른 곳에서 배출되는 동등한 가치의 탄소량을 정당화하는 데 활용될 것이다.

지지 현황(5점/10점) : 이것은 유엔기후변화협약 절차 내에서 수많은 이견을 불러일으키고 있는 치열한 논쟁의 대상이다. 삼림 보호를 위한 다른 재원이 나타나지 않는다면 남반구 국가들은 결국 압박에 밀려 합의하게 될 수도 있다.

비유할 만한 상황 : "당신의 집은 이산화탄소를 흡수하는 중요한 공간이며, 차를 몰고 쇼핑몰로 향하는 200명의 호주인들에게 정당성을 부여해주기 위해 이용되어왔다. 걱정할 것 없다. 우리 규칙만 따라준다면 당분간은 여기에 계속 살게 해줄 테니까."

경감과 적응 기금(Mitigation and Adaptation Funds)
G77과 중국은 부유한 국가들이 수년간 약속해온 기후변화 지원 자금을 내놓으라고 주장한다. 그들은 이 자금을 중앙기금으로 조성해 남반구의 저탄소 기술과 온실가스 배출 축소, 기후변화 대처에 사용할 계획이다.[6]

공정성(7점/10점) : 중앙기금 조성에는 장단점이 있다. 정부들에게 자금을 직접 제공할 경우 무익한 프로젝트들에 돈을 탕진하거나 부정부패로 이어질 수 있다. 한편 중앙기금은 각국 정부들보다 훨씬 멀찍이 떨어진 곳에서 자금 지출 결정을 내려야 하는 단점이 있다.

효율성(5점/10점) : 그 기금이 현지 산림지에 거주하는 토착민들의 토지에 대한 권리를 보호하는 등의 효과적인 프로젝트에 쓰일지, 아니면 원자력처럼 비용이 많이 들고 본래의 취지에 어긋나는 활동에 쓰이게 될지는 모르는 일이다.

지지 현황(7점/10점) : 기후협약 회의들이 영원히 무산되는 상황을 원치 않는다면 부유한 국가들은 무언가를 내놓아야 할 것이다.

비유할 만한 상황 : 당신의 집 안으로 불도저를 몰고 들어와 집을 허물고 그 잔해들을 팔아치운 어떤 사람이 있다. 그런데 그가 그 일에 대한 보상으로 텐트를 하나 사주겠다고 약속한다. 어마어마한 폭풍우가 지평선에 몰려드는 위태로운 상황 속에서 당신은 그에게 또 다시 퉁명스런 독촉장을 발송하고 있다.

기술 이전

2009년 기후회의의 또 다른 뜨거운 주제다. 산업국들은 개발도상국들에게 저탄소 기술을 이용할 수 있도록 해주기로 약속했다. 아직까지 그 약속과 관련해 실제로 이루어진 일은 별로 없다. 그 주된 장애물이 국제 특허 법규들이다.

공정성(8점/10점) : 그것은 분명 공정하며 명백히 필요한 일이다. 특히 특허 법규의 완화는 더욱 그렇다.

효율성(6점/10점) : 재앙을 모면하려 한다면 어떤 형태로든 그렇게 해야 한다. 다만 태양열 시스템을 구축하기 위한 수단을 제공하는 것과 새로운 원자력발전소를 짓도록 도와주는 일이 미치는 영향은 다를 것이다. 이전되는 기술의 형태가 결정적으로 중요할 것이다.

지지 현황(7점/10점) : 남반구 국가들은 거세게 밀어붙이고 있지만, 언제, 얼마나 이전해줄지, 그리고 어떤 조건이 달릴지 등은 미지수다.

비유할 만한 상황 : 일전에 당신 집을 망가뜨린 그 녀석이 폭풍을 피해 멀리 달아날 수 있도록 당신에게 자전거를 한 대 사준다.

교토2

새롭게 제기된 방안으로, 교토2에 따르면 석유나 천연가스를 추출하거나 석탄을 채굴하기를 희망하는 기업들은 허가권을 구매해야 한다. 이 허가권들은 철저히 통제될 것이며, 기후과학의 요구에 맞춰 매년 줄어들 것이다. 허가권 판매로 생긴 자금은 글로벌 기금으로 조성되어 숲을 보호하고, 기후변화 대응 수단에 할애되고, 지속가능한 기술의 '혁명'을 창출하고, 가난한 공동체들이 저탄소 세계로 이행하는 일을 도울 것이다.

공정성(7점/10점) : 오염을 유발하는 사람은 대가를 치르고, 그 자금은 필요한 사람들과 국가에게 전달된다. 꽤 훌륭한 방안이다. 하지만 이런 조건이 붙어야 한다. 가난한 사람들이 급작스러운 연료 가격 인상으로부터 보호를 받아야 하고, 기금 배분을 책임지는 기관들은 투명하고 책임감 있게 그 일을 처리해야 한다. 이 방안을 궁리해낸 올리버 티켈(Oliver Tickell)이 권장하는 기관은 유엔 기구와 NGO들이다.

효율성(8점/10점) : 이론적으로 훌륭한 것 같고 믿을 만한 기후과학을 근거로 한다. 다만, 화석연료 업체들이 빠져나갈 구멍을 찾는 일에 도가 텄다는 점을 우리는 너무 잘 알고 있다.

지지 현황(1점/10점) : 이 새로운 제안은 책임을 국가들로부터 기업들로 이전시킴으로써 국제협상에서 오고가는 용어들을 완전히 바꿔놓는 측면이 있을 것이다. 그것이 주된 논쟁에서 벗어나 혼란을 초래하는 요인으로 간주될지, 아니면 역사적 책임을 명쾌히 인정하지 않는 북반구에 편향된 제안으로 비춰질지, 혹은 현재의 교착상태에서 벗어날 수 있는 좋은 방법으로 여겨질지는 알 수 없는 일이다.

비유할 만한 상황 : 회의가 거의 끝나가는 시점에 어떤 사람이 지난 4시간의 논의를 완전히 백지화할 수도 있는 흥미롭고 새로운 아이디어를 제안한 순간이다. 이를 통해 그들이 타협을 이루게 될지 혹은

회의에 찬물을 끼얹게 될지는 아무도 모른다.

여러 국가들 내부에서

온실가스 감축 목표를 달성할 방안을 제시하는 수많은 아이디어들이 기후협의를 뒷받침하고 있다. 다음은 채택이 유력해 보이는 몇 가지 제안들이다.

정부 후원 기후 정책들
구제금융의 지원을 받아 기후변화 문제를 타개하기 위한 계획들이다. 대중교통 네트워크의 개선과 대량의 가정용 단열재, 해안의 대규모 풍력발전단지 등 광범위한 영역에서 이뤄지고 있다.

 공정성(5점/10점) : 정부에 대한 신뢰도에 따라 좌우된다. 공동 소유의 기후변화 대책들은 기업이나 소비자 주도의 해결책들보다 그 조치의 영향권 내에 있는 사람들에 대한 더 큰 책임감을 보여준다. 최소한 민주주의 국가에서는 그렇다. 반면 기후보다는 부유한 엘리트에게 이득이 돌아가는 막대한 비용의 '해결책들'로 공공자금이 유용되고 부패가 발생할 공산이 크다.
 효율성(5점/10점) : 세부사항들에 따라 완전히 달라진다. 그러나 기업의 오염행위를 금지하는 입법 활동과 교통과 에너지시스템의 개선 등 시민이나 공동체집단 단독으로는 불가능하고 정부가 적극적 역할을 수행할 필요가 있는 몇 가지 일들이 있다.

　　지지 현황(6점/10점) : 어딘가에 긍정적인 사례들이 있겠지만 도로와 활주로, 화석연료 발전소의 동시다발적 개발로 인해 정부 후원 기후 정책들은 종종 무산된다.

　　비유할 만한 상황 : 사실은 별로 좋아하지 않거나 그다지 믿음이 안 가는 형에게 당신을 괴롭히는 애들을 혼내 달라고 부탁하는 일.

탄소세(Carbon Taxes)

탄소세는 탄소 오염의 원천에 부과하는 세금을 뜻한다.

　　공정성(5점/10점) : 신중하게 도입하지 않는다면, 연료 가격의 인상으로 인해 사회의 극빈자들에게 가장 큰 타격을 입힐 수 있다. 화석연료를 생산하거나 연료로 사용하는 기업들에게 세금을 부과하는 방식이 더 공정할 것이다. 단, 이것은 그 기업들이 세금으로 인한 비용을 다른 사람에게 전가하지 못하도록 해야 한다는 전제 하에 그렇다. 캐나다 서남부 브리티시 컬럼비아 주에서 최근 도입한 탄소세 정책에는 극빈 가구들을 위한 할인이 포함되어 있다.

　　효율성(6점/10점) : 스웨덴, 핀란드, 네덜란드, 덴마크, 독일, 노르웨이, 이탈리아 및 미국의 몇몇 타운들과 카운티들은 탄소세를 시험적으로 시행한 바 있는데, 그 결과는 중구난방이었다. 그들이 시험해본 탄소세들은 탄소배출량을 분명 감소시키는 것으로 보였으나, 대개 기대했던 것보다 그 양이 적었다. 그 원인은 산업계나 분노한 소비자

단체가 요구하는 할인 조치와 교묘하게 존재하는 '빠져나갈 구멍들' 탓인 경우가 많았다.

지지 현황(5점/10점) : 유엔기후변화협약에서도 잠재적 수단으로 탄소세가 논의되고 있지만, 막상 국가들 내에서는 일반적으로 탄소세가 그다지 잘 알려져 있지 않다.

비유할 만한 상황: 사실은 별로 좋아하지 않거나 그다지 믿음이 안 가는 형에게 불량배들이 당신을 괴롭힐 때마다 1달러씩 돈을 뺏어 달라고 부탁하는 일.

기술적 해결책과 지구 공학

사례로 설명하자면, 유전자조작 해조류 연료와 이산화탄소를 포집해 지하저장고에 보관하기, 우주에 거울들을 쏘아 올리기, 믿을 만한 핵융합 기술 찾아내기, 식량용 농작물로 연료 만들기, 바다에 철 뿌리기 및 하늘에 황산염 분사하기 등이 있다.

공정성(1점/10점) : 이런 대부분의 계획들은 소수의 기업과 정부의 손에 세계 기후에 대한 과도한 통제권을 쥐어줄 것이다. 미국이나 중국이 전세계가 타들어가는 현상을 방지할 유일한 수단인 초대형 우주 거울의 통제권을 지니고 있다고 상상해보라. 혹은 세계 전체가 전력을 얻기 위해 기대고 있는 해조류 연료 특허를 다국적 농업생물공학 기업 몬산토(Monsanto)가 보유하고 있다면 어떨지 생각해보라. 이 얼마나 멋드러진 미래란 말인가.

효율성(2점/10점) : 이런 기술 대부분이 대규모로 확산되기에는 10년이 넘는 기간이 필요하고, 이 기간 동안 그것들은 입증되고 지속가능한 해결책들로부터 자원을 흡수해버릴 것이다.

　　미친, 나쁜, 위험한 영향들(10점/10점) : 유독한 해조류가 확산되고, 지금은 거의 파악도 안 된 해양 먹이사슬이 무너지며, 토지와 바다와 산림이 대거 도용되고, 산성비가 내리고, 향후 느닷없이 땅에서 이산화탄소가 분출하고, 기후체계를 기업이 통제하는, 이런 일을 해야겠는가?

　　지지 현황(7점/10점) : 유럽의 정부들은 탄소 포집 기술의 실현에 필사적으로 매달린다. 호주에서는 대기 중에 황산염을 뿌리는 것에 찬성하는 시위들이 벌어졌었다. 탄소배출권 공개시장은 이 수많은 해괴한 계획들을 대폭 증가시키는 계기가 될 것이다.

　　비유할 만한 상황 : 집에 화재가 났고, 그래서 당신은 거실에 앉아 벽을 부수는 기능을 하는 거대한 로봇을 설계하기 시작한다.

공동체의 해법들

공동체 소유의 지속가능한 에너지와 식량, 교통 그리고 토지, 숲, 전통적 농업활동에 대한 토착민의 권리 인정까지 총망라하는 굉장히 광범위한 카테고리의 계획이다.

　　공정성(9점/10점) : 가장 직접적인 영향을 받는 사람들이 직접 설계

탄소 할당

기업 및 공공부문에 대한 개인별 탄소배출 할당치를 발표하자는 아이디어. 일부 사람들은 이 아이디어를 받아들였고, 영국을 중심으로 민간차원의 탄소할당 단체(Carbon Rationing Action Groups)가 급부상했다. 다른 일부는 시민의 자유와 개인의 자유를 침해한다는 이유로 거부했다. 제시된 대부분의 계획들이 어느 정도의 할당량 거래를 포함하고 있다는 사실은, 가장 부유한 사람들이 가난한 사람들에게서 배출허가권을 구매하는 방식을 통해 탄소를 많이 배출하는 생활방식을 연장해나갈 수 있으리라는 점을 의미한다. 일부 평론가들은 이것이 부를 재분배하는 효과적인 방식이 될 수도 있다는 점에 주목한다. 그 외 다른 이들은 그것이 국제 탄소시장과 다를 바 없는 공기의 사유화라고 말한다. 몇몇 정부들이 그것에 관해 논의했던 적은 있지만 그런 정책은 아직 어디에도 존재하지 않는다.

하고 실행하는 해법들은 공정하고 책임의식이 투철할 가능성이 훨씬 크다. 그러나 이 해법들이 대량의 온실가스 감축으로 귀결되지 않는다면, 세계 전역의 수백만 인구가 참혹한 기후변화로 인해 계속 고통을 받게 될 것이다.

효율성(7/10) : 지역의 해법들은 해당 지역의 대대적인 탄소 감축이라는 결과를 낳을 테지만, 그것들이 보다 광범위한 탄소 감축 계획의 일부에 속하지 않으면 충분한 몫을 하기 어렵다.

    지지 현황(3/10) : 대부분의 국제논의와 국가 정책은 공동체의 자발적 사업을 지원하기보다는 시장 주도의 대규모 해결책에 초점을 맞춘다. 그러나 국제 사회운동들은 이 사안에 대한 목소리를 내고 활동에 뛰어들기 시작하고 있다. 영세농민들의 강력한 네트워크인 비아 캄페시나는 코펜하겐에서 '영세 농경이 지구의 기온을 낮춘다'는 근거를 들어 '식량주권'의 필요성을 공개적으로 발표했다. 토착환경네트워크(Indigenous Environment Network)는 전세계 토착민들이 화석연료 업체들과 벌목 회사들에 맞서 그들의 땅을 지켜냄으로써 대부분의 사람들보다 기후를 보호하는 데 있어 더 많은 일을 해냈다는 점을 지적했다.

    비유할 만한 상황: 아주 성실하게 꾸준히 계속되는 상황.

향후 나아갈 길

                  코펜하겐 기후회의는 자체적으로 시인하듯이 실패작이었다. 하지만 '성공적'인 회의였더라도 아마 교토의정서와 유사한 합의안을 내놓았을 것이다. 1990년을 기준으로 임의적인 감축 목표(수치는 더 커졌을지 몰라도)가 정해졌을 것이고, 아마도 일부 대규모 개발도상국들에게는 탄소 경감을 위한 추가 자금을 대가로 감축 목표가 주어졌을 것이며, 주된 '해결 방식'으로 탄소

거래를 합의했을 것이다. 십중팔구 그 합의안도 교토의정서에 못지 않게 성공적으로 대략 마무리되었을 것이다.

다행히도 전세계적으로 반대의견이 증가하고 있다. 지구의 벗(Friends of the Earth International), 옥스팜, 그리스천 에이드 같은 대규모 NGO들은 기후정의라는 사안에 대해 점점 더 목소리를 높이고 있다. 기후위기에 대한 공동체 주도의 해결책과 탄소거래시장을 통한 토지와 삼림의 사유화 중단을 요구하기 위해 남반구와 북반구 사회운동단체들 사이에 새로운 네트워크가 형성되고 있다.

일단 해보자

유엔기후변화협약 회의에 너무 오래 매달려 있어서는 안 된다. 특정한 정상회의에 모든 에너지를 쏟아 붓는 방법보다는 강력한 국가적·국제적 운동들을 구축하는 방식을 통해 지속적인 변화를 이끌어낼 확률이 훨씬 더 높다. 그러나 이런 글로벌 이슈와 맞서 싸우기 위해서는 어떤 형태든 국제적인 큰 틀이 필요하다는 점은 부인하기 어려운 사실이다.

하지만 하루가 시급한 기후위기 문제를 감안해볼 때, 멕시코에서 열리는 다음번 기후변화협약 당사국총회가 예정된 2012년 12월까지 유엔기후변화협약이 어떻게든 전열을 가다듬게 되리라고 기대하는 것은 현명한 생각이 아닌 듯하다. 우리가 2009년에 추진했던 것과 똑같은 종류의 캠페인을 벌이면서 이번에는 다른 결과를 기대하는 태도는 근본적으로 볼 때 실패하기로 작정한 것이나 다름없다. 기후정의를 위한 다른 길을 모색할 필요가 있다.

다행히도 대안적인 경로가 이미 발전 단계에 있는 것 같다. 전세계 기후 활동가들 사이에 이미 널리 확산 중인 대안이 하나 있다. 우리 스스로 국제기후합의안을 도출할 수 있다는 제안이다. 기후과학과 사회정의에 공히 기초한 글로벌 조약이자, 정부를 아예 거치지 않고 민중들에게서 직접 도출한 '민중의정서(People's Protocol)'가 그것이다. 거기에는 단순히 요구들만 죽 나열할 게 아니라, 이용 가능한 모든 방법을 동원해서라도 반드시 도입하고자 하는 일련의 현실적 해결책을 담아내야 한다. 정부들이 화석연료 사용을 단계적으로 축소해 마침내 완전히 몰아내지 않는다면, 탄광과 유전을 폐쇄하는 식으로 정부 대신 우리가 그 일을 해야 할 것이다. 정부들이 세계의 숲을 보호하지 않는다면, 더 나쁘게는 사리사욕을 채우고자 숲을 팔아넘기려고 시도한다면 우리가 그 땅의 사람들과 협력해 우리 스스로 지켜낼 것이다. 우리가 모두 동일한 목표지점을 향해 열심히 나아가고 있다는 사실을 알고 있다면 투쟁들을 연대하고 전략적으로 협력해나갈 수 있을 것이다. 그러면 우리의 모든 시위와 공동체 프로젝트들이 외로운 저항 활동이 아니라 더 큰 글로벌 전체의 일부라는 생각이 들 것이다.

2009년 12월 클리마포럼 선언(Klimaforum Declaration)[7], 기후변화에 관한 시민운동(The Peoples' Movement on Climate Change)[8]이 내놓은 대안적 민중의정서, IBON[9] 모두 훌륭한 출발점을 제공해

주며, 기후정의운동 내부에 이미 굉장히 많은 공통된 토대가 존재한다는 점을 잘 보여준다. 코펜하겐 기후회의에서 기후정의에 기초한 강경한 입장을 취한 소수 대표단들 중 하나인 볼리비아 정부는 2010년 4월 코차밤바에서 전세계 사회운동단체를 위한 대안적 기후 정상회의를 개최했다.10) 그 논의의 핵심 사안은 진정한 풀뿌리 민중의 조약(People's Treaty)이었다.

일부는 상향식 형태를 통해 우리 힘으로 그 조약을 실행할 수 있다는 전적인 믿음으로 우리에게 합류할 것이다. 다른 일부는 최소한 부분적으로는 유엔기후변화협약 절차에 새로운 활력을 불어넣기 위해 도전을 제기하는 것으로 여길 것이다. 지금 당장은 이런 시각 차이를 줄일 수는 없다. 다만 모두를 위해 계속해서 전진할 뿐이다.

탄소배출권 뒤에 숨은 강대국의 오만함

환경에 대한 시장적 접근을 경고함

'탄소배출권거래제도는 지구 온난화의 격랑을 헤쳐나가기에 적합한 구조선이 아닙니다. 공동체 주도의 재생에너지를 대신할 수 있는 것은 없다.'

패트릭 본드(Patrick Bond)
남아프리카 더반에 위치한 콰줄루네이탈대학교(University of KwaZulu-Natal)의 시민사회센터(Center for Civil Society)를 이끌고 있다. UKZN 프레스와 로젠버그 퍼블리셔스가 함께 발간하는 잡지 〈기후변화, 탄소배출권 거래제도, 시민사회 Climate Change, Carbon Trading and Civil Society〉의 공동 편집자다.

　　　　　　　　　　　　　　온실가스 감축을 위해 시장에 의존하려는 최후의 필사적 노력은 탄소거래의 열렬한 지지자이며 미국 대통령인 버락 오바마에게서 나올 가망성이 높다. 기후변화 대처 방안에 대한 그의 시장 친화적 접근방식은 어찌 보면 당연하다. 월스트리트 금융가들은 대선 주자 중 매케인(McCain)보다 오바마에게 훨씬 많은 대선 자금을 후원했다. 2008년 1월 오바마는 이렇게 발표했다. "우리는 다른 어느 국가 못지않게 적극적으로 탄소배출권 거래 메커니즘을 도입할 것이다. ……그러니 석탄으로 가동되는 공장을 짓고자 한다면 그렇게 해도 좋다. 다만, 배출되는 모든 온실가스에 대해 어마어마한 과징금이 부과될 것이므로 결국 파산하게 될 것이다. 이는 또한 태양열과 풍력, 바이오디젤 및 여타 대안 에너지에 투자할 수 있는 수십 억 달러를 발생시킬 것이다."

　이 말은 오염업체들이 합의된 한도 내에서 온실가스 배출허가권을 두고 서로 입찰 경쟁을 벌이게 될 것이고, 이는 다시 말해 경제적 효율성을 향상시키기 위해 그들이 서로 거래를 할 수 있다는 개념이다. 이는 간단하면서도 훌륭한 계획처럼 들릴 수도 있을 것이다. 하지만 제대로 작동하지는 않을 것이다. 그 부분적인 이유는, 아이러니하게도 오바마의 대선 압승에 일조한 2008년 금융위기가 또한 탄소가격의 폭락도 야기했기 때문이다.

당시의 금융위기로 인해 너무 많은 금융기관이 큰 타격을 입었고 신용시장이 급속히 얼어붙는 바람에 2008년 10월 첫 주 동안 배출권거래시장의 탄소 가치가 톤당 30달러에서 22달러 이하로 25퍼센트나 급락했다. 같은 해 7월 가격은 톤당 37달러였다. 이것은 청정에너지 투자자들에게 안정성과 안도감을 제공하려는 의도로 도입된 인센티브 정책이 얼마나 급속히 정반대 효과를 야기할 수 있는지 단적으로 보여주는 사례다.

낮은 탄소가격은 필요시 되는 대안에너지들에 대한 투자를 제대로 활성화시킬 수 없다. 예를 들어 액화탄소 저장 가능성이 있으나 아직 구현되지 못한 기술인 '탄소 포집 및 저장(carbon capture and storage)'에 대한 민간 투자가 활발해지려면 탄소가격이 톤당 50달러에서 75달러는 되어야 할 것으로 추정된다. 이런 극단적 변동성은 시장기능을 통해 오염업체를 제대로 계도할 수 있으리라는 기대가 무리라는 점을 명징하게 드러내준다.

탄소배출권거래제도의 은밀한 속임수

기후 문제를 해결하기 위한 정책수단으로 세계 리더들이 현재 고려중인 대부분의 정책들과 마찬가지로 탄소배출권거래제도도 프랑스의 사회주의자 앙드레 고르(André Gorz)가 제기한 '개혁주의적 개혁(reformist reform)'이다. 이는 시장이 야기한 문제인 온실가스를 자본주의적 '해법'으로 해결하는 것이다. 그 해법은 새롭게 탄생한 개념인 오염허가권의 승인과 거래를 통해 북반구 국가들이 탄소배출을 지속할 수 있도록 해준다. 여기에서 실질적으로 유일한 승자는 이미 수십억을 벌어들인 투기자와 금융가 및 에너지 부문의 장사치들이다. 공기 자체가 사유화되고 상품화되는 동안, 전세계 가난한 공동체들은 고통 받게 될 것이고 자원과 에너지는 실질적인 해결책에서 더욱더 멀어진다.

하지만 탄소배출권거래제도에 반대하는 사람들은 여전히 탄소시장이 미친 짓이라는 점을 납득시킬 필요가 있다. 사회적 통념은 정반대의 전제에서 시작되기 때문이다. 오바마는 이렇게 말한다. "시장 메커니즘은 전에도 제대로 작동해왔으며, 미국의 모든 소비자와 기업에게 기후변화에 대한 경제적으로 효과적인 해법들을 개발하는 데 창의력을 발휘할 인센티브를 제공해줄 것이다.

정말로 그럴까? 캐나다의 경제학자 존 데일스(John Dales)는 1968년도 논문에서 수질오염 문제에 시장논리를 적용함으로써 탄소배출권거래에 처음으로 정당성을 부여해주었다. 그 뒤 1980년대에 레이건과 부시 행정부에서 미국 정부가 환경파괴행위를 금지할 수 있는 능력을 박탈해버린 이후, 1990년 대기오염방지법(Clean Air Act)은 산성비에 대한 대처방안으로 이산화황의 거래를 처음으로 합법화했다. 이 접근방식은 유럽이 동일한 의도로 시행한 환경정책수단인 지시와 통제로 구성된 직접규제(command-and-control)보다 훨씬 덜 성공적이었다.

그럼에도 불구하고 1997년 교토의정서는 전세계 탄소배출을 줄이기 위한 핵심 전략으로 탄소배출권거래제를 포함시키기로 타결되었다. 일이 이렇게 된 이유는 당시 미국 부통령 앨 고어(Al Gore)의 협박 때문이었다. 그는 기업들이 다른 사람의 오염허가권을 매수하는 방식으로 정해진 한도 이상 탄소 배출을 지속할 수 있도록 해줄 경우에만 미국 의회가 승인할 것이라고 강하게 밀어붙였다. 교토에서 이에 반대하는 사람들을 설득해 의견 조율이 이뤄졌지만, 이후 클린턴-고어 행정부와 의회는 약속을 지키지 않았고, 조지 부시 대통령은 끝내 교토의정서에서 탈퇴했다. 하지만 탄소배출권거래에 관한 아이디어는 그대로 남아 논의석상에서 끈질기게 오르내리다 마침내 2005년 1월 유럽의 탄소배출권거래시장(Emissions Trading Scheme, 이하 ETS)이 문을 열게 되었다.

그 뒤로 줄곧, 당혹스런 처지에 빠진 금융가들과 산업계 저널리스트들로부터 스캔들과 잡다한 사건사고에 대한 소식이 들려왔다. 탄소배출허가권의 과도한 할당 탓에 ETS에 대형 사고가 터진 2006년 4월, 탄소의 시장가격을 인위적으로 책정하는 데 따르는 내재적 문제점이 고스란히 드러났다. 유럽연합이 시장을 구성하는 과정에서 계산착오를 일으켜 전력회사들에게 지나치게 많은 탄소배출권을 승인해주었던 것이다. 탄소 가치는 하루 만에 반토막 났으며, 이로 인해 그 사건이 벌어지기 전만 해도 실행 가능한 것으로 간주되었던 다수의 탄소상쇄 프로젝트*가 엉망이 되고 말았다.

2007년에 유럽 에너지 위원회(European Commissioner for Energy)는 ETS가 '실패작'임을 인정했다. 시티그룹의 피터 애서톤(Peter Atherton)은 이렇게 털어놓았다. "ETS는 온실가스 배출 억제를 위해 한 일이 전혀 없다……. 그것은 대체로 가난한 사람들에게 부과되는 고율의 역진세라 할 수 있다." 그것이 소기의 목적들을 달성했는가? "물가가 상승했고, 탄소배출량이 증가했으며, 관련 업체들의 수익이 증가했으나, …… 사실상 그렇지 않다." 승자는 누구이고 패자는 누구일까? "발전소에 기반한 모든 시설이 승자다. 석탄과 원자력에 기반한 발전소들은 큰 승리를 거뒀다. 헤지펀드들과 에너지 중개업체들은 훨씬 더 큰 성공을 거뒀다. 패자들을 굳이 꼽자면…… 소비자들이다!"

2007년 3월에는 〈월스트리트저널〉도 확고한 견해를 밝혔다. "탄소배출권거래제도는 일부 최대 규모 기업들에게 수익원이 될 테지만, 이 위장술이 지구온난화와 관련해 큰 역할을 하리라는 믿음은 단

---

*탄소상쇄 프로젝트 : 배출된 이산화탄소의 양만큼 온실가스 감축활동을 하거나 환경기금에 투자하는 것.

1초도 들지 않는다."

교토의정서는 또한 청정개발체제(CDM)를 통해 제3세계의 탄소 거래를 촉진시킨다. 청정개발체제의 목적은 온실가스 경감 프로젝트들, 일례로 쓰레기 매립지의 메탄가스를 전기로 전환하는 작업이나 나무 심기 운동에 건별로 자금을 조달하는 것이다. 하지만 2007년 3월 〈뉴스위크Newsweek〉의 조사에 따르면, "그것은 제 기능을 못하고 있으며…… 개발도상국들의 온실가스 감축에 있어 극도로 비효율적인 방식이라는 점을 대표적으로 보여준다."

브라질의 플랜타르 목재 단일재배와 같은 악명 높은 프로젝트들은 어마어마한 자금을 확보했으나, 지역 공동체들과 생태계에 끔찍한 결과를 초래했다. 〈뉴스위크〉는 "개발도상국에 있는 몇몇 최악의 탄소 배출업체에게 이미 30억 달러"가 전달된 그 거래를 일컬어 "협잡"이라는 표현을 썼다.

유럽의 탄소배출권거래시장의 대형사고와 관련해 2008년 10월 칼 모티쉬드(Carl Mortished)는 런던의 〈더 타임스The Times〉에 이런 글을 실었다. "ETS는 시장에 기초한 탄소 감축 전략에 있어 세계를 주도하려는 유럽의 험난한 시도를 조롱거리로 만들고 있다. 그것은 발전소들을 설득해 탄소 감축에 대규모 투자를 유도해내려고 애쓰는 일군의 투자자문가들과 투자자들에게 염증과 좌절감을 불러일으키고 있다."

환경을 팔아먹는 거대 자본들

주류에서 흘러나오는 이 모든 비난은 명백히 형편없는 아이디어의 종말을 가져와야 마땅하다. 하지만 교토의정서에 대해 가장 두드러진 로비활동을 벌였던 기후행동네트워크(Climate Action Network, 이하 CAN) 소속 주요 환경단체들을 비롯해 많은 이들이 여전히 탄소시장에 완강한 지지를 표명한다. 왜 그럴까? 일부는 실용주의적 측면을 거론한다. 일례로 캐나다 환경단체 시에라 클럽 캐나다(Sierra Club Canada)의 책임자 엘리자베스 메이(Elizabeth May)는 그것이 현재로선 그나마 제일 괜찮은 방식이라고 말한다. 그녀의 말을 직접 인용하자면, "나는 탄소세 도입이 더 바람직하다고 생각하는 쪽이지만, 우리가 합의를 이룬 사항에는 그것이 포함되어 있지 않다. 현실적으로 교토의정서는 온실가스 감축을 위한 유일하게 법적 구속력을 지닌 합의안이다. 물에 빠졌는데 누군가가 당장 구명보트를 던져준다면, 향후의 또 다른 구조수단을 기다리고만 있을 수는 없지 않은가."

하지만 미국 다트머스 대학의 정치생태학 교수인 마이클 도어시(Michael Dorsey)에 의하면 CAN이 배출권거래제에 지지를 표하는 데는 또 다른 이유가 있다. 지도부의 일부가 관련 산업에 사적으로 개입해 있기 때문이라는 것이다. 그는 탄소거래업체들과 유착관계에 있는 여러 유명한 환경단체들을 거명한다. 예를 들어 CAN 지도부의 일원이며 자연을 위한 세계펀드(Worldwide Fund for Nature) 소속의 제니퍼 모르건(Jennifer Morgan)을 생각해보자. 그녀는 2년간 환경단체를 떠나 탄소거래업체 E3G에서 기후 및 에너지 안보(Climate and Energy Security) 사업을 이끌었다. 이전에 '지구의 벗'에서 활동했던 케이트 햄프턴(Kate Hampton)도 마찬가지다. 그녀는 정책국장으로 기후변화캐피탈(Climate Change Capital)에 합류했는데, 이와 동시에 EU에 에너지와 환경에 관한 자문을 해주고 있으며, 캘리포니아 환경보호청(California Environmental Protection Agency)에서 일하고 있고, 국제 탄소 투자자 및 서비스(International Carbon Investors and Services)의 대표로 활동하고 있다.

도어시의 결론은, "10년이 넘는 기간 동안 정치공세를 벌이다 실패한 여러 NGO 단체들이…… 가라앉는 배에서 뛰어내려 환경 문제를 양산하는 산업에서 일하고 있다. 극히 부분적인 현상이긴 하지만 말이다. 안타깝게도, 그들은 현 위치에서도 NGO 정책에 계속 영향력을 행사하고 있지만, 이해관계의 명백한 충돌을 시인하지 않고 심지어는 이해조차 못 하고 있다." 그의 말마따나, 2008년 11월 지구의 벗 인터내셔널은 CAN에서 공식 탈퇴했다.

2008년 금융위기는 탄소배출권거래제가 항해에 적합한 구명보트가 아니라는 점을 명백히 입증해주었다. 기온과 해수면이 상승하는 동안 우리는 수많은 구멍이 뚫려 있음을 알게 되었고, 이는 우리 자손의 미래를 위협하지 않는 쪽으로 세계 경제를 변화시킬 방안을 논할 공간을 열어주었다. 다행히도, 풀뿌리 단체들이 환경운동단체들 중 활동이 부진하고 기업의 후원을 등에 업은 부류들에 대응해 활동을 전개하고 있으며, 다수의 시장전략들에 반대의사를 개진하고 화석연료에 대한 집착을 다른 방향으로 돌리기 위한 직접적이고 공정한 정책수단을 응원하기 위해 힘을 합치고 있다.

인도네시아와 타일랜드, 인도, 남아프리카공화국, 브라질 및 에콰도르의 비판자들은 북반구 선진국의 학계와 연구원들 및 급진적 환경주의자들과 함께 2004년 10월 '더반 선언(Durban Declaration)'을 처음 내놓았다. 이것은 탄소배출권거래제의 윤리적·경제적 결함에 대해 경종을 울렸다.

그러나 2007년 7월 더반선언의 주도자 사지다 칸(Sajida Khan)의 사망으로 이 운동에 비극적 차질이 발생했다. 그녀는 청정개발체제의 제안으로 자신의 집 바로 옆에서 추진 중인 '바사사르 로드(Bisasar Road) 매립지 메탄 활용 프로젝트'에 항의하는 투쟁을 벌이던 중이었다. 메탄 활용 프로젝트가 암을 유발해 결국 그녀를 죽음으로 몰고 갔다. 남은 사람들은 그녀의 뜻을 잊지 않았다. 2007년 12월 그들은 발리 기후협상에서 좀 더 광범위한 글로벌 정의 운동단체와 합세해 새로운 기후정의네트워크(Climate Justice Now!)를 조직했다.

기후정의네트워크는 정부와 금융기관 및 다국적 기업들이 추진 중인 잘못된 조치들, 예컨대 삼림 탄소시장과 농작물 연료 및 탄소상쇄 등을 밝혀내는 일에 몰두하고 있다. 그 회원들은 화석연료를 땅속에 남겨두고 깨끗하고 효율적이며, 공동체가 주도하는 재생에너지에 투자하기 위한 캠페인을 벌이고 있다. 공급 측면에서 기후변화를 막는 이런 식의 수단이야말로 현존하는 유일한 전략들이다. 시장 장치보다는 이런 전략을 통해 지구를 구하는 쪽으로 훨씬 더 멀리 나아갈 수 있을 것이다.

지금은 세계 빈곤과 맞서 싸울 최적기

경제성장 모델에 대한 도전

'오랜 시간 전세계가 해결하지 못하고 있는 기아와 빈곤을 근절하기 위한 청사진은 무엇인가?'

존 힐러리(John Hilary)
영국의 빈곤퇴치 단체인 빈곤과의 투쟁(War on Want)의 상임이사다.

2000년 9월에 개최된 새천년 정상회의(Millennium Summit)에서 세계 정부들은 '비참하고 비인간적인 상황을 낳는 극도의 빈곤으로부터 남성과 여성, 아동이 벗어나도록 하기 위해 최선을 다하겠다'고 굳게 맹세했다. 그 정상회의는 2015년까지 세계의 빈곤과 기아를 절반으로 줄이기 위한 청사진으로 새천년개발목표(Millennium Development Goals)를 채택했으며, 여기에는 의료와 교육, 고용, 환경의 지속가능성 및 성적 평등을 향상시키기 위한 주목할 만한 목표들도 포함되었다.

2008년 글로벌 경제위기는 전세계에 걸쳐 이 목표를 달성할 가능성을 크게 약화시켰다. 국제노동기구에 따르면, 세계적 경기침체로 2억 명이 넘는 개발도상국 국민이 극빈층으로 전락할 전망이다.1) 또한 수백만 명의 사람들이 비공식 경제 속에서 표류하게 될 것이고, 비공식 경제의 그늘 아래서 그들은 과부하에 시달리는 도시 거리와 시장에서 근근이 생계를 이어나가기 위해 발버둥칠 것이다. 심지어 세계에서 가장 부유한 국가들에서조차 2010년 말까지 실업률

이 10퍼센트 이상으로 증가하고, 추가로 2,500만 명이 일자리를 잃게 될 전망이다.[2]

이 경제 붕괴로 인해 지금 모든 새천년개발목표들이 위협에 처해 있다. 유엔이 최신 현황 보고서에서 발표했듯이, 식품 가격의 상승은 가구 소득의 하락과 맞물려 '아동 영양실조 개선'이라는 그간 달성한 성과를 이미 역전시키기 시작했다. 아동 사망률의 감소에서 이룬 진척도 위기에 놓여 있으며 특히 여자 아이의 경우 더 위험한 실정이다. 예를 들어 경기하강 기간 동안 개발도상국에서 여자 영아의 사망률은 남자 영아보다 5배 더 높았다. 남아시아와 아프리카의 사하라 사막 이남 국가들의 경우 산모를 위한 의료정책을 축소시키라는 압박을 받고 있기 때문에, 엄마들의 사망률도 증가할 것이다.[3]

사실 2008년 경제위기 이전에도 새천년개발목표의 행보는 매우 불안한 형국이었다. 2008년 세계은행이 발표한 통계자료에 따르면, 세계 14억 인구가 여전히 극도의 빈곤 속에서 살아가고 있었다. 여기 적용된 빈곤의 기준인 하루 1.25달러 이하로 생활을 꾸리는 것은 극빈국(말리, 차드, 르완다, 네팔 등)에서 가난하다는 것이 진정 무슨 의미인지를 대변해 보여준다. 이 발표를 내놓으며 세계은행은 극빈의 상태에서 생활하는 세계 인구가 10억 명 이하로 줄어들 것이라던 기존 전망치에 큰 수정을 가했다.[4]

지난 30년간 막대한 인구의 빈곤율을 감소시킨 중국의 성과가 없었다면 세계은행의 수치는 더 참혹했을 것이다. 유엔과 세계은행 모두 인정하듯이, 중국이 경제적 성공을 이루지 못했다면 2015년 목표 기한까지 새천년개발목표를 달성하려는 시도는 경로를 크게 벗어났을 것이다. 그러니 개발도상국을 한데 뭉뚱그려 분석할 경우, 최근의 경기불황 이전에도 대부분의 다른 지역들이 이미 빈곤 퇴치 목표를 달성할 수 없는 운명이었다는 사실은 희미하게 희석된다.

세계은행의 조사결과 밝혀진 또 다른 중요한 사실은, 하루 1.25달러라는 극빈한계선을 넘긴 하지만 하루 2달러 이하(개발도상국 전체의 평균 빈곤선)로 생활하는 세계 인구가 12억 명에 이른다는 점이다. 이 사람들은 이미 궁핍한 생활을 하고 있었을 뿐만 아니라, 어떤 형태든 가계에 충격이 가해지면 극빈층으로 전락할 위험에 놓여 있었다. 지난 몇 년간 식량 및 연료 위기가 극에 달한 시점에 닥친 2008년의 경제위기가 바로 그런 충격에 해당한다.

국제사회가 채택한 새천년개발목표는 빈곤의 근절이 아니라, 2015년까지 극도의 빈곤 인구를 절반으로 줄이는 최소한의 정책이었다. 그런데 2008년 경제위기는 이런 최소한의 정책을 실현할 가능성마저 망가뜨렸다. 수억 명에 이르는 추가적인 인구가 일자리와 보금자리, 밥줄을 잃고 최악의 빈곤에 빠져들 위험에 직면해 있기 때문이다.

글로벌 경제시스템이 이미 개발도상국 총 인구의 절반인 26억 인구에게 빈곤이라는 판정을 내렸다는 사실은 다음과 같은 두 가지 중요한 결론을 이끌어낸다. 첫째, 수많은 불공정성의 원인인 이전 시스템의 복구가 아니라, 일련의 대안적 원칙과 정책 선택에 기초해 새로운 시스템을 구축하려는 목표를 세워야 한다. 둘째, 현재의 위기를 실질적인 변화를 촉구할 기회로 활용할 방법을 강구해야 한다.

아래의 5가지 사항은 미래의 대안적 비전이 토대로 삼을 만한 핵심 원칙들 등에서도 핵심에 해당한다. 이 제안은 2008년 경제위기 이후 국가·지역·국제적 차원에서 개최된 수많은 회의와 세미나의 논의사항들을 근거로 삼았으며, 2009년 벨렘에서 열린 세계사회포럼5)에서 도출된 경제적·사회적 새로운 질서에 대한 요구도 참고했다. 이것은 그런 논의에 참석한 공동의 노력에 기대어 작성한 제안이지만, 논쟁의 단순 기록은 아니라는 점을 밝힌다.

다수를 위한 새로운 모델

근본적으로 2008년 금융위기는 자유시장 자본주의라는 실패한 모델을 대체할 새로운 패러다임의 개발이 가장 시급하다는 점을 여실히 드러냈다. 그 위기를 촉발한 요인은 도박을 벌여온 국제 금융기관들과 부유한 국가 정부들이 지난 30년간 추구해온 뚜렷한 정치적 어젠다였다. 이 세력들은 새천년 정상회의와 그 이후에, 대단한 미사여구로 자신들의 변화를 약속했다. 그러나 이것은 말뿐이었고, 새천년개발목표를 위하기는커녕 훨씬 더 협소한 차원의 자기 본위적 목표를 달성하기 위해 일련의 정책들을 고안하고 채택해왔다.

이 정책들은 워싱턴 컨센서스의 3대 기둥인 무역 자유화와 민영화, 시장 규제 완화에 토대를 두고 있었다. 부유한 국가의 정부들은 오랜 기간 독점적으로 권력과 영향력을 행사해온 세계은행과 IMF 및 세계무역기구 같은 다각적 채널을 통해 이 정책들을 추진해왔다. 이와 동시에 부국들은 세계무역기구의 프레임워크 밖에서 협상한 자유무역협정을 통해서든, 개발지원 대상국에게 직접적으로 제공되는 개발 원조자금과 부채완화의 조건을 통해서든, 여러 채널을 통해 동일한 모델을 확대하려는 노력을 기울여왔다.[6]

정부들은 때때로 이런 정책수단의 동기를 고스란히 드러내기도 했다. 예를 들어 유럽연합은 그들의 무역정책이 유럽의 산업을 위한 새로운 사업 기회를 창출하기 위해 고안된 장치라는 사실을 전혀 숨기지 않았다. 유럽연합의 무역정책을 책임지고 있는 유럽위원회는 서비스 무역에 관한 일반협정(General Agreement on Trade in Services)을 공적인 정책 목표를 이루기 위한 메커니즘이라기보다는 '최우선적으로 기업의 이익을 도모하기 위한 수단'으로 여긴다고 언급한 바 있다. 또한 세계무역기구에서 기업 우선의 목표를 노골적으로 드러내며 서비스 관련 협상에 개입했다. 유럽연합의 새로운 글로벌 유럽 전략은 개발도상국의 신흥시장에 개방 압박을 가하는 노력을 통해 유럽 수출업체들에게 혜택을 안겨주려는 목적을 여실히 드러내고 있다.[7]

워싱턴 컨센서스를 대체할 새로운 모델은 인간의 니즈보다 기업 이익을 앞세우는 현행 경제의 우선순위를 뒤집어야 한다. 인간과 지구의 웰빙 보장을 추구하는 패러다임을 확립함으로써, 다른 모든 사항들보다 다국적 자본에 유리하도록 설계된 정책들을 없애야 한다. 이 패러다임에는 노동과 지역 공동체 및 환경을 희생시켜 자본이 수익을 올릴 수 있도록 했던 모든 거래 형태와 투자 및 법조문들의 근본적인 수정이 포함된다. 또한 금융자본에 대한 통제권의 재도입과 식료품 및 천연자원 같은 상품들에 대한 투기도 금지할 필요가 있다. 기업들이 어디에서 사업을 하든 운영에 따른 영향을 끝까지 책임지도록 할, 국가와 국제적 차원의 법적인 규제도 이 패러다임에 포함될 것이다.

그러나 패러다임 전환은 지금까지 불가침 영역으로 간주되었던 경제성장 모델에 도전을 제기해야 한다. 향후 경제위기와 생태계 파괴를 더 이상 경험하지 않기 위해서는, 지난 30년에 걸친 자본주의의 팽창에서 기인한 초과생산과 부채에 힘입은 소비행태를 거꾸로 되돌려놓아야 한다.[8] 성장과 무역, 소비에 대한 맹신을 대신해 우리에게 필요한 것은, 보다 높은 차원의 목표에 부응하도록 설계된 사회적 생산을 위한 새로운 모델이다.

이 새로운 모델은 제대로 된 일자리와 환경 측면에서 지속가능한 개발, 사회적 목표를 지향하는 생산을 기본 원칙으로 삼아야 한다. 전세계 모든 노동자에게 최저생활임금을 보장해주는 조치는, 최근 몇 십 년간 증가된 노동 착취와 국민소득에서 차지하는 그들의 비중 하락을 시정하기 위한 중요한 첫 단계다. 또한 사회적으로 유익한 쪽으로 생산을 전환하는 일에는, 무기제조를 평화적이고 생산적인 쪽으로 전환하는 일을 비롯해 비군사화 조치가 필히 수반될 것이다.[9]

공공부문의 회복

급진적 패러다임의 전환과 더불어, 사회적·경제적 생활 속에서 공공재의 중요성을 다시 분명하게 천명할 필요가 있다. 자유시장 자본주의의 발전은 기존에 폐쇄되어 있던 경제로 파고들어 지형적 확장을 이루었을 뿐만 아니라, 시장에 근거하지 않고 니즈가 충족되었던 부분에서 새로운 시장들이 창출되는 결과도 낳았다. 이렇게 차츰 더 '시장화'되는 현상은 일상생활의 대부분의 측면을 '금융화'하는 현상과 함께 진행되었다. 이로 인해 주택, 교통, 의료, 물, 식료품, 교육, 노동, 신용, 사회보장 및 문화 자체까지도 모두 가격이 책정되었고 상업 활동으로 재규정되었다.[10]

공공재를 재천명하는 일은 이 과정을 바로잡는 데 있어 반드시 필요한 작업이다. 몇몇 경우에 이는 국유화 또는 재국유화를 지칭할 수도 있다. 예를 들어 공공부문에서 제공되던 공공서비스를 민영으로부터 되찾거나, 기존의 국영은행들을 다시 국유화하는 일 등을 말이다. 또 다른 경우에 이것은 좀 더 국지적인 공동체적 해법들이나 필수품을 제공하는 자치 시스템을 의미할 수도 있다.[11] 여기에 요구되는 핵심적인 사항은 민주적 책임의식과 통제의 원칙과 더불어 사익보다 공익이 우선한다는 점을 확고히 하는 것이다.

공공부문을 되찾는 일은 또한 국제시장에서 판매 중인 필수품과 필수 서비스의 상품화에 맞서 싸우는 일도 수반된다. 1986년부터 1994년에 걸쳐 전개된 우루과이라운드 무역협상이 미친 가장 광범위한 영향은, 기존에 수익 추구 영역이 아니라고 간주되었던 분야로까지 국제무역 법규의 효력이 확대되었다는 점이다. 공공서비스와 식품 생산, 문화유산 체계 및 국내 입법활동이 모두 역사상 처음으로 국제무역 법규의 사정권 안에 들어갔으며, 많은 경우 그 법규보다 부차적인 것으로 전락해버렸다. 공공부문을 재천명한다는 것은 곧 우리 일상생활의 필수적인 모든 것들을 국제시장에서 되찾아와 공적인 통제 속에 편입시키는 것을 의미한다.

정의와 재분배

새로운 세계 질서는 세계 인구의 거의 절반을 빈곤으로 몰아넣은 극심한 불균형이 아니라 정의와 평등의 원칙에 입각해야 한다. 세계 인구 절반에 이르는 극빈층이 전세계 부의 1퍼센트도 채 소유하지 못하는 반면, 지구상에서 가장 부유한 2퍼센트의 인구가 지구 총 자산의 절반을 소유하고 있는 상황을 우리는 더 이상 용인할 수 없다. 경제위기의 중심부에는 이런 불평등이 놓여 있으며, 우리는 세계화의 전리품을 공정하게 재분배함으로써 불균형을 해결하기 시작해야 한다.

그 첫 단계는 현재 남반구에서 북반구로 이동하는 일변도의 자금 흐름을 역전시키는 것이다. 북반구의 부유한 국가들이 여전히 전세계 부의 90퍼센트를 보유하고 있는 반면, 최빈국들은 부채 상환으로 매일 1억 달러를 그들에게 지불하고 있다. 부유한 국가들에서 개발도상국으로 자금을 대거 이전하고 부채 전액 탕감을 통해 이 상황을 완전히 종식시켜야 할 시점이다. 여기에는 산업국들에 의해 야기되었지만 가난한 국가들을 가장 세게 강타할 기후변화에 대한 생태 부채를 비롯해, 부유한 국가들이 남반구 국가들에게 진 빚의 상환도 포함되어야 한다.

조세시스템에도 이와 동일한 재분배 원칙이 적용되어야 한다. 세금은 사회적 계약의 핵심적인 부분이고, 이 계약 하에 기업들이 우리 경제에서 사업을 운영하지만, 개발도상국과 산업국 모두에서 이 계약은 빈번히 깨지곤 한다. 영국은 현재 체불 영업세가 1년에 1,000억 파운드(1,500억 달러)가 넘는 수준이고, 개발도상국들은 법인세 탈세로 매년 2,500억 파운드(3,750억 달러)에 이르는 거액을 빼앗긴다. 이것은 그들이 원조로 받는 액수보다 5배 더 많은 금액이다. 이 정도 금액의 세수는 시절이 좋을 때에도 공공서비스와 사회보장정책들에 자금을 대는 데 영향을 미치지만, 경기 불황 때는 치명적인 요인이 된다. 공정한 조세시스템은 다국적 기업들에 대한 국가 간 새로운 기준과 모든 조세피난처의 폐쇄 그리고 기업들의 탈세에 가담한 사람들에 대한 법적 조치를 필요로 한다.

국제 차원에서도 조세는 북반구에서 남반구로 자원이 재분배되는 데 있어 핵심적 역할을 하도록 해야 한다. 자본 이동과 항공기 여행 및 여타 오염을 일으키는 활동들에 부과하는 세금을 비롯해, 그런 취지로 부과할 만한 다양한 세금들이 제안된 바 있다. 토빈세(Tobin

Tax)는 본래 외환 투기에 제약을 가하는 것이었고, 1997년 발생한 동아시아 금융위기 때 다시 주목을 받았다. 세계 4대 주요 통화(엔, 유로, 미국달러, 파운드) 거래에 0.005퍼센트의 최소 세율을 부과한다면, 개발 프로젝트와 공공서비스 및 기후변화 대처에 쓸 수 있는 자금을 연간 330억 달러 이상 새롭게 확보할 수 있을 것이다.12)

인권, 환경의 지속가능성

지난 30년간 글로벌 경제에서 사업을 운영해온 다국적 기업들의 힘이 엄청나게 증가했다. 종종 그 기업들은 활동무대로 삼았던 국가와 공동체와 생태계의 희생에 힘입어 이런 막강한 힘을 확보했다. 그러나 세계 정상들은 다국적 기업들에 대해 자율적 행동강령을 제시하는 정도로만 대응해왔고, 유엔 기업·인권 특별대표 존 러기(John Ruggie) 교수에 의하면 그들의 이런 미온적인 처방은 더 극심한 학대가 처벌 없이 자행되는 '관대한 환경'을 조성했다.13) 최근의 사건들이 분명히 보여주듯이 다국적 자본을 적극 통제하지 않았던 일은 그 시스템 자체의 붕괴를 야기한 원인이 되었다.14)

새로운 글로벌 질서는 인권과 생태계 보존을 최우선으로 삼는 토대 위에 확립되어야 한다. 제대로 된 일자리와 최저생활임금, 개인의 선택에 따른 노조결성 및 가입권리 보장을 비롯해 노동자들의 권리가 회복되고 보호되어야 한다. 여성의 권리 보장도 새로운 질서의 설립 원칙에 포함되어야 한다. 여성의 경우 노동자로서의 경제적 권리는 물론, 출산과 사회적·정치적 측면의 권리도 보장되어야 한다. 이민자들과 취약한 집단의 권리는, 경제위기 때 그들에게 가해지는 압박의 증가를 고려해 특히 우선순위에 두어야 한다.

식량에 대한 권리는 새천년개발목표를 달성하는 데 있어 특히 중요하다. 가격 상승과 식량 폭동 및 지난 몇 십 년간 증가한 기아 수준 측면에서 볼 때 더욱 그렇다. 어떤 새로운 글로벌 질서든 식량주권의 원칙이 필수 요소로 포함되어야 한다. 영세농민의 니즈를 기업형 농민들보다 우선시하고, 환경의 지속가능성과 천연자원의 공동 사용을 우선순위에 놓아야 한다.15) 이런 방향 전환은 앞서 언급한 새로운 경제 패러다임으로 귀결된다. 즉 식량과 같은 인간의 기본 욕구가 더 이상 자본의 수익 추구 대상이 아니라 정부가 국민에게 반드시 보장해야 할 권리로 인식되는 세상 말이다.

민주적 통제력을 되찾아라

소수의 강력한 정부들과 그들이 지배하는 기구들의 수중에 권력이 계속 남아 있는 한, 위에서 언급한 어떤 제안도 실행이 불가능할 것이다. 세계은행과 IMF, 세계무역기구는 모두 가장 강력한 국가들이 장악하고 있으며, 이 기구에 최근 도입된 투표구조의 개선도 가난한 국가들이 목소리를 내지 못하도록 만들 것이다. 이 세 기구 모두 2008년 경제위기를 야기한 자유시장 정책들에 대한 책임이 있음에도 불구하고, 당시의 혼란한 상황을 틈타 더 큰 힘을 확보하려고 애썼다.

그러나 개발의 '잃어버린 수십 년'을 주도한 그 기구들은 애초의 설립 목적에 부합되지 않을뿐더러 우리의 미래를 책임질 자격도 없다. IMF는 1997년 발생한 동아시아 금융위기에 대처하는 과정에서 끔찍한 오류를 범한 결과 모든 신뢰를 잃어버렸다. 그 기구에 지금 지원을 요청할 수밖에 없었던 국가들에게 강도 높은 재정긴축과 시장 자유화 및 민영화 같은 해로운 조건들을 계속 강요했지만, 결과는 좋아지지 않았기 때문이다. 2009년 4월 런던 G20 정상회의에서 부활하기 전까지만 해도 IMF는 일반적으로 '죽으러 가는 길(dead man walking)'로 인식되었다.[16]

IMF와 마찬가지로 세계무역기구도 도하라운드 무역협상의 거듭된 실패로 인해 정당성 위기에 직면해 있다. 한편 신자유주의와 고탄소 해법에 지나치게 집착하는 세계은행의 태도는 그 기구가 과거의 실수에서 교훈을 얻을 생각이 전혀 없음을 잘 보여준다. 이 기구들이 새로운 세계 질서의 니즈에 부응하도록 개선될 수 있다는 주장은, 그 기구들에 영향을 미치고 뒷받침해주는 이해관계들과 뿌리 깊은 이데올로기의 실체를 제대로 파악하지 못한 것이다.

개발도상국들은 이 낡은 기구의 힘을 차단할 새로운 방법을 이미 찾아내고 있다. 남미은행(Banco del Sur)과 알바(ALBA) 무역협상, 치앙마이 이니셔티브(Chiang Mai Initiative) 등이 대표적 사례다.[17] 많은 이들이 유엔에게 글로벌 경제의 미래를 책임질 적절한 포럼으로 자리매김하라는 요구를 해왔다. 노벨상 수상자이자 세계은행 전 수석경제학자였던 조지프 스티글리츠가 이끄는 UN 국제통화 및 금융 시스템의 개혁에 관한 전문위원회는 유엔 산하 글로벌경제협의회(Global Economic Council)를 신설해 G20을 대체할 필요가 있다고 주장한 바 있다. 유엔총회의 의장이 언급했듯이, UN 회원 전체야말로 글로벌 위기에 대한 진정 글로벌한 대응을 개발할 합법성을 지닌 유일한 기구다.[18]

위기는 변화를 촉구하는 경제의 경고

2008년 경제위기는 지난 30년간 군림해온 신자유주의 모델의 대안을 모색할 논의의 장을 열어주었다. G20 정부들은 기존의 시스템을 수정해 원상 복구시키려는 목적으로 그 위기에 막대한 자금을 쏟아 부었지만 애초에 위기를 야기한 근원을 해소하는 데 명백히 실패했다. 만일 G20이 뜻대로 하도록 내버려둔다면, 자유시장 자본주의라는 실패한 모델은 다시 살아나 다음 위기를 향해 비틀거리며 나아갈 것이다.

세계 곳곳에서 발생한 대규모 항의 시위는 자유시장 자본주의라는 지배적 모델이, 완전히 다른 원칙에 의거한 근본적으로 새로운 시스템으로 대체될 수 있다는 인식이 증가하고 있음을 입증해주었다. 글로벌 정의 운동의 구성원들은 수년간 앞에서 언급한 다양한 투쟁에 참여해왔고, 신자유주의 어젠다에 저항하고 그것을 대체할 적극적인 대안들을 개발하는 데 괄목할 만한 승리를 거뒀다. 그러나 글로벌 차원의 시스템 실패는, 특정 위협에 대처하기 위해 개발된 대안들과 단일 이슈 캠페인들을 넘어서는 보다 근본적인 변화의 가능성을 열어놓았다.

따라서 지금은 '더 나은 세계'라는 공통의 비전을 지지하는 글로벌 정의 운동의 여러 부류들을 한데 모을 수 있는 기회다. 지금은 큰 뜻을 품고 자본주의 시스템에 이의를 제기하고 정의와 재분배, 협력을 토대로 구축된 일련의 새로운 경제적 패권으로 기존 시스템을 대체할 시점이다. 우리가 이런 변화를 이뤄낼 수 있다면, 새천년개발목표를 뛰어넘어 기업의 수익 증가가 아닌 인간의 욕구 충족에 전념하는 새로운 글로벌 질서를 향해 나아갈 수 있을 것이다. 새로운 세상의 구현 여부는 우리에게 달려 있다.

참고한 문헌 및 웹사이트

글로벌 위기 이후의 세계
1) 다음 자료를 참고하라. http://tinyurl.com/27n22b, 누리엘 루비니(Nouriel Roubini) 교수의 'Anatomy of a Financial Meltdown'. 〈파이낸셜 타임스〉 2008년 2월 2일자 마틴 울프(Martin Wolf)의 'America's economy risks the mother of all meltdowns', http://tinyurl.com/c조27p. 누리엘 루비니 교수의 블로그 주소는 www.rgemonitor.com 이다.
2) F.D. 루스벨트, 1933년 대통령 취임연설.

은행의 무능함
1. Giles, C and S de Daneshkhu, 'City of London offsets Budget tax shortfall', in the Financial Times, 26 March 2006.
2. Ford, J, 'A greedy giant out of control', in Prospect, November 2008.
3. 'The end of the affair', in The Economist, 22 November 2008.
4. Huber, J and J Robertson, Creating new money: A monetary reform for the information age, New Economics Foundation, London, 2000.
5. Tricks, H, 'Dirty words', in The World in 2009, The Economist, London, 2008.
6. Mathiason, N and H Stewart, 'Obama backs crackdown on tax havens', in The Observer, 9 November 2008.

세금을 회피하는 부자 괴물들
1. Raymond Baker, Capitalism's Achilles Heel, John Wiley & Sons, Hoboken, NJ, 2005.
2. 2005년 6월 6일자 〈디스 데이(This Day)〉(나이지리아 라고스에서 발행)에서 인용.

모든 위기에서 세계를 구하는 방법
1. John Bellamy Foster, 'Ecology and the transition from capitalism to socialism', in Monthly Review, November 2008. http://links.org.au/ node/742.
2. Teresa Brennan, Globalization and its terrors: daily life in the West, Routledge, 2003.
3. Ulrich Duchrow and Franz J. Hinkelammert, Property for people, not profit, Wed Books, London, 2004.
4. 위와 동일한 책.
5. 비아 캄페시나, 2009년 4월 6일 유엔총회에 보낸 글로벌 식량위기와 식량주권에 관한 성명서, http://tinyurl.com/qk94rz.
6. David Harvey, 'The right to the City', in New Left Review, No.53, Sep-Oct 2008.

7. John Cavanagh, Chuck Collins, Alison Goldberg, Sam Pizzigati, 'Reversing the Great Tax Shift: Seven Steps to Finance Our Economic Recovery Fairly', Institute for Policy Studies and Wealth for the Common Good, Washington DC, April 2009, www.ips-dc.org/reports/#1207.
8. Lyla Bavadan, 'The Ecological Debt', in Frontline, January 2004, http://jades.socioeco.org/en/lbavadan.php.
9. 'Hugo Blanco on the Indigenous Struggle in Amazonia', Socialist Voice, 28 August 2008, www.socialistvoice.ca/?p=317.
10. Kelly Oliver, 'Living a Tension', in Living attention: on Teresa Brennan, by Teresa Brennan, Alice Jardine, Shannon Lundeen, Kelly Oliver, SUNY Press, 2007.
11. 위와 동일한 책.
12. Karl Marx and Friedrich Engels, The German Ideology.
13. Frigga Haug, 'For a life more just. The four in one perspective', http://tinyurl.com/o2p5i1.

환경보호를 가장한 꼼수

1. www.newint.org/features/web-exclusive/2010/01/14/faster-than-the-oceans
2. T. Roberts & B. Parks, A Climate Of Injustice, MIT Press, 2007
3. Diana Liverman, 'Survival into the Future in the Face of Climate Change', in E. Shuckburgh (ed), Survival: The Survival of the Human Race (2006 Darwin Lectures), Cambridge University Press, 2003
4. http://thereddsite.wordpress.co
5. 'Pay indigenous people to protect rainforests, conservation groups urge', The Guardian, 17 October 2008
6. Financial Mechanism for Meeting Financial Commitments under the Convention. Proposal by the G77 and China to the Poznan meeting
7. http://tinyurl.com/yeroyuh
8. http://tinyurl.com/yagdxes
9. http://tinyurl.com/ychho47
10. People's World conference on Climate Change and Mother Earth's Rights http://pwccc.wordpress.com

지금은 세계 빈곤과 맞서 싸울 최적기

1. Global Employment Trends, International Labour Organization, Geneva, Jan 2009
2. OECD Economic Outlook Interim Report, Organization for Economic Cooperation and Development, Paris, March 2009.
3. The Millennium Development Goals Report 2008, United Nations, New York, Sep 2008; 'Poor countries threatened with higher death and drop-out rates', UNDP, New York, 31 Mar 2009
4. S. Chen and M. Ravallion, The Developing World is Poorer than We Thought, but

No Less Successful in the fight against Poverty, Policy Research Working Paper 4703, World Bank, Washington DC, Aug 2008; 1.25달러와 2달러 이하라는 수치는 모두 2005년도 구매력평가를 적용한 금액이다.
5. Let's put in its place! Call for the signature of NGOs, trade unions and social movements, Bel?m, 1 Feb 2009; www.choike.org/gcisis
6. Fighting FTAs: The growing resistance to biatreal free trade and investment agreements, BIOTHAI and GRAIN, Feb 2008; Profiting from Poverty: Privatisation consultants, DFID and public services, War on Want, London, Sep 2004
7. Where Next? The GATS 200 Negotiations, European Commission, Brussels, Jun 1998; Global Europe: The European Union's double attack on developing counties and the European social model, War on Want, London, Apr 2008
8. Graham Turner, The Credit Crunch: Housing Bubbles, Globalisation and the Worldwide Economic Crisis, Pluto Press, London, 2008; Larry Elliott and Dan Arkinson, The Gods that Failed: How Blind Faith in Markets has Cost us Our Future, Bodley Head, London, 2008
9. 일례로 Bonn International Center for Conversion의 연구와 간행물들을 살펴보라. www.bicc.de
10. Costas Lapabitsas, Financialised Capitalism: Direct exploitation and periodic bubbles, paper presented to conference 'A Crisis of Financialisation?', School of Oriental and African Studies, London, 30 May 2008
11. Reclaiming Public Water: Achievements, Struggles and visions from around the world, Transnational Institute and Corporate Europe Observatory, Amsterdam, 2005; Building the New Common Sense: Social ownership for the 21st century, Left Economics Advisory Panel, London, 2008; Triple Crunch: Joined-up solutions to financial chaos, oil decline and climate change to transform the economy, New Economics Foundation, London, 2008
12. Rodney Schmidt, The Currency Transaction Tax: Rate and revenue esimates, United Nations University Press, North-South Institute and War on Want, Tokyo, Oct 2008; Dean Baker, The Benefits of a Financial Transactions Tax, Center for Economic and Policy Research, Washington DC, Dec 2008
13. Business and Human Rights: Mapping international standards of responsibility and accountability for corporate acts, Report of the Special Representative of the Secretary General on the issue of human rights and transnational corporations and other business enterprises, UN document A/HRC/4/035. 0 Feb 2007
14. The Global Economic Crisis: Systemic failures and multilateral remedies, UNCTAD, Geneva, Mar 2009
15. Michael Windfuhr and Jennie Jons?n, Food Sovereignty: Towards democracy in localised food systems, FIAN International and ITDG Publishing, Rugby, Mar 2005
16. Structural Canditionality in IMF-Supported Programs, Independent Evaluation Office, IMF, Washington DC, 2007; Nuria Molina and Javier Pereira, Critical Conditions: The IMF maintains its grip on low-income governments, Eurodad, Brussels, Apr 2008; 'Back from the dead: IMF pumps out loans and

conditionality', Bretton Woods Project, London, 27 Nov 2008
17. 'Banco del Sur to start operations with US$10bn in capital', Business News Americas, Santiago, 24 Mar 2009; David Harris and Diego Azzi, ALBA-Venezuela's answer to 'free trade': The Bolivarian alternative for the Americas, Focus on the Global South, Bangkok, and Hemispheric Social Alliance, Sao Paulo, Oct 2006; C. Randall Henning, The Future of the Chiang Mai Initiative: An Asian Monetary Fund?, Peterson Institute for International Economics, Washington DC, Feb 2009
18. Recommendations by the Commission of Experts of the President of the General Assembly on reforms of the international financial and monetary system, United Nations, New York, 19 Mar 209; '"G192" only credible body to bring about reforms', South North Development Monitor, no. 6655, Geneva, 9 Mar 2009

이 책에 등장하거나 도움을 준 단체와 매체들

국제단체
ATTAC   www.attac.org
BankTrack   www.banktrack.org
Bretton Woods Project   www.brettonwoodsproject.org
Carbon Trade Watch   www.carbontradewatch.org
Center on Housing Rights and Evictions   www.cohre.org
Commission of Experts of the President of the UN General Assembly on Reforms of the International Monetary and Financial System   http://tinyurl.com/cp3w5k
Corporate Europe Observatory   www.corporateeurope.org
Corporate Watch   www.corporatewarch.org
EcoEquity   www.ecoequity.org
Eurodad   www.eurodad.org
Focus on the Global South   www.focusweb.org
Global Commons Institute   www.gci.org.uk
IFIwatchnet   www.ifiwatchnet.org
Indigenous Peoples and Reducing Emissions from Deforestation & Degradation(REDD)   http://thereddsite.wordpress.com
International Labour Organization (Financial Crisis)   http://tinyurl.com/ku8q5j
International Trade Union Confederation   www.ituc-csi.org
Jubilee Debt Campaign   www.jubileedebtcampaign.org.uk
Kyoto2   www.kyoto2.org
La via Campesina   www.viacampesina.org

New Economics Foundation   www.neweconomics.org
Put People First   www.putpeoplefirst.org.uk
REDD-Monitor   www.redd-monitor.org
Rethinking Finance   www.rethinkingfinance.org
Southern Africa Resource Watch   www.sarwatch.org
Tax Justice Network   www.taxjustice.net
The Corner House   www.thecornerhouse.org.uk
Transition Towns   www.transitiontowns.org
Transnational Institute   www.tni.org
UN Environment Programme(Climate Change)   www.unep.org/climatechange
War on Want   www.waronwant.org
World Development Movement   www.wdm.org.uk

기후정의에 관한 각국 캠페인

호주   Climate Movement   www.climatemovement.org.au
      Rising Tide   www.risingtide.org.au

영국   Climate Camp   www.climatecamp.org.uk
      Christian Aid   www.christianaid.org.uk
      Friends of the Earth UK   www.foe.co.uk
      No New Coal   www.nonewcoal.org.uk
      Plane Stupid   www.planestupid.com
      Rising Tide   www.risingtide.org.uk

캐나다   Stop Climate Chaos Coalition   www.climatechaos.net

아일랜드   Climate Camp Ireland   www.climatecamp.ie

뉴질랜드   Climate Camp   www.climatecamp.org.nz
      Save Happy Valley   www.savehappyvalley.org.nz

미국   Climate Action Network   www.climatenetwork.org
      Climate Convergence   www.climateconvergence.org
      Energy Action Coalition   www.energyactioncoalition.org
      Energy Justice   www.energyjustice.net
      Rising Tide   www.risingtidenorthamerica.org

잡지/블로그

금융위기에 관한 앤 페티포의 블로그   www.debtonation.org
Foreign Policy In Focus   www.fpif.org

Grist Magazine　www.grist.org
New Internationalist　www.newint.org
Z Magazine and Znet　www.Zcommunications.org

참고 도서(금융붕괴 이후 출간)

Barbara Ehrenreich, This Land is Their Land: reports from a divided nation, Metropolitan Books, 2008.

Larry Elliott and Dan Atkinson, The Gods that Failed: how blind faith in markets has cost us our future, Bodley Head, London, 2008.

Mark Engler, How to Rule the World: the coming battle over the global economy, Nation Books, 2008.

Naomi Klein, The Shock Doctrine: the rise of disaster capitalism, Metropolitan Books, New York, 2008.

Paul Mason, Meltdown: the end of the age of greed, Verso, London, 2009.

Peter Stalker, The No-Nonsense Guide to Global Finance, New Internationalist Publications, Oxford, 2009.

Graham Turner, The Credit Crunch: housing bubbles, globalisation and the worldwide economic crisis, Pluto Press, London, 2008.

Richard Wilkinson and Kate Pickett The Spirit Level: why more equal societies almost always do better, Penguin (London) & Bloomsbury (New York), 2009.